WOHNMOBIL-TOUREN

DURCH NORDDEUTSCHLAND

Von Katja Hein

Zu allen 48 Touren in diesem Buch stehen für Sie GPX-Daten zum kostenlosen Download bereit. Einfach den nebenstehenden QR-Code scannen und losfahren!

powered by ADAC

Der Weg ist das Ziel, und das Abenteuer wartet hinter der nächsten Kurve.

Katja Hein | www.hin-fahren.de

Liebe Leserin, lieber Leser,

Norddeutschland ist mehr als nur eine Reise wert. Der Reichtum der Region lässt ihre Fans immer wiederkommen. Wer nicht weiß wohin, der findet hier jede Menge Anregungen – egal ob die Tour nur ein Wochenende oder mehrere Wochen dauern soll. Zwischen polnischer, dänischer und niederländischer Grenze, an Ostsee und Nordsee und immer wieder im Inland finden Camper neben berühmten Urlaubsorten auch noch andere zauberhafte Orte und echte Geheimtipps.

Der Urlaub beginnt bei einer Wohnmobiltour direkt an der Haustür. Einfach den Motor starten, losfahren und treiben lassen. Der Weg ist das Ziel. Die 45 Touren, die wir Ihnen in diesem Buch vorstellen, sind ideale Bausteine sowohl für spontane Campingreisen als auch für die ausführliche Urlaubsplanung. Einzelne Abschnitte oder ganze Routen lassen sich miteinander kombinieren. Flexibilität und Richtungswechsel sind ausdrücklich erwünscht. Spannende Orte und Sehenswürdigkeiten stehen genauso auf dem Programm wie Abgeschiedenheit und Natur. Zusätzliche Freiheit, aber auch Sicherheit geben sorgfältig ausgewählte Übernachtungsmöglichkeiten. Einsteiger ebenso wie Fortgeschrittene, Alleinreisende oder Familien – für jeden ist etwas dabei.

Viel Spaß beim Lesen und bei Ihrer nächsten Entdeckungstour durch Norddeutschland!

Katja Hein

PS: Bei aller Sorgfalt in der Recherche, können sich Gegebenheiten schnell ändern – dann ist ein vorher so praktischer Stellplatz plötzlich nicht mehr vorhanden oder gar verboten. Dafür bitten wir um Verständnis und freuen uns über Korrekturen und zusätzliche Anregungen.

Links:
Eine Wohnmobiltour verbindet Einfachheit mit einem gewissen Komfort

LIEBLINGSTOUREN

UNTERWEGS IN SCHLESWIG-HOLSTEIN UND HAMBURG

UNTERWEGS IN NIEDERSACHSEN UND BREMEN

UNTERWEGS IN MECKLENBURG-VORPOMMERN UND BRANDENBURG

HINWEISE ZUM BUCH

Es gibt viele gute Gründe, den Norden Deutschlands im Rahmen einer Campingreise zu entdecken. Ob Wasserratte, Kulturliebhaber oder Naturfreund – hier findet jeder sein Urlaubsglück. Für verschiedene Interessen empfehlen wir Ihnen spannende Touren, die im Reiseteil ausführlich beschrieben werden.

Es folgen praktische Hinweise für das Reisen mit dem Wohnmobil, Camper oder Caravan. Einsteiger finden Grundlegendes zum Thema, wie die Unterscheidung zwischen Camping- und Stellplatz sowie eine Check- und Packliste, damit der erste Campingurlaub rundum gelingt. Und erfahrene Wohnmobilisten lesen Wissenswertes zu den Besonderheiten der Region.

Im Anschluss finden Sie unsere drei Lieblingstouren als Anregung für eine, zwei oder drei Wochen Urlaubszeit. Die erste führt von Kiel nach Bremen, die zweite rund um Ostfriesland und die angrenzenden Regionen und die dritte verbindet die schönen Ostseeinseln Usedom, Rügen und Hiddensee.

Der Hauptteil des Buches stellt 45 Touren durch ganz Norddeutschland vor, die zwischen 70 und knapp 190 Kilometern lang sind. Wir haben sie ganz bewusst nicht mit Zeitangaben versehen. Wie lange Sie für eine Tour brauchen, hängt ganz von Ihnen ab, je nachdem, wie viele der vorgestellten Sehenswürdigkeiten und Orte Sie ausführlicher besuchen und wie lange Sie auf den Camping- und Stellplätzen verweilen möchten. Ob Tagestour, Wochenendtrip oder mehrwöchiger Jahresurlaub – alles ist möglich. Die Touren oder auch einzelne Teile davon lassen sich dank vieler Kreuzungs- und Anschlusspunkte auch miteinander kombinieren, so wie bei den drei Lieblingstouren. Für das einfache Auffinden der Orte in der Faltkarte ist in der Überschrift für jeden Ort auch das entsprechende Planquadrat angegeben. Am Ende jeder Tour empfehlen wir Übernachtungsmöglichkeiten, die in der Regel direkt an der Strecke liegen. Dabei sind die Camping- und Wohnmobilstellplätze völlig verschieden – praktisch für eine Nacht oder reizvoll gelegen und zum längeren Bleiben verführend.

Der Campingplatz wird schnell zum Zuhause auf Zeit

WISSENSWERTES ZUR STERNE-KLASSIFIKATION IN DIESEM BUCH

★★★★★

Um Camper bei der Urlaubsplanung bestmöglich zu unterstützen, bildet die europaweit einheitliche ADAC Klassifikation die perfekte Grundlage zum Vergleich von Campingplätzen. Die ADAC Klassifikation basiert auf der objektiven Bewertung durch die ADAC Inspekteure. Diese geschulten und erfahrenen Camping-Experten durchleuchten regelmäßig 6000 Campingplätze europaweit einheitlich auf Basis eines standardisierten Fragebogens mit über 200 Messkriterien. Das Ergebnis ist eine objektive Analyse der Qualität von Ausstattung und Angebot. Ein Platz mit zwei Sternen muss aber nicht automatisch weniger attraktiv sein als ein Platz mit vier oder fünf Sternen. Camper müssen sich lediglich darauf einstellen, dass Infrastruktur und Ausstattung bei wenigen Sternen einfacher gehalten sind. Campingplätze ohne Sterne sind ganz neu in der Datenbank und wurden noch nicht von ADAC Inspekteuren besucht.
Für genauere Informationen steht am Ende der Platzbeschreibung ein Link zu Pincamp.de, dem Campingportal des ADAC. Dort gibt es alle Details – viel Spaß beim Sichten und Auswählen!

WEITERE SYMBOLE

Zu jeder Tour stellen wir in einem Kasten mindestens ein Highlight vor, das Sie sich nicht entgehen lassen sollten – sei es eine Wanderung, ein besonderes Museum oder ein Erlebnis für die ganze Familie. Die Symbole geben an, welche Interessen dabei jeweils angesprochen werden.

 Familie

 Aktivität

 Natur

 Museen/Kultur

 Gastronomie

 Sonstiges

FALTKARTE

Die beiliegende Faltkarte verschafft Ihnen einen Überblick zum Verlauf der in diesem Buch vorgestellten Routen und deren Verknüpfung untereinander. So können Sie Touren nach Lust und Laune miteinander kombinieren und Norddeutschland intensiv entdecken. Anfang und Ende jeder Tour sind mit etwas größeren Nummern kenntlich gemacht. Piktogramme markieren die Kreuzungspunkte zwischen zwei oder mehr Touren.

Auf dem Campingplatz Ostseesonne in Pommerby ist das Meer ganz nah

NORDDEUTSCHLAND ENTDECKEN

Was macht den Norden Deutschlands so attraktiv für Camper? Zuallererst natürlich das Wasser, viel Wasser – ob Wattenmeer, die Sandstrände der Ostseeinseln oder Mecklenburgische Seenplatte. Familien mit Kindern sind hier im Paradies, aber spannende Naturerlebnisse oder Freilichtmuseen locken auch die wildesten Wasserratten mal weg vom Strand. Auch wer im Urlaub gerne aktiv wird, findet an und auf dem Wasser reichlich Gelegenheit dazu. Ein bestens ausgebautes Netz an bequemen Wander- und Radwegen erschließt auch die abgeschiedenen Ecken. Da lässt man den Camper gerne mal ein paar Tage stehen. Eindrucksvolle Zeugnisse der Vergangenheit, wie die Werke der Backsteingotik, und viele schön gestaltete große und kleine Museen lassen sich auf Schritt und Tritt entdecken. Auf den folgenden Seiten finden Sie unsere schönsten Touren am Wasser, für Kulturliebhaber, Naturfreunde, Familien und Aktive.

FLÜSSE, SEEN UND GANZ VIEL MEER

Wasser prägte im gesamten Norden Deutschlands schon immer das Leben und Wirtschaften der Menschen. Und mit dem Aufkommen des Tourismus wurden besonders die Küsten zu beliebten Zielen erst für die Oberschicht, später auch für die „kleinen Leute". Die gesamte deutsche Küste ist unglaubliche 1585 Kilometer lang. Davon entfallen 621 Kilometer auf die Nord- und 964 Kilometer auf die Ostsee, Flussmündungen eingeschlossen. Da kann man mit dem Camper viele Tage entlangfahren und hat das Meer immer im Blick – Wellenrauschen und steife Brise inbegriffen. Kilometerlange Sandstrände, glasklares Wasser und Sonne satt an der Ostsee und die Faszination der Gezeiten im UNESCO-Welterbe Wattenmeer an der Nordsee – das sind unwiderstehliche Gegensätze. Und auch die stillen Boddenküsten, wie am Usedomer Achterwasser, haben ihren ganz eigenen Reiz. Zudem sind sie meist nicht so überlaufen wie die beliebten Seebäder in der Hochsaison. Dazu kommen die Seen, unendlich viele und alle verschieden – manche erschlossen, andere noch ganz ursprünglich. Mecklenburg-Vorpommern ist das Bundesland mit den meisten Seen, rund 2200 sind es. Und auch etliche Flüsse und Kanäle wollen entdeckt werden. Highlights sind der Nord-Ostsee-Kanal und das Biosphärenreservat Flusslandschaft Elbe. Ob Planschen und Schwimmen, Kanu- und Kajakfahren oder ausgedehnte Watt- und Strandwanderungen – die Möglichkeiten, am und auf dem Wasser aktiv zu werden, sind vielfältig.

Wer ein bisschen sucht, findet am Schaalsee auch einsame Badestellen

Das Freilichtmuseum Molfsee bei Kiel

KUNST UND KULTUR ERLEBEN

Steinzeitliche Hügelgräber, slawische Ringwälle und Wikingersiedlungen zeugen von der wechselvollen Geschichte, die auch in interessanten Freilichtmuseen lebendig wird. Die Europäische Route der Backsteingotik verläuft quer durch Norddeutschland und führt zu eindrucksvollen architektonischen Meisterwerken. Die Hansestädte mit ihren stolzen Rathäusern und Kirchen vermitteln noch heute einen Eindruck ihrer einstigen Macht und ihres Wohlstands. Schlösser und Herrenhäuser mit herrlichen Parks – oft vorbildlich saniert, manchmal verfallen – säumen den Weg. Neben den vielen liebevoll gestalteten Heimatmuseen, Gedenkstätten für lokale Persönlichkeiten und traditionsreichen Künstlerkolonien gibt es auch spannende Museen mit aufwändiger Inszenierung, wie das Ozeaneum in Stralsund oder das Auswandererhaus in Bremerhaven. Dazu verlocken Hinweisschilder immer wieder zu spontanen Abstechern, bei denen man Unerwartetes entdecken kann.

7 **Von Freilichtmuseum Molfsee nach Flensburg**
Bauernmuseum, Stadtkultur und Hünengrab ↗ ab Seite 62

28 **Von Dömitz nach Wismar**
Prachtvolle Residenzstädte und Schlösser ↗ ab Seite 154

44 **Von Wismar nach Lübz**
Entdeckungen abseits der Hauptrouten ↗ ab Seite 226

NATURSCHÖNHEITEN ERKUNDEN

Zahlreiche Naturschutzgebiete, interessante Lehrpfade und Vogelbeobachtungstürme laden zum Kennenlernen der heimischen Flora und Fauna ein. In Norddeutschland liegen mit der Lüneburger Heide, dem Biosphärenreservat Flusslandschaft Elbe oder dem UNESCO-Welterbe Wattenmeer einzigartige geschützte Lebensräume, die man am besten zu Fuß erkundet. Von der Umgestaltung der Landschaft durch die Menschen erzählen die Moorkolonien in Niedersachsen oder die Marschlandschaften der Nordseeküste.

Naturschönheit: Deich mit Schaf bei Niebüll

10 **Von Niebüll nach Itzehoe**
Weite Nordsee und Steinzeitfunde ↗ ab Seite 74

20 **Von Nordenham nach Uelzen**
Mystische Moore, weite Heide und stille Seen ↗ ab Seite 120

31 **Von Neustrelitz nach Ueckermünde**
Durch die Feldberger Seenlandschaft ↗ ab Seite 166

MIT KINDERN UNTERWEGS

Norddeutschland ist das ideale Ziel für einen Campingurlaub mit ganz viel Abenteuer für entdeckungsfreudige Familien. Allein schon die flach abfallenden Sandstrände an Nord- und Ostsee und die vielen glasklaren Seen im Binnenland lassen Kinderherzen höherschlagen. Die vielen Naturinformationszentren in der Region richten sich mit ihren interaktiven Ausstellungen speziell an Familien, ebenso wie die Freilichtmuseen, in denen man in das Leben vergangener Zeiten eintauchen kann. Märchenschlösser und mittelalterliche Burgen regen die kindliche Fantasie an. Und Seehundaufzuchtstationen, Wildparks, Baumwipfelpfade oder der Heide Park in Soltau versprechen Ferienerlebnisse, die lange in Erinnerung bleiben.

Camping sorgt für frische Perspektiven

AKTIV ZU WASSER UND AN LAND

Beim Radfahren im Norden Deutschlands müssen keine großen Höhenunterschiede überwunden werden. Liebevoll ausgearbeitete Radwege führen zu interessanten Orten und durch abwechslungsreiche Landschaften. Und auch an Einkehr und Rast ist gedacht. Auf vielen Campingplätzen und in den Ferienorten kann man Räder mieten. Bei kleinen und großen Wanderungen lassen sich Naturschutzgebiete und Besonderheiten wie archäologische Denkmäler intensiv erleben. Auf vielen Parkplätzen und vor allem in den Touristeninformationen gibt es Wandervorschläge. Spannende Eindrücke von der Tier- und Pflanzenwelt bieten Paddel- oder Kanutouren auf den zahlreichen Seen, Kanälen und Flüssen. Viele Bootsverleiher bieten auch geführte Touren an.

Radeln auf der Insel Poel

Viele liebevoll gestaltete Campingplätze heißen Urlauber im Norden willkommen

REISEVORBEREITUNG

Norddeutschland ist ein unkompliziertes Reiseziel, das keine langwierigen Vorbereitungen erfordert. Auch wer das erste Mal mit einem Wohnmobil unterwegs ist, muss sich keine Sorgen machen, etwas Wichtiges zu vergessen. Fast alles kann man vor Ort besorgen. Auch Ausstattung und Ersatzteile für das Reisemobil lassen sich meist problemlos beschaffen. Zwar sind Camping- und Stellplätze in der Hochsaison vor allem an den Küsten oft ausgebucht, doch bietet das Wohnmobil die nötige Flexibilität, um Alternativen etwas abseits der Ferienzentren anzusteuern. Und auch das Ausweichen in die Nebensaison lohnt sich, denn im Norden Deutschlands hat jede Jahreszeit ihre ganz eigenen Reize, und viele Camping- und Stellplätze sind ganzjährig geöffnet.

REISEPLANUNG

Ein gewisses Maß an Flexibilität ist wichtig bei der Reise- und Routenplanung für einen Campingurlaub, denn Verzögerungen sind beim Campen eher die Regel als die Ausnahme. Manchmal gefällt ein Ort so gut, dass man gar nicht mehr weiterfahren möchte. Andere Ziele bleiben links liegen, weil man gerade keine Lust auf Stadt hat oder das Wetter schlecht ist. Oder der Campingnachbar berichtet von einer besonderen Sehenswürdigkeit, die unbedingt noch angeschaut werden sollte. Einmal will man den Tag früh anfangen, ein anderes Mal lieber länger liegen bleiben oder im Liegestuhl noch etwas vor sich hinträumen.

Die Vorfreude beginnt schon zu Hause bei der Planung. Eine Vielzahl von Broschüren und Informationen gibt es bei den Touristeninformationen der Länder und Regionen, entweder zum Download oder zum Bestellen per Post. Auch ihre Internetseiten stecken voller Tipps und Anregungen. Vor Ort sind die Touristeninformationen gerne behilflich. Und auch das Personal auf Stell- und Campingplätzen gibt gerne Hinweise, und ausliegendes Infomaterial bietet manch gute Idee.

Sehr praktisch sind die „ADAC Toursets“: Straßenkarten, Reisetipps für Regionen und Städte werden kostenlos und individuell für ADAC Mitglieder zusammengestellt. Familien mit Kindern finden viele Tipps in den „ADAC Toursets family“. Für Camper gibt es ebenfalls wertvolle Informationen. Viele weitere Anregungen für schöne Touren, Ziele und Campingplätze liefert auch die Buchreihe „Yes we camp!“ von PiNCAMP.

TOURISMUSVERBÄNDE

Mecklenburg-Vorpommern
Tourismusverband Mecklenburg-Vorpommern e. V.
Konrad-Zuse-Str. 2, 18057 Rostock
Tel. 03 81/403 05 50

Schleswig-Holstein
Tourismus-Agentur
Schleswig-Holstein GmbH
Wall 55, 24103 Kiel
Tel. 04 31/60 05 83
www.sh-tourismus.de

Niedersachsen
TourismusMarketing
Niedersachsen GmbH (TMN)
Essener Str. 1, 30173 Hannover
Tel. 05 11/27 04 88 40
www.reiseland-niedersachsen.de

KLIMA UND REISEZEIT

Eigentlich gibt es keine beste Reisezeit für Norddeutschland. Ostsee, Nordsee und die angrenzenden Regionen sind zu jeder Jahreszeit eine Reise wert. Im Frühjahr stehen die Obstbäume und die Rapsfelder in voller Blüte. Im Sommer wird die Landschaft zum Flickenteppich verschiedener Grüntöne mit Farbtupfern von Mohn, Korn- und Sonnenblumen, und natürlich locken die Strände. Im Spätsommer blüht die Heide in sattem Lila. Im Herbst färbt sich die Natur bunt, und gewaltige Vogelschwärme fliegen übers Land – der ideale Zeitpunkt zur Beobachtung von Zugvögeln. Der Winter lockt dann wieder mit langen Strandspaziergängen und so manch vorweihnachtlichem Event in den Städten. Ein Nordseeurlaub ist zu jeder Jahreszeit und bei jedem Wetter schön, solange man auch im Herbst und Winter an die passende Kleidung denkt. Das gemäßigte, maritime Klima der Ostseeregion ist fast mit dem Mittelmeerklima vergleichbar. Die Sonne ist allerdings längst nicht so stechend. Ständige Luftbewegung sorgt dafür, dass auch heiße Sommertage vergleichsweise angenehm bleiben. Die Ostseeregion Mecklenburg-Vorpommerns gehört zu den sonnigsten Zonen Deutschlands, was auch im Frühling und Herbst schöne Tage verspricht.

Besonders während der Sommerferien kann es an beliebten Reisezielen am Meer sehr voll werden. Das bedeutet viel Verkehr und weniger Flexibilität bei den Übernachtungsmöglichkeiten. Camping- und Stellplätze sind dann oft ausgebucht. Aber auch in der Hochsaison findet sich abseits mit ein wenig Geduld meist noch ein Plätzchen. Viele Camping- und Stellplätze sind auch auf Wintergäste eingestellt, wobei die Ver- und Entsorgung dann witterungsbedingt manchmal nicht möglich ist.

Der Veranstaltungskalender verzeichnet das ganze Jahr über die unterschiedlichsten Festivitäten. Im Winter dürfen sich Besucher auf das große Angebot stimmungsvoller Weihnachtsmärkte freuen, während im Frühjahr, Sommer und Herbst zahlreiche Feste, Märkte, Konzerte und andere Events unter freiem Himmel Gäste anlocken.

ANREISE, VERKEHR UND FÄHREN

Egal wo der Einstieg in die Touren geplant ist, auf gut ausgebauten Autobahnen und Landstraßen ist das Erreichen des Startpunkts kein Problem. Unterwegs empfehlen wir, auch einmal kleinere Straßen zu wählen und Umwege zu fahren. In Mecklenburg-Vorpommern gibt es noch einige alte Kopfsteinpflasterstraßen. Und auch Fahrten über die inzwischen befestigten ehemaligen Sandwege machen wirklich Spaß. In der Regel ist genügend Platz für ein Wohnmobil. Unterwegs muss man aber auf Gewichtsbeschränkungen achten.

Vorsicht ist besonders beim Befahren der unzähligen Alleen geboten. Das Lichtspiel verlangt äußerste Konzentration. Gegenverkehr und Hindernisse werden oft erst spät gesehen. Und besonders mit einem großen Wohnmobil ist bei eng stehenden Bäumen und tief hängenden Ästen defensive Fahrweise und Ausweichen nötig, denn zwei Wohnmobile passen hier nicht aneinander vorbei.

In der Regel sind die Fähren auf den Routen auch für große und schwere Fahrzeuge zugelassen. Ausnahmen sind im Text vermerkt. Besonders im Fehngebiet und im Ammerland sind viele der Kanalbrücken sehr schmal und auch wegen Tonnenbeschränkungen

Auf die historische Oste-Fähre bei Brobergen passen zwei Fahrzeuge

nicht für Wohnmobile geeignet. Dann findet sich aber mindestens alle zehn Kilometer eine alternative Überquerungsmöglichkeit. Falls nicht, hilft dann manchmal nur noch Umdrehen und einen Umweg Fahren.

Auch die Anschaffung einer guten Straßenkarte ist für die Entdeckung und Erkundung von Norddeutschland nützlich. Wer sich nur auf das Navigationsgerät verlässt, erlebt manchmal ungute Überraschungen, wie die Routenführung über nicht campertaugliche Waldwege.

INFRASTRUKTUR FÜR CAMPER

Heute hier und morgen da – und nur dort mit dem Wohnmobil ankern, wo es gefällt. Der Norden von Deutschland bietet ein dichtes Netz an Reisemobilstellplätzen und Campingmöglichkeiten. Wer die Übernachtungsorte mehrfach wechselt, lernt die Vielfalt der Region besonders intensiv kennen. Heute ein Stellplatz direkt in einer belebten Kleinstadt, ein bisschen shoppen, durch die verträumte Altstadt bummeln und am nächsten Tag auf einem Campingplatz direkt am See die Ruhe genießen oder zu einer Radtour entlang einer spannenden Themenroute aufbrechen.

Viele Stell- und Campingplätze bestechen mit ihrer idyllischen Lage: Aufwachen zum Gezwitscher der Vögel, vor dem ersten Kaffee

Gerade die einfachen Freuden machen das Campingleben so reizvoll

ein Bad im See, während der Nebel noch über dem Wasser schwebt. Tagsüber erkundet man die Gegend, abends trifft man Gleichgesinnte am Lagerfeuer oder beim Grillen und lässt unter dem Sternenhimmel den Tag Revue passieren. Wie gut, dass man mit dem Camper so flexibel ist, spontan zu entscheiden, wie lange man wo bleiben möchte.

Da Camping immer beliebter wird, ist es dennoch angeraten, sich unterwegs nicht zu spät nach einer Übernachtungsmöglichkeit umzuschauen und zusätzlich auch immer noch einen Plan B in petto zu haben.

STELLPLATZ ODER CAMPINGPLATZ?

Norddeutschland bietet eine große Auswahl an gut gelegenen Stell- und Campingplätzen mit unterschiedlichster Ausstattung und Anlage. Wir empfehlen zu jeder der 45 vorgestellten Routen verschiedene Übernachtungmöglichkeiten, die ideal zur Strecke liegen. Campingneulinge fragen sich vermutlich, was genau denn nun einen Stellplatz von einem Campingplatz unterscheidet. Darum stellen wir im Folgenden die Eigenheiten dieser beiden Übernachtungsmöglichkeiten genauer vor.

Stellplätze

Wohnmobilstellplätze eignen sich hervorragend für einen klassischen Roadtrip. Das System, ohne Reservierung hier anzukommen und zu schauen, ob ein Platz frei ist – und das auch spät abends oder früh am Morgen –, fördert die Spontaneität. Der Stellplatz wird pro Fahrzeug pauschal bezahlt, und auch die Entsorgung von Brauchwasser und Chemietoilette ist im Preis inbegriffen. Dazu kommen dann je nach Ausstattung Strom nach Verbrauch oder pauschal sowie Duschmarken. Wohnwagen und Zelte sind auf dem Stellplatz nicht erlaubt. Auch sogenanntes Campingverhalten, also die Nutzung von Markise und Campingmöbeln, ist nicht überall gestattet.

Hinsichtlich Größe und Atmosphäre gibt es vom kleinen, einfachen Parkplatz über die gepflegte Wiese eines Segelvereins bis hin zum riesigen Wohnmobilhafen alles. Schon ein Parkplatz, der für Wohnmobile ausgeschildert ist, gilt offiziell als Wohnmobilstellplatz. Inzwischen gibt es auch sehr gut ausgestattete Stellplätze, die über eine Rezeption verfügen und auf denen für zusätzliche Besatzungsmitglieder oder für Hunde Gebühren anfallen. Reservieren ist hier ebenfalls möglich und zum Teil auch nötig. Ausstattung und Preisgestaltung sind dabei völlig verschieden.

Mit dem anhaltenden Boom gibt es auch immer mehr Wohnmobilstellplätze, die in der Saison voll belegt sind. Sie liegen oft nah der Küste, schön am Wasser oder mitten in der Stadt. Nicht alle Besitzer oder Gemeinden beschränken die Anzahl der Übernachtungen, sodass dort auch wenig Fluktuation herrscht. In solchen Fällen hilft das Ausweichen ins Hinterland oder auf Plätze, die nicht ganz so komfortabel ausgestattet sind. Und auch bei Campingplätzen lohnt der Anruf, für eine Nacht findet sich fast immer noch eine Eckchen. Um nicht in Stress zu kommen, sollte man nicht zu spät am Tag mit der Suche nach einem Übernachtungsplatz anfangen. Alles genau vorauszuplanen und zu reservieren, ist jedoch nur notwendig, wenn man immer genau wissen will, wo man am Abend landet.

Campingplätze

Auch Jachthäfen bieten oft reizvolle Wohnmobilstellplätze, wie hier in Kappeln

Auf Campingplätzen herrscht eine ganz andere Philosophie. Sie sind abgetrennt und der Zugang erfolgt zu festgelegten Zeiten über eine Rezeption und Schrankenanlage. Meistens steht für Camper eine größere Parzelle mit Rasen zur Verfügung, auf der man sich mit seiner kompletten Ausrüstung ausbreiten kann. Dazu gibt es die Annehmlichkeiten sanitärer Anlagen. Bezahlt wird für Fahrzeug, Parzelle, Personen, Hund und Strom. Auf einigen Plätzen müssen fürs Duschen zusätzlich Marken erworben werden. Auf vielen Campingplätzen gibt es getrennte Bereiche für Dauercamper und Touristen. Ein gut ausgestatteter, gepflegter Spielplatz oder sogar ein Schwimmbecken sind Vorteile, die Familien zu schätzen wissen. Ausstattung muss natürlich auch bezahlt werden, sodass Campingplätze in der Regel teurer sind als Wohnmobilstellplätze. Manchmal ist es aber auch genau umgekehrt, und der einfache Campingplatz ist günstiger als der luxuriöse Stellplatz.

Das Spektrum reicht vom kleinen Platz mit nostalgischem Charme bis hin zur wahren Camping-Wellnessoase. Doch so unterschiedlich die Campingplätze auch sind, sie bieten meist viel Grün und eine interessante Umgebung oder liegen am Stadtrand mit guter Verkehrsanbindung. Wer länger an einem Ort bleiben oder entspannt eine Auszeit genießen möchte, der ist auf einem Campingplatz gut aufgehoben. Dann ist aber frühzeitiges Reservieren empfohlen, vor allem in der Hauptsaison und an den Küsten.

Das Campingportal des ADAC – pincamp.de – hilft bei der Suche nach dem perfekten Campingplatz. Auch die Buchung kann direkt über PiNCAMP erfolgen. Ausführliche Informationen zu Ausstattung und Lage sowie Fotos und Bewertungen der in diesem Buch empfohlenen Campingplätze durch den ADAC und andere Camper findet man unter dem jeweils angegebenen Link. Auf der Webseite kann man mithilfe einer interaktiven Karte auch alternative Campingplätze suchen. Das Portal verzeichnet Campinplätze in fast allen Regionen Europas und bietet jede Menge Inspiration und praktische Ratschläge rund um das Thema Camping.

SICHERHEIT

Campingfahrzeuge müssen über eine gültige Gasprüfung verfügen, auch wenn dies vorübergehend in der Hauptuntersuchung nicht mehr verlangt wird. Viele Camping- und Stellplätze schreiben in ihrer Platzordnung eine gültige Gasplakette vor. Anderenfalls läuft man Gefahr, abgewiesen zu werden.

Besonders im Wohnmobil ist das sichere Verstauen der Ladung ein wichtiges Thema. Damit beim scharfen Bremsen oder auf holpriger Straße kein Geschirr und andere Ausrüstung durchs Fahrzeug fliegen, sollten alle Gegenstände im Inneren gut verstaut und alle Schränke und Schubladen fest verschlossen werden. Schwere Gegenstände kommen nach unten. Während der Fahrt bleiben alle Mitfahrer angeschnallt sitzen. Herumlaufen oder die Nutzung der Betten ist verboten und gefährlich.

Beim Packen muss unbedingt auf das zulässige Gesamtgewicht geachtet werden. Vier Personen plus Ausrüstung bringen manche Modelle schon an ihre Belastungsgrenze. Auch das mitfahrende Haustier inklusive Futter muss mitgerechnet werden. Der Wassertank sollte während der Fahrt nicht komplett gefüllt sein. Zehn Liter pro Person plus kleine Reserve sind normalerweise mehr als genug. Auf den Stell- und Campinplätzen gibt es die Möglichkeit, den Tank wieder zu füllen.

PANNE UND UNFALL

Für den Pannenfall, der immer eintreten kann, empfiehlt sich vor Reiseantritt der Abschluss eines Schutzbriefes. Gut abgesichert geht es zum Beispiel mit der ADAC Plus-Mitgliedschaft in den Urlaub. Dabei ist es egal, ob die Reise mit dem eigenen oder einem gemieteten Fahrzeug stattfindet. Wichtig sind folgende Einschränkungen: In der Zulassungsbescheinigung als Wohnmobile eingetragene Fahrzeuge bis zu einer Gesamtbreite von 2,55 Metern, einer Gesamtlänge von 10 Metern, einer Höhe von 3,20 Metern einschließlich Ladung und einer zulässigen Gesamtmasse von 7,5 Tonnen sind abgesichert. Bei anderen Schutzbriefen gelten ähnliche Begrenzungen.

Bei einem Unfall wird gehandelt wie bei anderen Verkehrsunfällen auch. Unterstützung gibt es durch die Fahrzeugversicherung, den Schutzbriefpartner und den Vermieter. Bei Mietfahrzeugen ist es ratsam, zur eigenen Absicherung auch die Polizei einzuschalten.

REISEN MIT HUND

Viele Ferienorte haben sich auf Gäste mit Hund eingestellt. In der Regel sind die Vierbeiner in Restaurants und Cafés willkommen. Es gibt auch eine Reihe von Sehenswürdigkeiten und Museen, in die Hunde mitgenommen werden können. Auf vielen Campingplätzen gibt es spezielle Bereiche für Gäste mit Hunden. Aktuelle Angaben hierzu finden sich auf den genannten Pincamp-Websites. Auf Wohnmobilstellplätzen sind sie willkommen und kosten in der Regel auch keine Zusatzgebühr. An Nord- und Ostsee gibt es meist spezielle Hundestrände – mit und ohne Leinenzwang. Auch an Seen gibt es oft Möglichkeiten, mit dem eigenen Vierbeiner ans Wasser zu kommen. So steht einem Strandbesuch mit Toben im Sand oder einem Bad nichts im Wege. Vielerorts werden außerhalb der Saison die Vorschriften für Hunde gelockert.

Auf den meisten Plätzen sind auch Hunde willkommen

WEITERE INFORMATIONEN UND SPEZIELLE REISEZIELE MIT HUND

Mecklenburg-Vorpommern
www.auf-nach-mv.de/urlaub-mit-hund

Schleswig-Holstein
www.sh-tourismus.de/schleswig-holstein-fuer/urlauber-mit-hund

Niedersachsen
www.reiseland-niedersachsen.de/erleben/hundestraende-in-niedersachsen

Tierärzte gibt es auch in kleinen Orten; Adressen und Telefonnummern hängen meist an den Infotafeln im Eingangsbereich von Camping- oder Stellplatz. Für die Fahrt und unterwegs das Lieblingsfutter und das Hundebett nicht vergessen! Auch die Sicherung während der Fahrt ist unerlässlich.

Vor der Auswahl einer Reiseregion sollten sich Hundebesitzer aber in jedem Fall über die örtlichen Regelungen informieren. In Ostfriesland sind Hunde zum Beispiel auf den Deichen und an fast allen Stränden verboten.

KURZCHECK VOR REISEANTRITT

- [ ] Bei Mietfahrzeugen: Einweisung ins Fahrzeug und den Wohnmobilaufbau
- [ ] Telefonnummer des Vermieters notieren und Erreichbarkeit klären
- [ ] Fahrer bei der Versicherung melden
- [ ] Reifendruck und Ölstand prüfen
- [ ] Fahrzeug volltanken
- [ ] Dachluken schließen
- [ ] Alles sicher und rutschfest verstauen
- [ ] Kühlschrank schließen und Inhalt sichern
- [ ] Der Wassertank sollte für die Fahrt nicht komplett gefüllt sein.
- [ ] Abwasser entleeren
- [ ] Gasflaschen füllen
- [ ] Ist die Gasprüfung aktuell?
- [ ] Achtung: Das Fahrzeug mit allen Mitfahrern, Zusatzausstattung und Ladung darf das erlaubte Gesamtgewicht nicht überschreiten.
- [ ] Hilfreiche Apps installieren: Pincamp, Routenplaner, Wetter, Reisebudget
- [ ] Corona-Situation checken: www.campingplatz-deutschland.de/aktuelles/corona
- [ ] Für die Fahrt griffbereit halten: Kamera, Handy, Ladekabel, Lieblingsspielzeug, Lesestoff, (Sonnen-) Brillen, Medikamente

PACKLISTE

Wichtige Fahrzeugausstattung

- [ ] Motoröl
- [ ] Ersatzsicherungen für Fahrzeug und Aufbau
- [ ] Ersatzlampen
- [ ] Scheibenputzzeug
- [ ] Bedienungsanleitungen für Fahrzeug und Aufbau
- [ ] Werkzeug
- [ ] Ersatzreifen, Wagenheber, Radkreuz
- [ ] Warntafel für Ladung auf dem Heckträger

Papiere und Reiseunterlagen

- [ ] Fahrzeugschein
- [ ] Versicherungsnachweis
- [ ] Schutzbrief
- [ ] Gelbes Heft von der Gasprüfung
- [ ] Personalausweis oder Reisepass
- [ ] Krankenversicherungskarte
- [ ] Kopien aller Dokumente, an einem sicheren Ort verstaut
- [ ] Kreditkarte, EC-Karte
- [ ] Straßen- und Freizeitkarten
- [ ] Reiseführer
- [ ] ADAC Camping- und Stellplatzführer

Grundausstattung Camping und Wohnmobil

- [ ] Wasserschlauch und Adapter für Wasserhähne
- [ ] Gießkanne/Wasserkanister mit Schnüffel
- [ ] 25-Meter-Stromkabel/Kabeltrommel
- [ ] CEE-Stecker für Fahrzeug und Anschluss
- [ ] Auffahrkeile
- [ ] Kleine Wasserwaage zur Ausrichtung
- [ ] Schmutzfangmatte für den Eingang
- [ ] Panzertape, Klebeband
- [ ] Schnur
- [ ] Klappspaten
- [ ] Chemie für die Campingtoilette
- [ ] Kleine Flasche Silberionen für den Wassertank
- [ ] Arbeitshandschuhe, Gummihandschuhe
- [ ] Taschenlampe, Stirnlampe
- [ ] Campingtisch und -stühle, Hocker
- [ ] Sonnenschirm
- [ ] Heringe, Hammer
- [ ] Abspanngurte, Leinen
- [ ] Kleiner Teppich
- [ ] Grill und Grillzange
- [ ] Bettzeug
- [ ] Bettwäsche

Küche und Haushalt

- [ ] Spülschüssel
- [ ] Geschirrspülmittel, -lappen, -handtücher
- [ ] Essbesteck
- [ ] Essgeschirr
- [ ] Tassen, Gläser
- [ ] Küchenmesser und Schere
- [ ] Salatschüssel
- [ ] Töpfe, Pfannen, Kochlöffel
- [ ] Wasserkocher/Wasserkessel
- [ ] Nudelsieb
- [ ] Schneidebrett
- [ ] Kaffeebereiter
- [ ] Teekanne
- [ ] Thermoskanne
- [ ] Flaschenöffner, Korkenzieher
- [ ] Dosenöffner
- [ ] Gasanzünder, Streichhölzer
- [ ] Kerzen
- [ ] Küchenrolle
- [ ] Frischhalte- und Alufolie
- [ ] Plastiktüten, Müllbeutel
- [ ] Aufbewahrungsdosen
- [ ] Tischdecke
- [ ] Topfuntersetzer
- [ ] Kurzzeitwecker
- [ ] Einkaufstasche
- [ ] Mülleimer
- [ ] Grundausstattung Lebensmittel
- [ ] Gewürze, Essig und Öl
- [ ] Wäscheleine und Klammern
- [ ] Waschmittel
- [ ] Putzmittel, -lappen, Eimer
- [ ] Besen, Handfeger, Kehrschaufel
- [ ] Nähset
- [ ] Klapphocker

Gemütlicher kann es selbst zu Hause nicht sein

Waschen und Hygiene

- [ ] Handtücher
- [ ] Bademantel, Badelatschen
- [ ] Waschbeutel und Waschsachen
- [ ] Rasierer mit Ladekabel
- [ ] Föhn
- [ ] Tempo-Taschentücher
- [ ] Toilettenpapier
- [ ] Sonnencreme
- [ ] Mückenschutz
- [ ] Zeckenzange
- [ ] Reiseapotheke
- [ ] Persönliche Medikamente
- [ ] Wärmflasche
- [ ] Regenschirm

Kleidung und Sport

- [ ] Auch im Sommer an warme Kleidung denken!
- [ ] Badesachen und -schuhe
- [ ] Sonnen-/Windschutz für den Strand
- [ ] Wanderschuhe
- [ ] Wanderrucksack
- [ ] Regenjacke
- [ ] Sportsachen
- [ ] Fahrradhelm
- [ ] Flickzeug, Luftpumpe

Schiffegucken ist der schönste Zeitvertreib am Nord-Ostsee-Kanal

LIEBLINGSTOUR NR. 1

VON KIEL NACH BREMEN – GEWALTIGE SCHIFFE, KLEINE FÄHREN

271 Kilometer – eine Woche

Kiel → 53 km bis **Rendsburg** → 39 km bis **Albersdorf** → 21 km bis **Burg (Dithmarschen)** → 17 km bis **Brunsbüttel** → 24 km bis **Glückstadt** → 3 km bis **Elbfähre Glückstadt** → Fähre nach **Wischhafen** → 54 km bis **Bremervörde** → 36 km bis **Worpswede** → 24 km bis **Bremen**

Zwischen den beiden sehenswerten Städten Kiel und Bremen folgen wir in Teilen der Deutschen Fährstraße über größere und kleinere Straßen und immer wieder im Zickzack. Mit den kostenlosen Fähren überqueren wir mehrfach den Nord-Ostsee-Kanal. Hier schippert vom kleinen Sportboot über das historische Segelschiff bis zum Containerschiff alles ganz nah vorbei. Außerdem lernen wir die „Steinzeit-Quadratmeile" bei Albersdorf und die Kulturlandschaft des Teufelsmoores kennen.

Mit Kiel und Bremen liegen zwei gänzlich verschiedene Großstädte am Beginn und am Ende dieser Tour. Kiel ist als wichtiger Werften- und Marinestandort maritim geprägt. Der Höhepunkt des Jahres ist die Kieler Woche, während der rund 2000 große und kleine Segelboote an den Regatten und Paraden teilnehmen und die ganze Stadt feiert. Bremen, an der Weser gelegen, gelangte als Mitglied der Hanse und später durch den Überseehandel zu Wohlstand. Das mächtige Rathaus und die Handelskontore zeugen noch heute davon.

↗ Beschreibungen der einzelnen Orte und Übernachtungsmöglichkeiten finden Sie unter Tour 6 und 14.

Die erste Hälfte der Tour folgt dem Nord-Ostsee-Kanal, den wir mehrfach mit Fähren überqueren. 1895 nach acht Jahren Bauzeit eingeweiht, wird er an seinem Anfang und Ende, in Kiel und in Brunsbüttel, durch mächtige Schleusen reguliert. Rund 30.000 große und kleine Schiffe befahren ihn im Jahr, womit der Kanal zu den meistbefahrenen künstlichen Wasserstraßen der Welt gehört.

Zwischen Kiel und Bremen liegt keineswegs nur plattes Land. Zunächst durchfahren wir das Schleswig-Holsteinische Hügelland und dann die wellige Geest, bevor wir die flache Elbmarsch erreichen. Sogenannte Knicks begrenzen hier die Felder, Wiesen und Weiden. Die regionaltypischen Wallhecken stehen als Orte der Artenvielfalt unter besonderem Schutz. Zu ihrem Erhalt und zur Pflege müssen regelmäßig die wuchernden Zweige abgeknickt werden – daher der Name. Im schleswig-holsteinischen Glückstadt rollen wir auf die Elbfähre und gehen nach einer halben Stunde im niedersächsichen Wischhafen wieder an Land. Ein besonderes Erlebnis sind auch die historischen Fähren über die Oste.

Glückstadt – charmanter Zwischenstopp an der Elbe

Die Stader Geest, die sich hier zwischen Elbe und Weser erstreckt, ist geprägt durch landwirtschaftliche Nutzflächen und Moorgebiete wie das Teufelsmoor. Zwischen Bremervörde und Bremen gelegen, begann seine Besiedlung ab etwa 1750. Die durch menschliche Eingriffe geformte, karge Landschaft mit ihren Kanälen und das Leben der Bauern in den Moorkolonien faszinierte Ende des 19. Jahrhunderts Künstler wie Fritz Mackensen, Heinrich Vogeler und Otto Modersohn, die im Moordorf Worpswede eine Künstlerkolonie gründeten. Noch heute leben im Ort zahlreiche Künstler, es gibt zahlreiche Galerien und Museen.

HÖHEPUNKTE UNTERWEGS

ALBERSDORF

Der Steinzeitpark, das Museum für Archäologie und Ökologie Dithmarschen und ein Großsteingrab der Jungsteinzeit haben der Gegend rund um Albersdorf den Beinamen „Steinzeit-Quadratmeile“ eingebracht.

BREMEN

Die Stadtmusikanten und das Renaissancerathaus mit der Rolandsfigur sind die Highlights der Hansestadt an der Weser. Aber auch sonst gibt es viel zu entdecken: das älteste Viertel Schnoor oder die expressionistischen Backsteinbauten der Böttcherstraße.

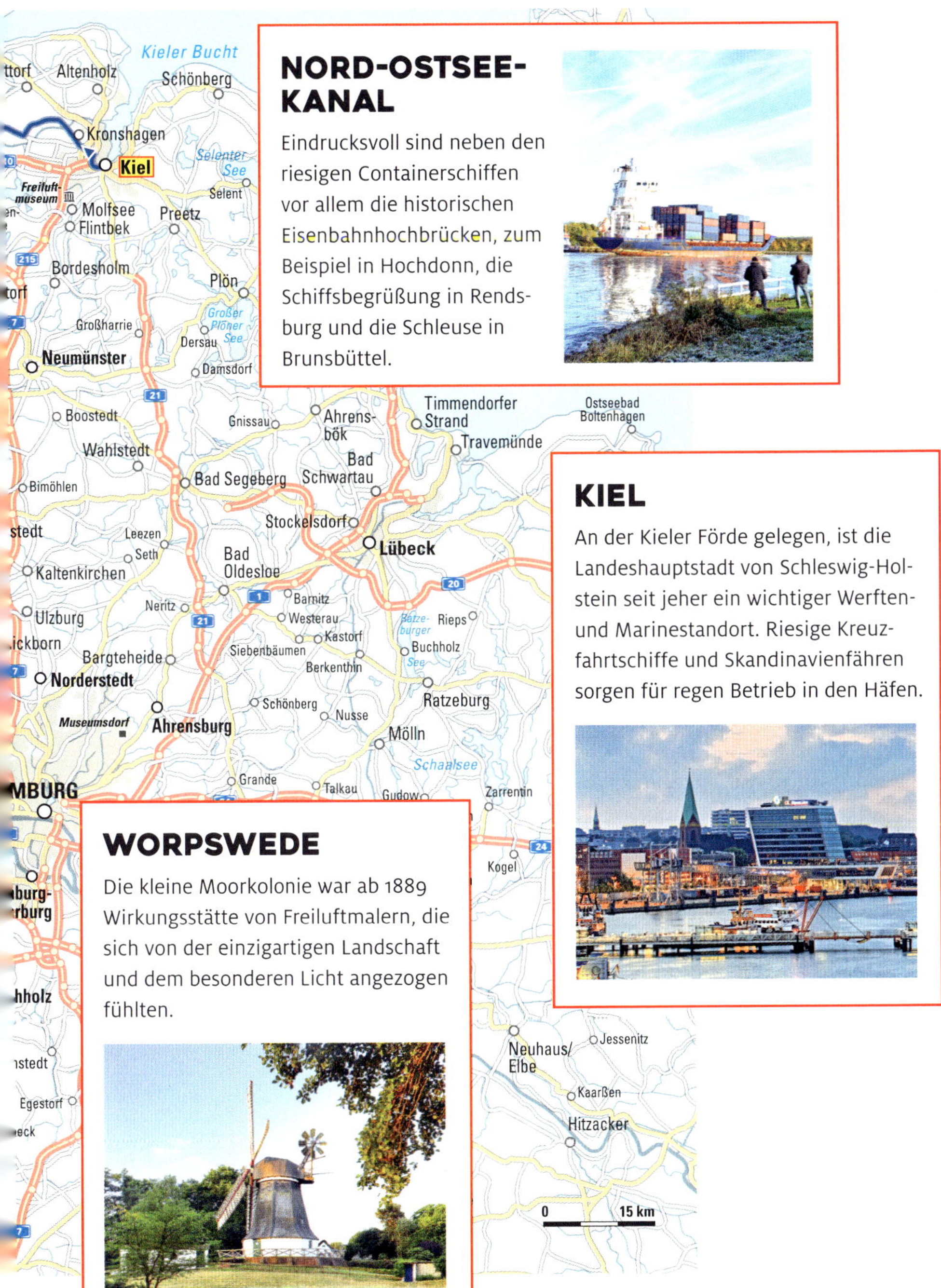

NORD-OSTSEE-KANAL

Eindrucksvoll sind neben den riesigen Containerschiffen vor allem die historischen Eisenbahnhochbrücken, zum Beispiel in Hochdonn, die Schiffsbegrüßung in Rendsburg und die Schleuse in Brunsbüttel.

KIEL

An der Kieler Förde gelegen, ist die Landeshauptstadt von Schleswig-Holstein seit jeher ein wichtiger Werften- und Marinestandort. Riesige Kreuzfahrtschiffe und Skandinavienfähren sorgen für regen Betrieb in den Häfen.

WORPSWEDE

Die kleine Moorkolonie war ab 1889 Wirkungsstätte von Freiluftmalern, die sich von der einzigartigen Landschaft und dem besonderen Licht angezogen fühlten.

Schillig hat einen der schönsten Nordseestrände

LIEBLINGSTOUR NR. 2

OSTFRIESLAND UND MEHR – RUNDTOUR MIT KLÖNSCHNACK

420 Kilometer – zwei Wochen

Elsfleth → 31 km bis **Nordenham** → 20 km bis **Fedderwardersiel** → 48 km bis **Dangast** → 30 km bis **Wilhelmshaven** → 27 km bis **Schillig** → 16 km bis **Carolinensiel** → 49 km bis **Norden** → 17 km bis **Greetsiel** → 31 km bis **Emden** → 28 km bis **Leer** → 24 km bis **Papenburg** → 16 km bis **Rhauderfehn** → 33 km bis **Bad Zwischenahn** → 23 km bis **Oldenburg** → 26 km bis **Elsfleth**

Wesermarsch, Nordseeküste, Emsland und das Hinterland mit seinen Kanälen, Mooren und Parks sind wunderbare Urlaubsgebiete mit schönen Stellplätzen für Wohnmobilreisende. Endlos lange Deiche, eindrucksvolle Bauernhäuser mit üppigen Gärten und charmante Fischerdörfer prägen das Land. Alle Alltagshektik ist schnell vergessen, denn hier gehen die Uhren seit jeher ein bisschen langsamer als anderswo.

Diese etwa zweiwöchige Tour beginnt in der Wesermarsch und führt einmal rund um Ostfriesland. Es geht am Jadebusen und immer weiter an der Küste entlang und schließlich via Papenburg und Oldenburg zurück nach Elsfleth.

↗ Beschreibungen der einzelnen Orte und Übernachtungsmöglichkeiten finden Sie unter Tour 19, 21, 23 und 25.

Die Rundreise bietet zahlreiche Möglichkeiten, den Nationalpark Niedersächsisches Wattenmeer intensiv kennenzulernen. Er gehört gemeinsam mit den angrenzenden Wattzonen zum UNESCO-Welterbe. Auf den ersten Blick fast unbelebt, ist er doch eines der artenreichsten Ökosysteme der Welt mit hochspezialisierter Flora und Fauna: Auf den Sandbänken leben Kegelrobben und Seehunde, Watvögel und rastende Zugvögel finden reiche Nahrung aus Muscheln und Wattwürmern, der dickfleischige Queller besiedelt die gelegentlich überfluteten Salzwiesen, die weitverzweigten Wurzeln des Strandhafers befestigen die Dünen. Wattwanderungen mit kundigen Führern erschließen den Reichtum dieses einzigartigen Lebenraumes. Das finden auch Kinder spannend. An den breiten Sandstränden können sie sich nach Herzenslust austoben, und die Großen genießen ausgiebige Spaziergänge. Ehemalige Fischerdörfer wie Dangast oder Carolinensiel sind inzwischen vielbesucht, haben sich aber den Charme vergangener Zeiten bewahrt. Krabbenfischer verkaufen vielerorts ihren Fang direkt vom Kutter. Übrigens ist nicht nur das Wattenmeer Welterbe. Die ostfriesische Teekultur steht auf der UNESCO-Liste des immateriellen Kulturerbes. Dazu gehören neben Kluntje und Wulkje, also Kandis und Sahnewolke, vor allem Muße. Genauso wie zum Klönschnack auf Platt. Auch wer dabei nur Bahnhof versteht, nimmt das allgegenwärtige „Moin“ schnell in den Urlaubswortschatz auf.

In Elsfleth mündet die Hunte in die Weser

In Ostfriesland schweift der Blick bis zum Horizont weit über die Landschaft, die platt ist wie eine Flunder. Eine Wanderdüne bei Uplengen erreicht als höchster Punkt ganze 18,5 Meter über dem Meeresspiegel. Beste Voraussetzung also für bequeme Radtouren, allerdings sollte man den Wind, der natürlich immer von vorne kommt, nicht unterschätzen. Hinter dem Marschland der Küsten und der Wesermarsch steigt sanft der Ostfriesisch-Oldenburgische Geestrücken an. Ein dichtes Netz aus Gräben (Schlooten), die über Siele und Schöpfwerke das Marschland entwässern, und Deiche machten die landwirtschaftliche Nutzung, vornehmlich Viehhaltung, erst möglich. Deiche dienten sowohl dem Hochwasserschutz als auch der Landgewinnung. Auch die Nieder- und Hochmoore der Geest wurden durch Kanäle entwässert. Typische Fehnkolonien entstanden, die sich entlang der Wasserläufe hinziehen.

HÖHEPUNKTE UNTERWEGS

GREETSIEL

Das Fischerdorf Greetsiel ist einfach zauberhaft mit seinen Gässchen, Giebelhäusern und den Zwillingsmühlen. Im malerischen Hafen liegt die größte Krabbenkutterflotte Ostfrieslands, und zum rot-gelben Pilsumer Leuchtturm ist es auch nicht weit.

PAPENBURG

Die älteste deutsche Fehnkolonie mutet wegen der vielen Kanäle fast niederländisch an. Und in der Meyer Werft kann man erleben, wie riesige Kreuzfahrtschiffe gebaut werden.

UNESCO-WELTERBE WATTENMEER

Der Wechsel der Gezeiten ist ein faszinierendes Naturschauspiel, das sich zweimal täglich wiederholt. Während der Ebbe lässt sich beim Wattwandern erkunden, was sonst verborgen ist.

DANGAST

Dank der erhöhten Lage auf einem eiszeitlichen Geestrücken braucht Dangast keinen Schutzdeich. Der unverstellte Meerblick lockt schon seit über 100 Jahren Künstler wie Franz Radziwill in das einstige Fischerdorf.

OLDENBURG

Niedersachsens wichtigster Binnenhafen, Gärten und Bauernhöfe mitten in der Stadt, ein großherzogliches Schloss und spannende Museen – Oldenburg bietet die perfekte Mischung für einen kurzweiligen Stadtausflug.

Ausspannen in Stagnieß am Usedomer Achterwasser

LIEBLINGSTOUR NR. 3

USEDOM, RÜGEN UND HIDDENSEE – DIE SCHÖNSTEN SEITEN DER OSTSEE

333 Kilometer – drei Wochen

Anklam → 22 km bis **Usedom Stadt** → 24 km bis **Ahlbeck** → 3 km bis **Heringsdorf** → 3 km bis **Bansin** → 36 km bis **Peenemünde** → 50 km bis **Greifswald** → 39 km über **Rügen-Fähre** bis **Putbus** → 27 km bis **Binz** → 16 km bis **Sassnitz** → 6 km bis **Halbinsel Jasmund und Königsstuhl** → 30 km bis **Kap Arkona und Vitt** → 34 km über **Wittower Fähre** bis **Schaprode** → Fähre nach **Hiddensee** und retour → 43 km bis **Stralsund**

Der Dreiklang aus Sonne, Wind und Meer macht diese Tour zum Sommerhighlight für alle Wasserratten, Strandkorbliebhaber und Aktivurlauber. Lebendige Seebäder, lange Sandstrände und zauberhafte Boddendörfer locken nach Usedom und Rügen; Hiddensee punktet mit Ruhe und Natürlichkeit. Abwechslung vom Strandleben bieten Greifswald und Stralsund.

Für diese Tour sollte man sich richtig viel Zeit lassen, denn sie führt über gleich drei wunderschöne Ostseeinseln: Usedom, Rügen und Hiddensee. Ausgiebiges Strandleben, Radtouren, Wanderungen und entspannte Stadtbummel stehen dabei auf dem Programm. Dazu gibt es je nach Geschmack versteckte Parkplätze oder quirlige Campinganlagen, ruhige Stellplätze oder einfache Naturcampingplätze.

↗ Beschreibungen der einzelnen Orte und Übernachtungsmöglichkeiten finden Sie unter Tour 35, 36, 38 und 39.

Mit rund 1900 Sonnenstunden im Jahr ist Usedom eine der sonnigsten Regionen Deutschlands. Ideale Bedingungen also, um die 42 Kilometer Sandstrand richtig auszukosten, die sich zwischen Peenemünde und Świnoujście erstrecken. Die Kaiserbäder Ahlbeck, Heringsdorf und Bansin sind ein wahres Schatzkästlein der Bäderarchitektur und das quirlige Zentrum der Insel. Die längste Strandpromenade Europas reicht von Bansin bis nach Świnoujście im polnischen Teil Usedoms. Das Hinterland verzaubert mit sanften Hügeln und Wäldern; am schilfumstandenen Achterwasser liegen charmante Fischerdörfer. All das lässt sich gemütlich mit dem Fahrrad oder auch zu Fuß erkunden, was sich schon deshalb empfiehlt, weil die Hauptverkehrsader B111 in der Saison meist stark befahren ist.

Wer nach so viel Natur und Meer wieder Lust auf Kultur verspürt, der macht Halt in Greifswald. Vor allem die Ära der Hanse und die zeitweilige Zugehörigkeit zu Schweden haben das Stadtbild geprägt. Auf den Spuren Caspar David Friedrichs wandelnd, kann man Greifswald und Umgebung durch die Augen des berühmten Malers der Romantik kennenlernen.

Ab 1908 war das Kurhaus mondäner Mittelpunkt von Binz

Danach geht es weiter auf Deutschlands größte Insel. Als urzeitliches Kreideplateau wurde sie im Laufe der Zeit durch Erosion und die Kräfte der Ostsee modelliert. So ist die Insel Rügen heute abwechslungsreich und stark gegliedert mit zahlreichen Halbinseln, Landzungen, Buchten, Nehrungen und Boddengewässern. Die traditionsreichen Badeorte wurden einst mit allen Annehmlichkeiten und Freizeitvergnügungen für Urlauber ausgestattet: Seebrücken, Strandpromenaden und Bauten im Stil der Bäderarchitektur. Zwar führt unsere Route nah der Küste mit ihren Sandstränden und Steilküsten entlang, doch lohnen auch Abstecher ins schöne Hinterland. Vielbesucht ist die Nachbarinsel Hiddensee. Weil hier keine Autos fahren dürfen, geht es dennoch beschaulich zu. Das schmale Eiland hat mit seinem natürlichen Charme schon viele Künstler, darunter Gerhart Hauptmann und Asta Nielsen, in seinen Bann gezogen.

Ein Bummel durch die Altstadt von Stralsund mit ihren mächtigen Backsteinkirchen und der Besuch des Ozeaneums bilden den krönenden Abschluss unserer erlebnisreichen Inseltour.

HÖHEPUNKTE UNTERWEGS

INSEL HIDDENSEE

Die kleine Schwesterinsel von Rügen wird von den Einheimischen liebevoll „Sötes Länneken" (Süßes Ländchen) genannt. Vom Leuchtturm Dornbusch an der Nordspitze bietet sich ein fantastischer Blick auf die schmale Insel.

STRALSUND

Die Hansestadt Stralsund liegt an der Meerenge Strelasund und ist damit das Tor zur Insel Rügen. Die fast komplett von Wasser umgebene Altstadt hat eine einzigartige historische Bausubstanz und wurde deshalb zum UNESCO-Welterbe ernannt.

GREIFSWALD

Die lebendige Universitäts- und Hansestadt besticht mit ihrem historischen Flair. Greifswalds bedeutendste Bauwerke sind eindrucksvolle Zeugnisse der Backsteingotik.

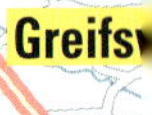

HALBINSEL JASMUND

Die Halbinsel Jasmund im Nordosten von Rügen ist der kleinste Nationalpark Deutschlands. Dichte Buchenwälder und weiße Kreideklippen, wie der 118 Meter hohe Königsstuhl, sind seine Attraktionen.

USEDOMER KAISERBÄDER

Zwölf Kilometer lang ist der weiße Sandstrand der drei Kaiserbäder Ahlbeck, Heringsdorf und Bansin. Mit ihren Seebrücken, herrlicher Bäderarchitektur und einer endlosen Promenade bilden sie das Zentrum der Insel.

UNTERWEGS IN

SCHLESWIG-HOLSTEIN UND HAMBURG

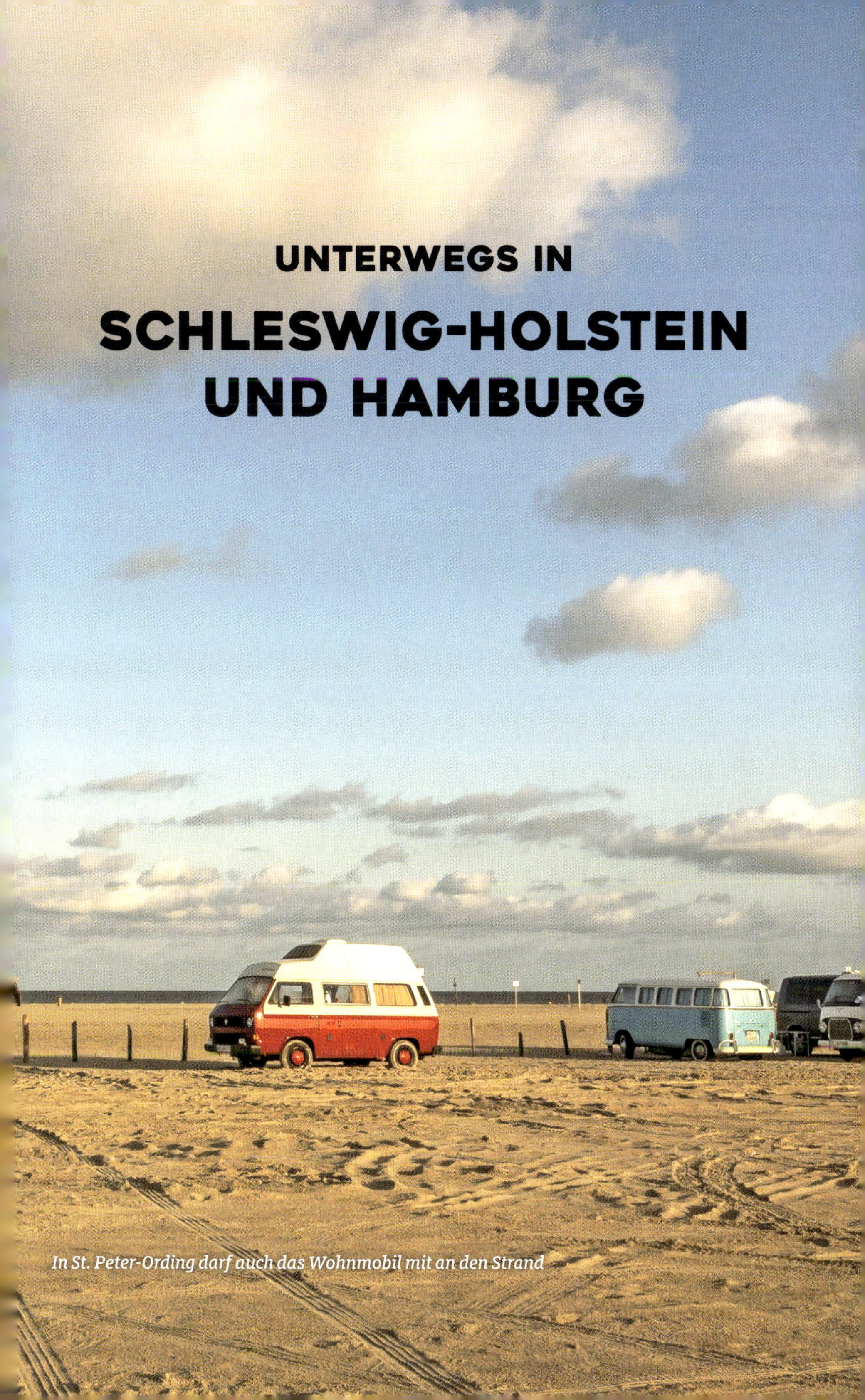

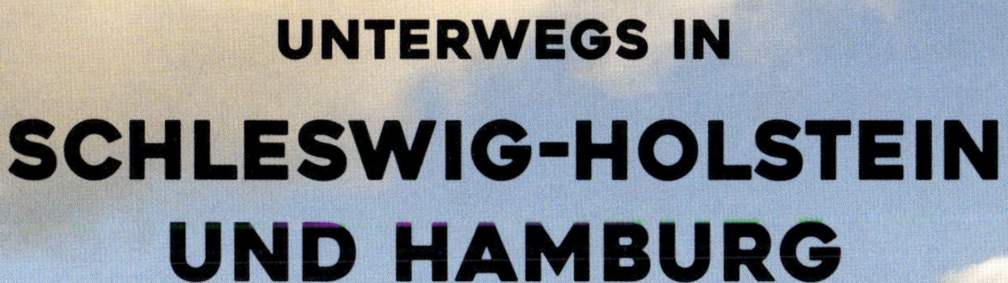

In St. Peter-Ording darf auch das Wohnmobil mit an den Strand

Der Ratzeburger Dom ist eindrucksvolles Zeugnis der Spätromanik

VOM GRENZHUS SCHLAGSDORF NACH NEUMÜNSTER

MITTEN DURCHS SCHÖNE BINNENLAND

Kleine Orte, von Wallhecken, den sogenannten Knicks, gesäumte Felder und viele Seen prägen die sanft gewellte Landschaft. Fast überall bieten sich Möglichkeiten, einen Tag am oder auf dem Wasser zu verbringen. Aber auch die Industrialisierung und die einstige innerdeutsche Grenze haben Spuren hinterlassen, denen man nachgehen kann. Neben Campingplätzen an den Seen gibt es einfache und zum Teil kleine Stellplätze.

GRENZHUS SCHLAGSDORF E8

Im Grenzhus Schlagsdorf wird die Geschichte der ehemaligen innerdeutschen Grenze erzählt. Mit starkem regionalen Bezug wird deutlich, was diese für den Alltag der Menschen in der Region bedeutete. Im Außengelände wurden Elemente der Sperranlagen wiederaufgebaut. Zwei Wanderwege führen vom Grenzhus zur ehemaligen Grenzlinie, sodass auch der Wandel der Landschaft im einstigen Grenzgebiet erfahrbar wird. Das Museumscafé bietet in gemütlicher Atmosphäre neben einem Mittagstisch auch selbstgemachten Kuchen – ideal für eine Pause zwischendurch.

ROUTE 103 KM

Grenzhus Schlagsdorf → 9 km bis **Ratzeburg** → 11 km bis **Berkenthin** → 22 km bis **Bad Oldesloe** → 32 km bis **Schmalfeld** → 10 km bis **Bad Bramstedt** → 19 km bis **Neumünster**

2 RATZEBURG E8

Seine historische Bedeutung verdankte der Ort Heinrich dem Löwen, der die Gebiete nördlich der Elbe eroberte. Er gründete 1154 das Bistum Ratzeburg und ließ auf einer malerischen Halbinsel den berühmten Dom erbauen. Die städtische Siedlung entwickelte sich in unmittelbarer Nachbarschaft. Folgt man vom Rathaus aus den orangefarbenen Löwenspuren auf dem Pflaster, kann man wichtige Stationen der Stadtgeschichte erkunden. 1693 wurde Ratzeburg auf Befehl des dänischen Königs Christian V. fast völlig zerstört. Der Wiederaufbau erfolgte nach barocken Vorstellungen über einem schachbrettartigen Grundriss. Ein interessantes Museum widmet sich in wechselnden Ausstellungen dem Werk eines berühmten Sohnes der Stadt: Das Ernst Barlach Museum befindet sich in dem Haus, in dem der Bildhauer, Grafiker und Schriftsteller einen Teil seiner Kindheit verbrachte.

Das Zentrum von Ratzeburg liegt auf einer Insel, umgeben von vier Seen, und auch die unmittelbare Umgebung bietet viele Möglichkeiten für Wanderungen und Radtouren mit etlichen schönen Bade- und Rastplätzen. Weil entlang des Ratzeburger Sees einst die innerdeutsche Grenze verlief, konnte sich die Natur hier weitestgehend ungestört entfalten. Heute steht das wilde, unberührte Ostufer als Teil des Grünen Bandes unter Naturschutz.

Der städtische Stellplatz am Hallenbad – wenige Gehminuten vom Zentrum entfernt – ist sehr einfach und klein. Wen das nicht stört, der bleibt hier sicherlich gern länger. Mit etwas Glück hat man Blick auf die Badestelle. Ein paar Kilometer nördlich der Stadt liegt der Naturcampingplatz Buchholz traumhaft am See. Auch hier gibt es Stellplätze mit schönem Blick aufs Wasser. Lust, das Lenkrad gegen Paddel zu tauschen? Hier kann man Kajaks und andere Boote mieten. Per Schiff sind auch Ausflüge nach Ratzeburg oder Lübeck möglich.

3 BERKENTHIN E8

Das Örtchen Berkenthin liegt inmitten der hügeligen und grünen

Auf den Wiesen um Berkenthin muss man auf überraschende Begegnungen gefasst sein

Stecknitzregion. Vor allem die Maria-Magdalenen-Kirche mit ihren mittelalterlichen Wandmalereien und dem Barockaltar sowie die Kirchsteigbrücke lohnen einen Besuch. Schon im Mittelalter war das Dorf eine wichtige Station der Salzroute von Lüneburg nach Lübeck, erst über den Stecknitz- und ab 1900 über den Elbe-Lübeck-Kanal. Auf dem einstigen Treidelpfad kann man von Lauenburg nach Lübeck radeln oder wandern. Und im Sommer bietet ein nachgebauter Salzkahn Gelegenheit, sich selbst einmal als Treidler zu betätigen. Auf den Koppeln rund um den Ort kann man Tiere aus vier Kontinenten entdecken. Ein Tierarzt hält hier in einem kleinen Privatzoo unter anderem Wasserbüffel, Kamele, Zebras und Bisons.

BAD OLDESLOE E8

↗ Tour 13 (Seite 89)

SCHMALFELD E7

Auch wenn viele Touristen hier einfach vorbeifahren, lohnt sich ein Stopp in Schmalfeld. Ein Bummel durch den ländlichen Ort mit seinen historischen Bauten macht Spaß. Beeindruckend ist die steinerne Königsbrücke von 1785, dreibogig und 21 Meter lang. Sie war Teil des Ochsenweges, einer wichtigen Handelsstraße. Außerdem lassen sich ein reetgedecktes Fachwerkgehöft, große Fachhallenhäuser sowie einige schöne Jugendstilbauten entdecken.

Die Umgebung bestimmen neben Buchen- und Nadelwäldern auch Restflächen der alten Segeberger Heide mit ihrem erhaltenen Knicksystem. Diese regionaltypischen Wallhecken dienten als Begrenzung der bäuerlichen Parzellen und sind heute geschützte Orte ökologischer Vielfalt.

BAD BRAMSTEDT E7

↗ Tour 2 (Seite 47)

NEUMÜNSTER D7

Neumünster im Herzen Schleswig-Holsteins ist als Verkehrsknotenpunkt und wichtiger Standort der Textil- und Lederindustrie bekannt. Im 19. Jahrhundert erlebte die Stadt eine wirtschaftliche Blüte, die einen Bauboom mit sich brachte. Es gibt also einiges zu sehen. Ein Rundgang, der an der Touristeninformation am Großflecken startet, führt an 40 historisch interessanten und beschilderten Orten und Gebäuden vorbei. Der Teich ist seit jeher der Mittelpunkt von Neumünster. An der hindurchfließenden Schwale siedelten sich Tuchmacherwerkstätten und später große Betriebe an. Gerbereien, Tuchfabriken und Brauereien nutzten den Fluss und entsorgten über ihn ihre Abwässer. Der Rundgang führt auch durch die charmante Gasse Fürsthof mit dem ältesten Haus der Stadt und einigen ungewöhnlichen Geschäften. Nicht weit entfernt steht mit der Vicelin-Kirche aus gelbem Backstein das Wahrzeichen der Stadt. Sie gilt als bedeutender klassizistischer Kirchenbau in Schleswig-Holstein. Ein weiterer Anziehungspunkt ist der weitläufige Gerisch-Park mit vielen zeitgenössischen Kunstwerken und der Villa Wachholtz als wichtigem Ausstellungsort. In der näheren Umgebung von Neumünster kann man im Dosenmoor oder am Einfelder See sehr schön wandern.

MUSEUM TUCH + TECHNIK

Das modern gestaltete Museum erzählt interessante Geschichten von den Menschen, die in Neumünster gelebt und gearbeitet haben, und dokumentiert die Entwicklung von der handwerklichen Tuchherstellung zur industriellen Produktion. Auf knapp 2000 Quadratmetern können Besucher durch fast ebenso viele Jahre Geschichte wandern, spannende Ausstellungsstücke entdecken und einige davon selbst ausprobieren. Auch industrielle Textilmaschinen und Webstühle sind zu bestimmten Zeiten in Betrieb.

Kleinflecken 1, 24534 Neumünster
Tel. 043 21/55 95 80
www.tuch-und-technik.de

Am Stadtrand beim Bad am Stadtwald liegt ein beliebter Stellplatz. Südlich von Neumünster gibt es in Padenstedt den Familiencampingplatz Forellensee mit Badestrand.

CAMPINGPLÄTZE

Naturcamping Buchholz ★★★½

Am Westufer des Ratzeburger Sees gelegener, außerordentlich ruhiger Campingplatz in ländlicher Umgebung. Überwiegend naturbelassenes, stark geneigtes Wiesengelände mit mehreren Geländestufen, durch alte Bäume und Büsche aufgelockert.
Anfang April bis Ende September geöffnet.
▶ Am Campingplatz 1, 23911 Buchholz
GPS: 53.738267, 10.739936
Tel. 045 41/42 55
pincamp.de/SL9550

Familiencampingplatz Forellensee
★★★½

Günstig gelegener Platz in Autobahnnähe an einem 4,5 ha großen Badesee. Ebenes Wiesengelände mit unterschiedlich hohen Hecken und Bäumen. Standplätze für Touristen am Rand des Dauercamperbereichs.
Ganzjährig geöffnet.
▶ Humboldredder 5, 24634 Padenstedt
GPS: 54.046586, 9.923268
Tel. 043 21/826 97
pincamp.de/SL2400

STELLPLÄTZE

Wohnmobilstellplatz Aqua Siwa
Ver- und Entsorgung, Strom
Ganzjährig geöffnet.
▶ Fischerstraße 43, 23909 Ratzeburg
GPS: 53.695713, 10.776296

Wohnmobilstellplatz Bad am Stadtwald
Ver- und Entsorgung, Strom
Ganzjährig geöffnet.
▶ Hansaring 177, 24534 Neumünster
GPS: 54.082294, 9.960997
www.stadtwerke-neumuenster.de

Die Umgebung von Dassow verlockt zu ausgedehnten Spaziergängen

2 VON DASSOW NACH BRUNSBÜTTEL

ZWISCHEN OSTSEEKÜSTE UND ELBMÜNDUNG

Die Tour startet im ehemaligen Grenzgebiet im verträumten Dassow. In der Nähe genießt man die naturbelassenen Ostseestrände und ein einzigartiges Naturschutzgebiet, bevor die Reise quer durch Schleswig-Holstein fortgesetzt wird. Das Highlight ist der Besuch der Hansestadt Lübeck. Danach geht die abwechslungsreiche Fahrt vorbei an Rapsfeldern, tiefblauen Seen und schmucken Dörfern mit reetgedeckten Häusern. Eine hügelige Wald- und Knicklandschaft säumt den Weg, bis schließlich das Ziel erreicht ist, der Anfang des Nord-Ostsee-Kanals.

1 DASSOW E8/9

Das verträumte Städtchen Dassow wird auch als „Tor zur Ostsee" bezeichnet. Ab dem 19. Jahrhundert erlebte es einen allmählichen Aufschwung. Viele Gebäude aus dieser Zeit sind erhalten und zum Teil liebevoll restauriert. Wahrzeichen der Kleinstadt ist der historische Speicher an der Stepenitzmündung. Eine der Attraktionen für Familien ist der Erlebnis- und Tigerpark Dassow.

Die Umgebung mit ihren ehemaligen Gutshäusern ist sehr reizvoll. Im Naturschutzgebiet Dassower See hat sich, wo einst die inner-

Dassow → 22 km bis **Lübeck** → 29 km bis **Bad Segeberg** → 30 km bis **Bad Bramstedt** → 28 km bis **Itzehoe** → 28 km bis **Brunsbüttel**

deutsche Grenze verlief, am Grünen Band eine einzigartige Pflanzen- und Tierwelt entwickelt. Die nahe Ostseeküste lockt mit traumhaften, nicht überlaufenen Naturstränden – flach abfallend, sind sie ideal zum Baden.

LÜBECK E8

Ein Bummel durch die kopfsteingepflasterten Altstadtgassen kommt einer Zeitreise gleich. Prächtige Fassaden – von gotisch bis klassizistisch – zeugen vom einstigen Wohlstand der Hansestadt. Der mittelalterliche Stadtkern, der auf der UNESCO-Welterbeliste steht, wird vollständig von Trave und Elbe-Lübeck-Kanal umflossen. Der Altstadtinsel vorgelagert ist das Wahrzeichen der „Königin der Hanse", das berühmte Holstentor. Es wurde im 15. Jahrhundert als Teil der Stadtbefestigung aus Backstein errichtet. Von hier aus sind das gotische Rathaus, der Marktplatz und die Fußgängerzone schnell erreicht. Beim Rathaus befindet sich das Café Niederegger mit dem Marzipan-Museum. Hier erfährt man, wie die süße Delikatesse hergestellt wird und kann sie natürlich auch gleich probieren. Weitere Highlights der Backsteingotik sind das 1286 vollendete Heiligen-Geist-Hospital und das Burgkloster, eine der bedeutendsten Klosteranlagen Norddeutschlands und Keimzelle der Stadt.

Die insgesamt sieben Türme der fünf gotischen Backsteinkirchen – Dom, St. Marien, St. Petri, St. Aegidien, St. Jakobi – zeugten jahrhundertelang schon von Weitem von Wohlstand und Selbstbewusstsein der Stadt und ihrer Bewohner. Vom St.-Petri-Turm aus bietet sich ein herrlicher Blick auf die Umgebung bis hin zur Ostsee.

Lübecks Seefahrergeschichte wird im Museumshafen an der Trave erlebbar, wo zahlreiche Traditionssegler liegen. Wer noch tiefer eintauchen will, sollte das urige Restaurant der Schiffergesellschaft besuchen. In der historischen Halle mit maritimer Ausstattung bestellt man dann natürlich Labskaus, das klassische Seemannsgericht. Und im Europäischen Hansemuseum (↗ Seite 44) wird auf unterhaltsame Weise viel Interessantes zur Geschichte des mächtigen Handelsbündnisses vermittelt.

Weitere spannende Museen machen mit drei berühmten Söhnen der Stadt und einem Wahllübecker bekannt: Das Buddenbrookhaus, das vorübergehend im Behnhaus zu finden ist, informiert über Heinrich und Thomas Mann, das Willy-Brandt-Haus widmet sich dem Leben und Wirken des ehemaligen Bundeskanzlers und das Günter-Grass-Haus dessen schriftstellerischem, grafischem und bildhauerischem Werk.

Dicht bebaute Gänge und Höfe sind beredte Zeugen des mittelalterlichen Städtebaus. Noch heute sind sie bewohnt, größtenteils öffentlich zugänglich und wahre Oasen inmitten der geschäftigen Altstadt. Die engen Gassen entstanden, als die Bevölkerungszahl infolge des erfolgreichen Handels regelrecht explodierte. Als Lösung wurden die Vorderhäuser mit Durchgängen versehen und in den Hinterhöfen sogenannte Buden für Handwerker, Seeleute, einfache Bedienstete und deren Familien errichtet.

Beim Übernachten hat man die Wahl zwischen mehreren Stellplätzen und dem Campingplatz Schönböcken. Parken und Übernachten in der Stadt ist auf dem Parkplatz P4 möglich.

EUROPÄISCHES HANSE-MUSEUM LÜBECK

Das Zeitalter der Hanse markiert ein bedeutendes Kapitel in der deutschen und europäischen Vergangenheit. Als Machtzentrum des Bündnisses, das Politik, Wirtschaft und Gesellschaft nachhaltig prägte, galt Lübeck. Das moderne Museum inszeniert unterhaltsam und interaktiv die 800-jährige Geschichte der Hanse. Besucher können hier tief eintauchen in die Zeiten des nordeuropäischen Handelsbündnisses und Zeugen werden von diplomatischen Verwicklungen, Piraterie, Boykotten und Kriegen. Zusammen mit dem aufwändig restaurierten Burgkloster präsentiert das Museum auch neueste Aspekte der Hanseforschung. Am besten plant man den Besuch gleich morgens ein, um genügend Zeit für die umfangreiche Ausstellung zu haben.

An der Untertrave 1, 23552 Lübeck
Tel. 04 51/809 09 90
www.hansemuseum.eu

BAD SEGEBERG D/E8

↗ Tour 13 (Seite 88)

BAD BRAMSTEDT E7

Bad Bramstedt liegt inmitten einer leicht hügeligen Wald- und Heidelandschaft. Die Stör-Holsteiner Auenlandschaft bietet zahlreiche Möglichkeiten für abwechslungsreiche Radtouren, Spaziergänge und Wanderungen. Und auf Schmalfelder Au, Bramau und Osterau, einem der letzten Wildflüsse Schleswig-Holsteins, finden Kanufahrer ihr Glück. Vor dem Torhaus des ehemaligen Gutshauses, dem sogenannten Schloss, wurde 1693 ein steinerner Roland aufgestellt. Als Symbol für das Marktrecht erinnert er an die Blütezeit Bad Bramstedts als Handelsstadt.

ITZEHOE D/E6

Itzehoe liegt direkt an der Stör und ist umgeben von herrlichen Wäldern, die man auf Spaziergängen oder Radtouren erkunden kann. Die Innenstadt mit ihrer langen Fußgängerzone, zahlreichen Fachgeschäften, Restaurants und Cafés verlockt zum Bummeln. Die Anfänge der Stadt reichen bis ins Mittelalter zurück, 1657 wurde Itzehoe durch die schwedischen Truppen allerdings fast völlig zerstört. Das interessante Kreismuseum im einstigen Adelssitz Prinzeßhof informiert über Wirtschaft, Kultur und Alltagsleben vom 18. Jahrhundert bis zur Nachkriegszeit. Im Wenzel-Hablik-Museum kann man Bekanntschaft mit dem bedeutenden Maler, Grafiker und Innenarchitekten (1881–1934) machen, der ab 1907 in Itzehoe lebte. Ebenso sehenswert sind das historische Rathaus und der malerische Klosterhof. Im 13. Jahrhundert als Zisterzienserinnenabtei gegründet, existiert das Kloster seit der Reformation als adeliges Damenstift weiter. Aus der Anfangszeit ist nur der gotische Kreuzgang erhalten, von

Die Türme von St. Marien und St. Petri überragen die Lübecker Altstadt

dem aus man zur Klosterempore der barocken St.-Laurentii-Kirche mit ihrem herrlichen Schnitzaltar gelangt. In der Nähe findet sich mit dem Germanengrab auch eine archäologische Sehenswürdigkeit. Der Galgenberg ist ein mächtiger bronzezeitlicher Grabhügel, dessen drei untere Gräber nach der Freilegung 1937 mit einer kuppelförmigen Halle überbaut wurden.

Zum Übernachten gibt es in Zentrumsnähe auf dem Großparkplatz Malzmüllerwiesen geschotterte Flächen für Wohnmobile.

Sechs Kilometer südöstlich von Itzehoe liegt das Schloss Breitenburg, das bis heute von der Adelsfamilie Rantzau bewohnt wird. Im Laufe seiner fast 500-jährigen Baugeschichte entwickelte sich das Herrenhaus von einem befestigten Renaissancesitz zu einem Landschloss. Leider kann es nur von außen besichtigt werden.

6 BRUNSBÜTTEL E5/6

↗ Tour 12 (Seite 82)

CAMPINGPLÄTZE

Campingplatz Lübeck-Schönböcken

★★½☆☆

Freundlich geführter Campingplatz mit guter Busverbindung ins Lübecker Zentrum. Transitreisende auf dem Weg nach Skandinavien können hier mit ihrem Caravan auch angekoppelt stehen. Teils ebene, teils geneigte, von Feldern und Wiesen umgebene Rasenfläche mit Hecken und Bäumen. In Autobahnnähe. Mitte März bis Ende Oktober geöffnet.

▶ Steinrader Damm 12, 23556 Lübeck
GPS: 53.869585, 10.630988
Tel. 04 51/89 30 90
pincamp.dc/SL7700

STELLPLÄTZE

Parkplatz Malzmüllerwiesen

Ver- und Entsorgung, Strom, WC
Ganzjährig geöffnet.
▶ Schumacherallee 16, 25524 Itzehoe
GPS: 53.918640, 9.518768

Mölln wird malerisch von drei Seen gerahmt

VON MÖLLN NACH HEILIGENHAFEN

URLAUBSPARADIESE AN SEEN UND MEER

Vorbei an Seen und Parks, durch Wiesen und Felder führt diese abwechslungsreiche Tour von Mölln nach Norden Richtung Ostsee. Neben Häfen und herrlichen Stränden, die Wasserratten und Freizeitkapitäne beglücken, stehen historische Orte auf dem Programm. Den Spuren der Hanse begegnet man dabei nicht nur in der UNESCO-Welterbestadt Lübeck. Die Region bietet zu jeder Jahreszeit ganz eigene Reize, Naturliebhaber kommen jederzeit voll auf ihre Kosten. Das Angebot an Camping- und Stellplätzen ist vielfältig, sodass hier jeder seinen Lieblingsort finden wird. Also nichts wie los, das Salz auf der Haut und den Sand unter den Füßen spüren!

1 MÖLLN D8

Wer Mölln entdecken will, macht sich am besten zu Fuß auf den Weg. Die Altstadt rund um die Stadtkirche St. Nicolai mit dem spätmittelalterlichen Rathaus und dem lebendigen Marktplatz ist von drei Seen umgeben. Sie sind Teil einer ganzen Seenkette, ideal für einen faulen Tag am Strand oder eine ausgiebige Paddeltour. Wer sich nicht auf die eigene Muskelkraft verlassen will, der lässt sich per Dampfer über die Seen und den Elbe-Lübeck-Kanal schippern.

ROUTE 132 KM

Mölln → 10 km bis **Ratzeburg** → 22 km bis **Lübeck** → 24 km bis **Travemünde** → 5 km bis **Niendorf** → 22 km bis **Neustadt in Holstein** → 18 km bis **Grömitz** → 31 km bis **Heiligenhafen**

Grün in der Stadt findet man im Kurpark oder im Wildpark Uhlenkrog.

Die Lage an einem Kreuzungspunkt der Alten Salzstraße begünstigte einst die wirtschaftliche Entwicklung von Mölln. Beim Bummel durch die verwinkelten Kopfsteinpflastergassen fallen historische Backsteingebäude ins Auge. Auch die Fachwerkhäuser überraschen mit Details: Hier öffnet sich der Blick in einen liebevoll gepflegten Hof, dort lacht Till Eulenspiegel vom Giebel. Der Schalk, der in Mölln seine letzten Lebensjahre verbracht haben und auch hier gestorben sein soll, ist in der Stadt allgegenwärtig: Eulenspiegel-Brunnen, -Museum und -Gedenkstein liegen nur einen Steinwurf voneinander entfernt.

Nahe dem Zentrum bietet der Stellplatz in der Alt-Möllner Straße ideale Voraussetzungen für den Stadtbesuch.

RATZEBURG E8

↗ Tour 1 (Seite 39)

LÜBECK E8

↗ Tour 2 (Seite 43)

Till Eulenspiegel soll in Mölln gelebt haben

TRAVEMÜNDE D8

Flanieren und Spazierengehen hat in Travemünde eine lange Tradition. Das frühere Fischerdorf ist eines der ältesten Seebäder an der Ostsee und gehört zu Lübeck. Von hier starteten die Hansekoggen ihre Handelsfahrten und kehrten schwer beladen wieder zurück. Im 19. Jahrhundert begann der Bädertourismus. Thomas Mann nahm Travemünde sogar als „Ferienparadies" in sein Werk „Buddenbrooks" auf. Der breite, lange Sandstrand lockt auch heute noch viele Badegäste an. Aber natürlich hat

Außer Dienst gestellt, aber immer noch eine Attraktion – der Alte Leuchtturm von Travemünde

die lebendige Hafenstadt noch mehr zu bieten: die Altstadt, schmucke Villen und die Vorderreihe, eine Flaniermeile mit kleinen Boutiquen. Von der Strandpromenade gibt es einen sagenhaften Blick auf die Lübecker Bucht und die ein- und auslaufenden „großen Pötte". Im Fischereihafen isst man fangfrischen Fisch direkt von Bord. Unbedingt sehenswert ist auch der Alte Leuchtturm (↗ Kasten). Eine Fähre verbindet den Stadtkern mit der Halbinsel Priwall auf der anderen Seite der Travemündung. Hier liegt die Viermastbark „Passat". Lust auf noch mehr Schiffe? Jedes Jahr Ende Juli findet die Travemünder Woche statt. Das Segelevent ist eine Mischung aus internationalem Spitzensport und maritimer Festmeile.

Wer mit dem Wohnmobil Kurs auf das Ostseeheilbad nimmt, findet auf den Stellplätzen am Kowitzberg und am Fischereihafen sein Zuhause auf Zeit. Etwas außerhalb liegt

ALTER LEUCHTTURM TRAVEMÜNDE

In Travemünde steht der älteste Leuchtturm Deutschlands. Der Backsteinturm stammt von 1539, im 19. Jahrhundert wurde er klassizistisch umgebaut. Nach fast 450 Jahren ging er 1972 in den wohlverdienten Ruhestand. Seither weist das Leuchtfeuer auf dem Dach des Maritim Strandhotels Schiffen den Weg. Der Turm beherbergt heute auf acht Etagen ein sehenswertes Museum zur Geschichte der Leuchtfeuertechnik. Der Besuch lohnt sich aber allein schon wegen der herrlichen Aussicht über Travemünde und die Lübecker Bucht.

Am Leuchtenfeld 1, 23570 Travemünde
Tel. 045 02/88 91 80
www.leuchtturm-travemuende.de

der gemütliche Campingplatz Ivendorf mit einem sehr schönen Naturschwimmbad.

NIENDORF D8

Niendorf, die kleine Schwester von Timmendorfer Strand, hat einiges zu bieten. Vor allem im Hafen geht es lebendig zu, wo man den Fischern bei der Arbeit zuschauen und in den bunten Verkaufsbuden fangfrischen Fisch erstehen kann. Hier legen neben den wettergegerbten Fischkuttern auch Luxusjachten an, eine Show für sich. In Erinnerung wird Besuchern die mystische blaue Stunde im Hafen bleiben, wenn alles in ein wundersames Licht getaucht ist. Inzwischen wurde der charmante Fischerort gründlich modernisiert. An der neuen Strandpromenade mit Cafés und Restaurants und am seicht abfallenden langen Sandstrand davor fühlen sich Badegäste jeden Alters wohl. Einen Besuch lohnt auch der Vogelpark. In einer Teich- und Schilflandschaft leben dort 250 Vogelarten, darunter fast 40 verschiedene Eulen, in Volieren und Freigehegen.

Wohnmobilfahrer kommen in Niendorf auf dem einfachen Stellplatz der Gemeinde neben dem Vogelpark unter. Zum Hafen und Strand ist es nicht weit. Aber Vorsicht: Bei Regen kann es hier löchrig und matschig werden.

NEUSTADT IN HOLSTEIN D8

↗ Tour 4 (Seite 50)

GRÖMITZ D8

Die Grömitzer Hauptattraktionen sind der acht Kilometer lange weiße Sandstrand mit wilden Dünen in Südlage und die romantische Steilküste – ideal für ausgedehnte Spaziergänge. Mittelpunkt des sommerlichen Treibens sind der Seebrückenvorplatz und die fast 400 Meter lange Seebrücke. Dort kann man sich in einer Tauchgondel unter Wasser begeben und Quallen, Seesterne und Fische an den Fenstern vorbeigleiten sehen.

Nur ein paar Schritte entfernt ist ein sehr gut ausgestatteter neuer Wohnmobilstellplatz entstanden. Strandkörbe und Grillstellen bieten Gelegenheit zur Entspannung und zum zwanglosen Treffen. Sehr praktisch, dass man auf der Internetseite immer sehen kann, wie viele Plätze gerade frei sind.

HEILIGENHAFEN C8

↗ Tour 5 (Seite 55)

CAMPINGPLÄTZE

Campingplatz Ivendorf ★★★½

Gepflegter Platz für ruhesuchende Camper mit freundlicher, engagierter Platzleitung. In der Nähe des Fährhafens gelegen. Ebenes Wiesengelände mit Bäumen und Buschreihen. Ein Platzbereich ohne weitere Bepflanzung.
Ganzjährig geöffnet.
▶ Frankenkrogweg 2–4, 23570 Travemünde-Ivendorf
GPS: 53.942080, 10.843443
Tel. 045 02/48 65
pincamp.de/SL7500

STELLPLÄTZE

P4 Vogelpark/Hafen

Ver- und Entsorgung, WC
Ganzjährig geöffnet.
▶ Bäderrandstraße (B 76), 23669 Timmendorfer Strand (Niendorf)
GPS: 53.990369, 10.812524

Wohnmobilstellplatz Achtern Diek

Ver- und Entsorgung, Strom, WC, Dusche
Ganzjährig geöffnet.
▶ Lenster Weg 1, 23743 Grömitz
GPS: 54.158129, 10.990241
Tel. 045 62/266 10 28
www.womo-groemitz.de

Bei Plön erreicht die Holsteinische Schweiz für Norddeutschland ungeahnte Höhen

VON NEUSTADT IN HOLSTEIN NACH KIEL

WUNDERBARE WASSERWELTEN IM LANDESINNEREN

Neben der Küste bietet sich auch eine Tour durchs Inland an mit seinen zahlreichen Seen, Wäldern, sanften Hügeln und hübschen Orten. In der Holsteinischen Schweiz liegen fast alle Camping- und Wohnmobilstellplätze in Wassernähe, Seeblick oft inklusive. Die Seen- und Flusslandschaften lassen sich natürlich am besten mit dem Kanu erkunden, aber auch zu Fuß oder mit dem Fahrrad bieten sich schöne Natureindrücke.

NEUSTADT IN HOLSTEIN D8

Die geschützte Lage der weitläufigen Hafenanlage wusste bereits der berüchtigte Seeräuber Klaus Störtebeker zu schätzen, der sich und seine Beute hier gerne versteckte. Auf dem großen Marktplatz findet dienstags und freitags ein beliebter Wochenmarkt mit regionalen Produkten statt – nicht verpassen! Eine acht Kilometer lange Strandpromenade verbindet Neustadt mit den Ostseebädern Pelzerhaken und Rettin. Der weiße Traumstrand in Pelzerhaken ist einer der wenigen Südstrände an der Ostsee.

Fast nebenan gibt es einen schön gelegenen Stellplatz mit großen Parzellen in unmit-

ROUTE 70 KM

Neustadt in Holstein → 16 km bis **Eutin** → 7 km bis **Malente** → 13 km bis **Plön** → 15 km bis **Preetz** → 22 km bis **Kiel**

telbarer Ostseenähe, der stets gut besucht ist. Auf der Homepage sollte man deswegen schon vorab die Verfügbarkeit prüfen. Auf dem Weg dorthin gibt es direkt nebeneinander außerdem vier Campingplätze am Meer.

2 EUTIN D8

„Weimar des Nordens" wird Eutin liebevoll genannt, denn auch hier lebten im ausgehenden 18. Jahrhundert bedeutende Persönlichkeiten wie Friedrich Gottlieb Klopstock, Johann Heinrich Wilhelm Tischbein oder Carl Maria von Weber im Dunstkreis des kleinen Herzogshofes. Das Schloss am See mit seinem englischen Landschaftsgarten und die Altstadt sind die wichtigsten Sehenswürdigkeiten (↗ Kasten). Sehr charmant ist der Marktplatz mit seinen historischen Fassaden unterschiedlichster Stilrichtungen. Die backsteinerne St.-Michaelis-Kirche mit ihrem schiefen Turm weist romanische wie gotische Formen auf.

Ganz nah am See liegt ein neuer Wohnmobilstellplatz. In nur wenigen Gehminuten erreicht man am See entlang die Altstadt. Vom Platz aus lassen sich die Eutiner Festspiele akustisch verfolgen.

SCHLOSS EUTIN

Auf einer Landzunge im Eutiner See, umgeben von einem Wassergraben liegt das vierflügelige Schloss. Durch Umbauten Anfang des 18. und Mitte des 19. Jahrhunderts erhielt es seine heutige Gestalt mit schlichter Backsteinfassade und klassizistischem Innenhof. Der Schlossgarten, ab 1788 nach englischer Manier umgestaltet, gilt als einer der bedeutendsten Landschaftsgärten Norddeutschlands. Dem Komponisten Carl Maria von Weber zu Ehren, der 1786 in Eutin geboren wurde, finden hier jeden Sommer die Eutiner Festspiele statt. Auch das Schloss kann besichtigt werden. Großflächige Deckengemälde, kostbare Wandbespannungen, originale Möbelstücke, Gemälde, Uhren und drei ungewöhnliche Schiffsmodelle aus dem Besitz von Zar Peter dem Großen sind zu bewundern.

Schlossplatz 5, 23701 Eutin
Tel. 045 21/709 50
www.schloss-eutin.de

Die Malenter Spiegelteiche

MALENTE D8

Zwischen Dieksee und Kellersee liegt inmitten der Holsteinischen Schweiz der Kurort Malente. Mit Ausflugsbooten kann man gemütlich über die Seen schippern. Ein schönes Ziel für einen Spaziergang sind die Malenter Spiegelteiche im Wald am westlichen Ende der Promenade. Die ehemaligen Fischteiche sind durch kleine Bachläufe miteinander verbunden.

Das kleine Heimatmuseum in der Tews-Kate, einer ehemaligen Räucherkate, gewährt Einblick in die Lebensweise vergangener Jahrhunderte. Im liebevoll gestalteten Immenhof-Museum können Fans der beliebten Filmtrilogie der fünfziger Jahre in Nostalgie schwelgen. Gut Rothensande, eine barocke Gutsanlage direkt am Kellersee, diente als Drehort für die Pferde- und Heimatfilme.

PLÖN D8

Majestätisch thront das Plöner Schloss über dem See. Einst Sitz von Herzögen, Fürsten und Königen, später Internat, befindet sich hier heute eine Akademie für Augenoptiker. Zum sehenswerten Ensemble der Schlossanlage gehören breite Alleen mit 200 Jahre alten Linden, der weitläufige Schlossgarten und restaurierte Bauten aus verschiedenen Epochen, wie das Prinzenhaus. An diesem Architekturdenkmal der Rokokozeit beginnt eine etwa halbstündige Wanderung zur Prinzeninsel, teilweise direkt auf der nur 30 Meter breiten Landzunge im Großen Plöner See. Am Ende befindet sich eine beliebte Badestelle.

Gemütlich geht es in der Altstadt zu, in der Backsteinbauten das Bild bestimmen. Von der Nicolaikirche am Marktplatz aus lässt man sich am besten einfach durch die malerischen Gassen und schmalen Twieten treiben oder kehrt für eine Kaffeepause in einem der beschaulichen Hinterhöfe ein.

Wie schön, dass in der sympathischen Kleinstadt auch das Übernachten mit dem Wohnmobil möglich ist. Zusätzlich zum einfachen Wohnmobilstopp auf einem Parkplatz am Stadtrand gibt es den Wohnmobilhafen vor dem Naturcampingplatz Spitzenort. Der ebenfalls sehr empfehlenswerte Platz liegt auf einer Halbinsel im See.

PREETZ C8

In der kleinen Stadt Preetz an der Schwentine florierte jahrhundertelang das Schuhmacherhandwerk, bis es infolge der Industrialisierung zugrundeging. Auf einem mit Schusterfliesen gesäumten „Schustergang" kann man die Stadt entdecken. Der Rundgang führt unter anderem zum Riesenholzpantoffel, zur Schusterskulptur und zu verschiedenen Fachwerkhäusern mit interessanten Geschäften, Cafés und Restaurants. Lust auf ein besonderes Mitbringsel? Bereits in der fünften Generation pflegt Familie Hamann das Handwerk des Holzschuhmachens. In der Wakendorfer

Straße 17 kann man einen Blick in ihre Werkstatt werfen.

Die heutige Stadtkirche wurde um 1200 als Missions- und Wehrkirche auf einem Hügel über dem Kirchsee erbaut, denn hier befand sich eine der letzten Gegenden in Europa, die zu jener Zeit noch nicht vollständig christianisiert waren. Romanische Reste sind in der barock umgestalteten Kirche noch erhalten.

Die Entstehung der Stadt geht auf die Gründung des Benediktinerinnenklosters im Jahr 1211 zurück. Rechtsprechung und Verwaltung lagen bis 1867 in den Händen der Schwestern. Im Zuge der Reformation wurde es zu einem Damenstift umgewandelt, das als Adeliges Kloster noch heute besteht. Sehenswert sind die gotische Klosterkirche von 1330 und der malerische Klosterhof.

Das Kanucenter Preetz-Plön betreibt in schöner Lage am See nicht weit vom Ortskern den gepflegten Wohnmobilpark Preetz und den Naturcampingplatz Kirchsee. Nach dem Stadtbesuch gibt es hier die Möglichkeit, baden zu gehen oder mit dem gemieteten Kanu oder Kajak die umliegenden Gewässer zu erkunden. Auch für Fahrradtouren ist der Platz ein guter Ausgangspunkt.

KIEL C7

↗ Tour 7 (Seite 62)

CAMPINGPLÄTZE

Naturcamping Spitzenort mit Wohnmobilhafen (Foto) ★★★★½
Außerordentlich schön gelegen und von drei Seiten vom Plöner See umgeben. Ebenes, durch Büsche, Hecken und hohe Laubbäume gegliedertes Wiesengelände. In das Platzgelände integriert ist ein Wohnmobilhafen mit eigener Zufahrt.
Anfang April bis Ende Oktober geöffnet.
▶ Ascheberger Straße 76, 24306 Plön
GPS: 54.147173, 10.398171
Tel. 045 22/27 69
pincamp.de/SL8500

Naturcamping Kirchsee ★★★★
Außerordentlich schön gelegener und komfortabler Ferienplatz am Kirchsee, von dem aus Kanuten und Wasserwanderer auf dem malerischen Fluss Schwentine durch die Holsteinische Schweiz paddeln können. Parkähnliches, leicht geneigtes Wiesengelände. Durch Laubbaumreihen gegliedert, an einer Seite von hoher Hecke begrenzt. Wohnmobilpark angrenzend.
Ganzjährig geöffnet.
▶ Kahlbrook 25a, 24211 Preetz
Tel. 043 42/30 95 49
GPS: 54.228243, 10.286468
pincamp.de/SL8100

STELLPLÄTZE

Wohnmobilstellplatz Ostsee
Ver- und Entsorgung, Strom, WC, Dusche
Anfang März bis Anfang Januar geöffnet
▶ Auf der Pelzerwiese 45, 23730 Neustadt in Holstein/Pelzerhaken
GPS: 54.088858, 10.872508
Tel. 045 61/527 74 69
www.wohnmobilstellplatz-ostsee.de

Reisemobilpark Eutiner See
Ver- und Entsorgung, Strom, WC, Dusche, WLAN
Ganzjährig geöffnet.
▶ Oldenburger Landstraße 21, 23701 Eutin
GPS: 54.134371, 10.629761
Tel. 045 21/709 70
www.reisemobilpark-eutin.de

Die Insel Fehmarn wartet mit 17 Campingplätzen auf

VON FEHMARN NACH KIEL

OSTSEETRÄUME UND EINE SLAWENBURG

Landlust pur und viel Ostsee machen diese Tour aus, die uns nach Laboe und Kiel bringt. Los geht's auf der schönen Insel Fehmarn mit ihren endlosen Stränden. Die Weiterfahrt durch die geschwungenen Hügel der Holsteinischen Schweiz sollte man genussvoll angehen: Knicks, uralte Eichen und sympathische Dörfer säumen den Weg. Aber auch eine alte Slawenfestung mit einem interessanten Museum liegt an der Route. Naturschutzgebiete und lichte Wälder laden zum Radfahren und zu ausgedehnten Spaziergängen ein. Immer wieder weitet sich der Blick über das türkis schimmernde Meer. Auch mit dem Wohnmobil kommt man dabei dem Wasser ganz nah.

1 FEHMARN C9

Schon beim Passieren der Brücke kommt Vorfreude auf. Steilufer, Dünen, feinster Sand- oder steiniger Naturstrand – die Insel Fehmarn ist äußerst vielgestaltig. Insgesamt 78 Kilometer Küstenlinie wollen erkundet werden. Weil das nicht überall mit dem Wohnmobil geht, sind Fahrräder beim Inselbesuch nützlich. Wer kein Rad dabei hat, leiht sich einfach eins. Im Süden liegen das touristische Zentrum und mit dem Südstrand in Burgtiefe auch der

ROUTE 113 KM

Fehmarn → 19 km bis **Heiligenhafen** → 13 km bis **Oldenburg in Holstein** → 21 km bis **Hohwacht** → 7 km bis **Lütjenburg** → 35 km bis **Laboe** → 18 km bis **Kiel**

beliebteste Strand der Insel. Im Sommer geht es vor allem rund um den Hauptort Burg trubelig zu. Hier befinden sich neben Einkaufsmöglichkeiten und vielen Restaurants auch das Meereszentrum Fehmarn, ein riesiges tropisches Aquarium, und der zum Museum umgestaltete ehemalige Seenotkreuzer „Arwed Emminghaus".

Ob man nun faul in der Sonne liegt oder sich sportlich betätigt – auf Fehmarn findet jeder seinen Lieblingsplatz. Familien zieht es an den breiten, flachen Flügger Strand, wo es sich herrlich buddeln und planschen lässt. Hundestrände finden sich in Bojendorf, Meeschendorf und am Grünen Brink. Sehr beliebt ist die Insel auch bei Kitern und Surfern.

Offiziell gibt es auf Fehmarn 17 Campingplätze. Interessant ist das Angebot „7 Tage – 3 Plätze", bei dem man in der Nebensaison in einer Woche drei Plätze auswählt. Auf dem Campingplatz Flügger Strand gibt es Stellplätze in der ersten Reihe mit wunderbarem Meerblick, Brise inklusive.

HEILIGENHAFEN C8

Der erste Ort auf dem Festland ist Heiligenhafen mit hübscher Altstadt, kleinen Gassen und großem Marktplatz. Am alten Hafen verkaufen Fischer ihren Fang direkt vom Kutter. Nebenan liegen in einer modernen Marina Segelboote und Jachten. Von hier ist es nicht weit zur Erlebnis-Seebrücke in Zickzackform, die nachts stimmungsvoll beleuchtet wird, zum großen Sandstrand und in die Dünenlandschaft. Auf der unter Naturschutz stehenden vorgelagerten Halb-

HOFCAFÉ ALBERTSDORF

Beim Radeln über die Insel Fehmarn sollte man hier unbedingt eine Pause einlegen. Das liebevoll eingerichtete Café befindet sich in einer der schönsten Scheunen Fehmarns. Hof und Garten sind üppig bepflanzt und bieten viele kuschelige Sitzecken unter Bäumen, in Pavillons oder im sonnigen Strandkorb. Und die Kuchen und Torten sind einfach ein Traum!

Albertsdorf 13, 23769 Fehmarn/OT Albertsdorf, Tel. 043 71/50 25 24
www.hofcafe-albertsdorf.de

Laboe an der Kieler Förde ist ein ausgesprochen beliebtes Segelrevier

insel Graswarder kann man sich vogel- und pflanzenkundlichen Führungen durch diese besondere Landschaft anschließen.

Direkt am Binnensee und nur ein paar Gehminuten vom Strand entfernt bietet der neue Wohnmobilstellplatz alles, was das Camperherz begehrt.

OLDENBURG IN HOLSTEIN C8

Einer der ersten slawischen Burgwälle in Deutschland und ein bedeutendes archäologisches Bodendenkmal ist mitten in Oldenburg erhalten. Hier lag ab dem 8. Jahrhundert ein Machtzentrum des westslawischen Wagrier-Stammes. Nicht weit entfernt, im Wallmuseum mit großem Freilichtgelände, wird das frühe Mittelalter in einer rekonstruierten Siedlung mit Heiligtum und Fürstensitz lebendig. Sehr empfehlenswert ist auch eine Besichtigung der St.-Johannis-Kirche, der ältesten Backsteinkirche Nordeuropas. Sie wurde als romanische Basilika im 12. Jahrhundert erbaut. Zum Stadtbesuch gehört auch ein Spaziergang durch die Fußgängerzone zum Marktplatz. Hier steht das Rathaus mit einem Glockenspiel, das tagsüber zu jeder geraden Stunde erklingt.

HOHWACHT C8

Der einstige Fischerort Hohwacht ist trotz des Badetourismus beschaulich geblieben, auch weil hier kein Haus höher sein darf als die Bäume. Hier gibt es dennoch alles, von der verwunschenen Reetdachkate bis zum eleganten Luxushotel, und dazu einen herrlichen Sandstrand mit historischen bunten Badehütten in den Dünen. Hinter der Strandpromenade beginnt die bewaldete Steilküste. Oberhalb führt ein schöner Weg zur Aussichtsplattform Hohwachter Ausguck und nach Alt-Hohwacht.

Schön gelegen in der Nähe des feinsandigen Strandes ist der Parkplatz im angrenzenden Sehlendorf.

LÜTJENBURG C8

Alte Kopfsteinstraßen führen aus der Ober- in die Unterstadt und zum Marktplatz mit gemütlichen Cafés und schönen Geschäften. Auch die backsteinroten Bürgerhäuser, der mächtige Turm der spätgotischen Michaeliskirche, das barocke Rathaus und das 400 Jahre alte Färberhaus sind sehenwert. Der Bismarckturm auf dem Vogelberg ist einer der schönsten Aussichtspunkte über die hügelige Landschaft Ostholsteins. Bei guter Sicht kann man von hier bis zu den dänischen Inseln schauen.

LABOE C8

Weithin sichtbar ragt das Marine-Ehrenmal seit 1936 in die Höhe. Über 341 Stufen oder mit dem Fahrstuhl gelangt man auf den 85 Meter hohen Turm und hat einen kilometerweiten Ausblick, bei klarer Sicht sogar bis Dänemark. Nach mehreren Umdeutungen ist der Turm heute „Gedenkstätte für die auf See Gebliebenen aller Nationen und Mahnmal für eine friedliche Seefahrt auf freien Meeren". Nebenan steht das U-Boot U-995 als technisches Museum.

Der Fischerort Laboe wurde am Ort einer slawischen Siedlung einst als Runddorf oberhalb der Steilküste angelegt. Die ursprüngliche Anlage ist noch erkennbar. Der Aufschwung des Ortes begann Anfang des 19. Jahrhunderts mit dem Bau einer Landungsbrücke. Anlässlich der Olympiade wurde 1936 dann der Hafen an der Südmole ausgebaut.

Der lange, meist feinsandige Strand ist wegen des flachen Wassers ausgesprochen kinderfreundlich. Der Hafen gehört zu den schönsten der Kieler Förde und ist ein beliebter Seglertreffpunkt. Vom Strand aus kann man auch richtig große Schiffe gucken, denn alle bedeutenden europäischen Reedereien laufen Kiel an. Mit dem Fördedampfer ist die Landeshauptstadt gut zu erreichen. So kann der Stadtbesuch mit einer kleinen Kreuzfahrt kombiniert werden.

Oberhalb des Marine-Ehrenmals befindet sich ein einfacher, aber nicht gerade günstiger Wohnmobilstellplatz.

KIEL C7

↗ Tour 7 (Seite 62)

CAMPINGPLÄTZE

Camping Flügger Strand (Foto) ★★★★½

Außerordentlich schön gelegen, von dichten Baumgruppen und Hecken unterbrochenes, lang gestrecktes Gelände auf der Meerseite des Deichs. Zum langen, schmalen Sand- und Kiesstrand gelangt man durch flache Dünen. Anfang April bis Anfang Oktober geöffnet.

▶ Flügge 2, 23769 Fehmarn
GPS: 54.451341, 11.007496
Tel. 043 72/99 13 44
pincamp.de/SL5650

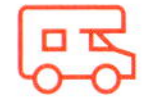

STELLPLÄTZE

Reisemobilstellplatz Heiligenhafen

Ver- und Entsorgung, Strom, WC, Dusche
Ganzjährig geöffnet.

▶ Eichholzweg 26, 23774 Heiligenhafen
GPS: 54.377256, 10.955427
www.reisemobilstellplatz-heiligenhafen.de

An der Fähre in Sehestedt haben Wohnmobile beste Aussichten

6 VON KIEL NACH BRUNSBÜTTEL

SCHIFFE GUCKEN AM NORD-OSTSEE-KANAL

Der Nord-Ostsee-Kanal (NOK) ist die meistbefahrene künstliche Wasserstraße der Welt. Acht Stunden brauchen die Schiffe von der Schleuse in Kiel-Holtenau bis nach Brunsbüttel. Unsere Tour führt über kleine Straßen im Zickzack und immer wieder auf die andere Kanalseite – die 13 Fähren sind dabei kostenlos. Die Fahrt führt durch die Landschaften des Dänischen Wohld, an Mooren entlang und durch die Wilstermarsch mit der tiefsten Landstelle Deutschlands. Direkt am Kanal gibt es sehr schöne Stellplätze sowie einen Campingplatz, wo man im Campingstuhl sitzen und staunen kann, was da so alles vorbeischippert: vom kleinen Sportboot über das historische Segelschiff bis hin zum eindrucksvollen Container- und Kreuzfahrtschiff.

KIEL C7

↗ Tour 7 (Seite 62)

SEHESTEDT C7

Sehestedt ist besonders eng mit dem Kanal verbunden, denn die mächtige Wasserstraße trennt das Dorf in zwei Hälften. Ein Teil des ursprünglichen Ortskerns und der alte Friedhof mussten beim Kanalbau sogar weichen. Eine Fähre verbindet den südlichen

ROUTE 130 KM

Kiel → 35 km bis **Sehestedt** → 14 km bis **Schacht-Audorf** → 4 km bis **Rendsburg** → 7 km bis **Schülp** → 32 km bis **Albersdorf** → 17 km bis **Hochdonn** → 4 km bis **Burg (Dithmarschen)** → 17 km bis **Brunsbüttel**

Bereich mit Überresten des alten Dorfes und den nördlichen Teil mit dem gleichnamigen Gut, Kirche, Kirchhof, Pastorat und Schule. Die historischen Gebäude wurden im Rahmen des Projektes „Dorfmuseum Sehestedt" mit Infotafeln versehen.

SCHACHT-AUDORF C7

Die Rendsburger Nachbargemeinde Schacht-Audorf liegt direkt am Nord-Ostsee-Kanal. Fähren sorgen für eine stetige Verbindung zwischen beiden Orten.

Durch seine erhöhte Uferlage bietet der beliebte Wohnmobilpark unmittelbar am Kanal einen traumhaften Ausblick auf die vorbeiziehenden Schiffe.

RENDSBURG C6/7

Im Zentrum von Rendsburg finden sich liebevoll restaurierte Gebäude und gute Einkaufsmöglichkeiten. Der Stadtkern entstand im 13. Jahrhundert auf einer Insel neben der Reinholdsburg, die sich an der Stelle des jetzigen Schlossplatzes befand. Die St.-Marien-Kirche und das alte Rathaus sind die höchsten Gebäude. Den Mittelpunkt der ehemaligen dänischen Festung

HIMBEERHOF GUT STEINWEHR

Direkt am Nord-Ostsee-Kanal liegt ein echtes Kleinod. Das Herrenhaus von Gut Steinwehr stammt von 1932. Beeindruckend sind die großen Scheunen und die teilweise über 100 Jahre alten Linden und Eichen. Freitag bis Sonntag öffnet das Hofgartencafé mit selbstgebackenen Kuchen, Torten und Waffeln. Im Hofladen gibt es Lebensmittel aus der Region und natürlich das Obst aus eigenem Anbau. Oder man begibt sich gleich selbst in die Plantagen, um Erdbeeren und Brombeeren zu pflücken.

Steinwehr 20, 24796 Bovenau
Tel. 043 57/241
www.himbeerhof-steinwehr.de

bildet der riesige Paradeplatz. Imposantes Wahrzeichen von Rendsburg ist die zweieinhalb Kilometer lange Eisenbahnhochbrücke mit der weltbekannten Schwebefähre. Nach einem Unfall stillgelegt, soll sie bald wieder in Betrieb gehen. Ein besonderes Spektakel ist die Schiffsbegrüßung direkt unter der Brücke. Über Lautsprecher wird dabei erklärt, woher ein Schiff kommt, wohin es fährt, und dann wird die Hymne des Herkunftslandes gespielt. Viele Kapitäne grüßen zurück.

Auch Camper fühlen sich in Rendsburg wohl. Es gibt einen Wohnmobilstellplatz, von dem aus man das Geschehen auf dem Kanal live verfolgen kann. Gut kommt man auch etwas weiter nördlich auf dem familiären Campingplatz Eidertal in Delve unter.

Die Eisenbahnhochbrücke bei Rendsburg

SCHÜLP C6

Schülp war ein Eiderübergang am Ochsenweg und galt als Grenzort zwischen Schleswig und Holstein. Mit dem Bau des Nord-Ostsee-Kanals, der die Gemeinde zweiteilte, verlor der Grenzort seine Bedeutung. Lotsen begleiten die größeren Schiffe von Schleuse zu Schleuse. Bei Kanalkilometer 55 an der Lotsenstation in Rüsterbergen bei Schülp ist Lotsenwechsel. Das Schauspiel kann gut vom Ufer aus beobachtet werden.

Nicht weit entfernt stehen Wohnmobile sehr schön im Wohnmobilhafen am Flugplatz Schachtholm NOK. Nur eine kleine Straße trennt die Stellplätze vom Kanal. Auch dahinter auf dem Flugplatz ist einiges los.

ALBERSDORF D6

↗ Tour 10 (Seite 77)

HOCHDONN D6

Das Wahrzeichen des Ortes ist die zweigleisige Eisenbahnhochbrücke. Die prägnante Gitterfachwerkkonstruktion ist schon von Weitem zu sehen und wurde 1915/1920 im Rahmen der ersten Kanalerweiterung erbaut. Direkt darunter mündet der Geestrandkanal, der die angrenzenden Moor- und Marschgebiete entwässert, in den Nord-Ostsee-Kanal. Malerisch erhebt sich die 1883 erbaute Windmühle Aurora über dem kleinen Kanal. Mit der ständig verkehrenden Fähre setzt man nach Fünfhausen über. In dem ältesten Teil der Gemeinde stehen noch reetgedeckte Häuser aus der Zeit vor dem Kanalbau.

In Hochdonn befindet sich der Campingplatz Klein-Westerland. Er ist der einzige Campingplatz direkt am Nord-Ostsee-Kanal und verfügt sogar über eine kleine Badestelle. Der Parkplatz am Fähranleger wurde für Wohnmobile gesperrt.

BURG (DITHMARSCHEN) D6

Direkt am Nord-Ostsee-Kanal liegt der gemütliche Luftkurort Burg, die „Perle der Westküste“. Hier treffen zwei unterschiedliche Natur- und Kulturräume aufeinander: die höhergelegene, karge Geest- und die fruchtbarere, flache Marschlandschaft. Die wunderbare Natur lädt zum Wandern und Radeln ein. In der Saison werden auf der Burger Au Fahrten in originalen Spreewaldkähnen angeboten.

Im neu gestalteten Ditmarsium kann man der bewegten Vergangenheit des Ortes auf den Grund gehen und im Burger Waldmuseum die heimische Tier- und Pflanzenwelt kennenlernen. Letzteres liegt auf dem 66 Meter hohen Wulffsboom und ist in einem Aussichtsturm untergebracht, der noch einmal 21 Meter hoch ist. Von der Plattform aus bietet sich ein herrlicher Blick über das Kronendach des Waldes und weite Teile Dithmarschens bis hin zur Elbmündung.

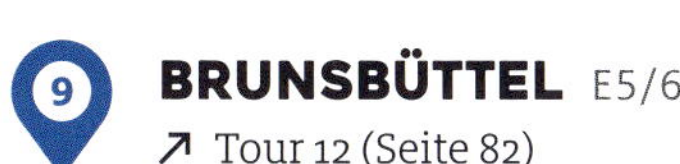

9 BRUNSBÜTTEL E5/6

↗ Tour 12 (Seite 82)

In Schacht-Audorf fährt eine der 13 Kanalfähren

CAMPINGPLÄTZE

Eidertal Camping (Foto) ★★★½

Außerordentlich schön gelegener, ruhiger und familiär geführter Campingplatz mit Gaststätte, Sportboothafen und Freibad. Überwiegend ebene Wiese mit einigen Büschen und Bäumen, durch einen Damm von der Eider getrennt und von Wiesen umgeben.

Anfang April bis Ende Oktober geöffnet.

▶ Eiderstraße 20, 25788 Delve

GPS: 54.305563, 9.257876

Tel. 048 03/10 58

pincamp.de/SL2100

Campingplatz Klein-Westerland

Ebenes Wiesengelände mit teils hohen Bäumen direkt am Nord-Ostsee-Kanal. Von Dauercampern geprägt, nur wenige Standplätze für Touristen. Direktzugang zu einer vom Schiffsverkehr abgetrennten Badebucht mit Sandstrand. Kleine Gaststätte.

Anfang April bis Ende Oktober geöffnet.

▶ Zur Holstenau 1, 25712 Hochdonn

GPS: 54.029843, 9.297609

Tel. 048 25/23 45

pincamp.de/SL_230651

STELLPLÄTZE

WohnmobilPark Schacht-Audorf

Ver- und Entsorgung, Strom, WC, Dusche

Ganzjährig geöffnet.

▶ An der K76, 24790 Schacht-Audorf

GPS: 54.305420, 9.711744

Tel. 0151/17 76 92 76

www.wohnmobilpark-sad.de

Wohnmobilhafen am Flugplatz Schachtholm NOK

Ver- und Entsorgung, Strom, WLAN

Ganzjährig geöffnet.

▶ Schachtholm 1, 24797 Hörsten

GPS: 54.224125, 9.601926

www.wohnmobilhafen-nok.de

An der Kieler Hörnbrücke trifft man sich zum Sonnenuntergang

VOM FREILICHTMUSEUM MOLFSEE NACH FLENSBURG

HAFENSTÄDTE, STRÄNDE UND NATUR AN DER OSTSEE

Der herrliche Landstrich zwischen den großen Hafenstädten Kiel und Flensburg ist zu jeder Jahreszeit attraktiv. Mit idyllischen Orten, viel frischer Seeluft und traumhaften Ausblicken auf Ostsee und Schlei macht der Roadtrip einfach Spaß. Auch unsere Vorfahren haben mit eindrucksvollen Megalithen hier ihre Spuren hinterlassen. Camper können aus einer Vielzahl an Plätzen am Wasser wählen.

FREILICHTMUSEUM MOLFSEE C7

In Molfsee, sechs Kilometer südwestlich von Kiel, befindet sich das größte Freilichtmuseum Norddeutschlands. Möblierte Bauernhäuser, Katen, Scheunen, Windräder und voll ausgestattete Werkstätten aus allen Regionen Schleswig-Holsteins stehen auf dem 60 Hektar großen Gelände. In der alten Gutsschmiede und im Backhaus wird sogar noch richtig gearbeitet.

KIEL C7

In Kiel dreht sich alles ums Wasser, die Förde ist der wichtigste Bezugspunkt der schleswig-holsteinischen Landes-

ROUTE 133 KM

Freiliuftmuseum Molfsee → 6 km bis **Kiel** → 45 km bis **Eckernförde** → 30 km bis **Kappeln** → 13 km bis **Gelting** → 19 km bis **Langballig** → 8 km bis **Glücksburg** → 12 km bis **Flensburg**

TATORT KIEL

Bei der Kieler „Tatort"-Radtour erkundet man Kiel gemeinsam mit einem Stadtführer auf den Spuren von Hauptkommissar Klaus Borowski. Dazu gibt es spannende Hintergründe zu einzelnen „Tatort"-Folgen – vom Leichenfund auf dem Fördedampfer bis zur Verfolgungsjagd auf der Holtenauer Hochbrücke.

Anmeldung bei der Touristinformation Kiel:
Andreas-Gayk-Straße 31, 24103 Kiel
Tel. 04 31/67 91 00
www.kiel-sailing-city.de

hauptstadt. Riesige Schiffe liegen mitten in der Stadt, der geschäftige Fährhafen und die Traditionswerft HDW (heute ThyssenKrupp Marine Systems) sind hier angesiedelt. Kiel ist zudem ein traditioneller Marinestützpunkt. Im Tirpitzhafen liegt das berühmte Segelschulschiff „Gorch Fock". Eine gute Möglichkeit, Kiel vom Wasser aus zu erleben und auch die entfernteren Stadtteile anzusteuern, ist eine Minikreuzfahrt mit den Fördefähren, die zum Kieler ÖPNV gehören. Größte und wichtigste Veranstaltung ist die jährlich im Juni stattfindende Kieler Woche, ein Segelevent, das Tausende Besucher aus dem In- und Ausland anzieht.

Als Stützpunkt der Kriegsmarine und Werftenstandort war Kiel im Zweiten Weltkrieg Ziel alliierter Luftangriffe. Das Stadtbild ist daher von Nachkriegsbauten geprägt. Als ältestes Gebäude ist die gotische St.-Nikolai-Kirche am Alten Markt erhalten. Hinzu kommen schöne Gründerzeitvillen und das zu Beginn des 20. Jahrhunderts erbaute Rathaus. Ein echter Hingucker ist das backsteinrote

Herbststimmung im Freilichtmuseum Molfsee

Opernhaus, auch wenn die ursprünglichen Jugendstilelemente beim Wiederaufbau weitgehend verlorengingen. Die Fischauktionshalle an der Förde mit ihrem markanten Spitztonnendach ist ebenfalls über 100 Jahre alt. In dem denkmalgeschützten Gebäude gibt das Schifffahrtsmuseum einen Einblick in die Geschichte der Hafenstadt – als Standort der Marine, des Schiffsbaus und des Segelsports. Im ebenfalls an der Förde gelegenen Aquarium kann man die Bewohner der Meere, Seen und Flüsse aus nächster Nähe beobachten. Eine besondere Attraktion sind die im frei zugänglichen Gehege lebenden Seehunde.

Ein wichtiger Verkehrsweg für Fußgänger und Radfahrer ist die neue Hörnbrücke, eine dreigliedrige Faltbrücke gegenüber dem Hauptbahnhof. Als einzige Brücke weltweit funktioniert sie nach dem Prinzip einer Dreifeldzugklappbrücke. Sie verbindet den Norwegenkai am Ostufer mit dem Stadtzentrum.

Der Wohnmobilstellplatz in Kiel liegt direkt am Nord-Ostsee-Kanal, an der Nordmole des Scheerhafens, mit Blick auf Schleuse und Förde. Hier ist immer was los, und die großen Schiffe fahren direkt am Fenster vorbei.

ECKERNFÖRDE C7

Ein schöner Strand, eine lebendige Fußgängerzone, ein Hafen, wo man frischen Fisch direkt vom Kutter kauft, und gemütliche Gassen mit Blumen und kleinen Geschäften – in Eckernförde liegt alles nah beieinander. In der Altstadt geht es über kopfsteingepflasterte Gassen vorbei an winzigen alten Backsteinhäusern mit bunten Fensterläden und kleinen Höfen.

Bis in die 1960er-Jahre war Eckernförde ein wichtiger Fischereistandort und Produzent der berühmten Kieler Sprotten. Eine Museumsräucherei bewahrt die Erinnerung an den einst florierenden Wirtschaftszweig.

MEGALITHANLAGE KARLSMINDE

An der Strecke liegt das Langbett in Karlsminde, ein Hünengrab aus der Jungsteinzeit um etwa 2500 vor Christus. Die riesige Grabanlage wurde durch große Findlinge verschlossen – ein wunderbarer Ort für eine Pause unterwegs.

Von der Landstraße Eckernförde–Waabs Richtung Karlsminde abzweigen.

GPS: 54.505708, 9.923840

Der gepflegte und beliebte Wohnmobilstellplatz der Eckernförder Stadtwerke am Noor ist nicht weit vom Zentrum entfernt. Nur vier Kilometer östlich übernachtet man direkt an der Ostsee auf dem Campingplatz Hemmelmark.

KAPPELN B7

↗ Tour 8 (Seite 67)

GELTING B7

Der kleine Ort wurde bereits im Mittelalter gegründet. Das weiße Geltinger Schloss war dabei wahrscheinlich der Ursprung. Die Hofanlage mit Herrenhaus und Wassergraben befindet sich heute in Privatbesitz. Restaurants und Geschäfte im Ort werden besonders in den Sommermonaten von Touristen frequentiert.

Nicht weit entfernt liegt das Naturschutzgebiet Geltinger Birk mit seinem Wahrzeichen, der Mühle Charlotte. Flache Dünen, Sumpf- und Heideflächen, Moore und lichte Wälder bestimmen die Landschaft. Hier lebt eine Vielzahl von Tieren, darunter auch Hochlandrinder und Konikpferde. Auf Wanderwegen kann man die Natur in ihrer ursprünglichsten Form genießen.

LANGBALLIG B6/7

Der sympathische Ortsteil Langballigau verfügt über einen feinen Sandstrand und einen schönen Jacht- und Fischereihafen. Verschiedene Restaurants und Cafés verführen zur Einkehr, und vom Kutter wird am Hafen fangfrischer Fisch verkauft. Im Sommer ist von hier ein Schiffsausflug ins dänische Sonderburg möglich.

Das idyllische Landschaftsmuseum Angeln/Unewatt besteht aus fünf Museumsinseln, die auf einem 1,7 Kilometer langen Rundgang besichtigt werden. Eine wasserbetriebene Buttermühle, eine Räucherei, die voll eingerichtete Windmühle „Fortuna“ und ein regionaltypisches Marxen-Bauernhaus von 1626 sind zu sehen.

GLÜCKSBURG A6

Highlight des schmucken Ostseebades ist das berühmte Schloss Glücksburg. Das mächtige Renaissancewasserschloss war früher Regierungssitz dänischer Könige und wurde als Wiege europäischer Königshäuser bekannt. Es kann besichtigt werden – ein Besuch, der sich lohnt. Im nahe gelegenen Rosarium wachsen mehr als 500 historische und moderne Rosensorten. Das Rosen-Café ist ideal für eine Einkehr. Nicht weit entfernt an der Flensburger Förde locken der idyllische Natur- und der gepflegte Kurstrand mit eleganter Promenade.

FLENSBURG B6

↗ Tour 9 (Seite 70)

CAMPINGPLÄTZE

Camping Hemmelmark (Foto) 
Außerordentlich schön gelegenes, lang gestrecktes Gelände mit zwei Terrassen direkt an der Ostsee. Von Dauercampern geprägt, Standplätze für Touristen großteils auf unparzellierter Wiese.
Anfang April bis Ende Oktober geöffnet.
▶ Hemmelmark, 24360 Barkelsby
GPS: 54.476889, 9.877772
Tel. 043 51/811 49
pincamp.de/SL4260

STELLPLÄTZE

Wohnmobilstellplatz Förde- und Kanalblick
Ver- und Entsorgung, Strom, WC, Dusche
Ganzjährig geöffnet.
▶ Mecklenburger Straße 58, 24106 Kiel
GPS: 54.363795, 10.147769
Tel. 04 31/38 90 85 15
www.bella-vista-kiel.de

Der Wohnmobilstellplatz am Stadthafen Schleswig ist äußerst begehrt

8 VON MAASHOLM NACH HUSUM

AN DER WUNDERSCHÖNEN SCHLEI ENTLANG

Die Tour führt an der Schlei entlang, die sich bis tief ins Inland erstreckt. Der längste deutsche Fjord ist umgeben von Wiesen, Feldern und lichten Wäldern. Die Wikinger gründeten hier ihren Handelsplatz Haithabu und später die schöne Stadt Schleswig. Immer wieder lohnen sich Abstecher in die verträumten Schleidörfer. Die Gegend ist auch aus dem Fernsehen bekannt, denn hier praktizierte der „Landarzt“. Übernachten direkt am Wasser ist möglich: unbeschreiblich schön, wenn sich der Frühnebel langsam hebt und der Fjord in der Morgensonne glitzert.

MAASHOLM B7

Das Fischerdorf Maasholm hat sich seinen ursprünglichen Charme bis heute bewahrt und punktet mit seiner einmaligen Lage zwischen Schlei und Ostsee. Bei ausgedehnten Spaziergängen oder Radtouren kann man die Küstenlandschaft erkunden. Das Ufer der Schleimündung östlich von Maasholm steht als Brut-, Rast- und Überwinterungsgebiet für Zugvögel unter Naturschutz. Im Rahmen von Vogelwärterführungen kann man das Gebiet kennenlernen.

Neben dem großen Jachthafen befindet sich der sehr beliebte Wohnmobilstellplatz.

ROUTE 95 KM

Maasholm → 12 km bis **Kappeln** → 4 km bis **Arnis** → 12 km bis **Süderbrarup** → 7 km bis **Lindaunis** → 24 km bis **Schleswig** → 36 km bis **Husum**

KAPPELN B7

Beim Spaziergang am Museumshafen und an der Hafenkante hat man einen guten Blick auf die Klappbrücke, die sich einmal stündlich für den Schiffsverkehr öffnet, und den einzigartigen Ellenberger Heringszaun aus dem 15. Jahrhundert. Er ist der letzte von Dutzenden seiner Art. Mit dem Rückgang der Heringsschwärme wurde diese Methode des Fischfangs unrentabel und lebt nur noch zu den alljährlichen „Heringstagen" auf. Bei dem bunten Stadtfest am Himmelfahrtswochenende dreht sich natürlich alles um den beliebten Speisefisch.

Durch die Altstadt gelangt man über Kopfsteinpflaster und vorbei an gepflegten kleinen Häusern rasch zur Mühle „Amanda". Von der Aussichtsplattform bietet sich ein herrlicher Rundumblick auf die Schleistadt.

Auf gemütliche Art und Weise lässt sich die Umgebung bei einer Fahrt mit dem Ausflugsdampfer kennenlernen. Sie beginnt am zentral gelegenen Hafen und geht über die Schleidörfer bis nach Schleswig oder zur Lotseninsel Schleimünde. Dabei schippert man vorbei an Reetdachhäusern, kleinen Bootsanlegern und Rapsfeldern.

Die Angelner Dampfeisenbahn ist eine Museumseisenbahn, die seit 1980 zwischen Kappeln und Süderbrarup fährt. Dabei kommen verschiedene Dampf- und Diesellloks zum Einsatz. Abfahrt ist direkt am Museumshafen. Auf Anfrage ist sogar die Mitfahrt im Führerstand möglich.

AAL- UND FISCHRÄUCHEREI FRIEDRICH FÖH

Für leckeren Räucherfisch einfach den drei markanten Schornsteinen folgen. Hier räuchert die Familie Föh seit 1911 traditionell mit Buchenholz und Erlenspänen. Die Fischbrötchen werden nach eigenem Rezept frisch zubereitet. Wem es schmeckt, der nimmt auch gleich noch etwas Räucherfisch für den Wohnmobilkühlschrank mit.

Dehnthof 26–28, 24376 Kappeln
Tel. 046 42/22 74
www.foeh.de

ARNIS B7

Arnis, die kleinste Stadt Deutschlands, liegt auf einer Halbinsel in der Schlei. Besucher müssen ihr Fahrzeug zwingend auf dem Parkplatz vor der Stadt abstellen. Nach einem kurzen Fußmarsch ist

Begegnung mit den Wikingern in Haithabu

die von alten Linden gesäumte Lange Straße erreicht. Hier stehen die ältesten Häuser von Arnis, alle hübsch herausgeputzt. Man kann die Stadt auch sehr schön auf dem alten Kirchweg umrunden. Langgezogene Gärten reichen bis ans Noor und auf der anderen Seite bis an den Schleistrom. Dabei lohnt ein Blick in die historische Schifferkirche mit ihrem idyllischen Friedhof. Die Fähre transportiert Fahrzeuge bis zu 16 Tonnen ans andere Schleiufer.

4 SÜDERBRARUP B7

Der Bahnhof Süderbrarup, in dem die historische Angelner Dampfeisenbahn hält, ist liebevoll restauriert. Als „Bahnhof Deekelsen" spielte er in der beliebten „Landarzt"-Serie eine Rolle. Die Dorfkirche stammt vermutlich aus dem 12. Jahrhundert. Am letzten Juliwochenende findet auf dem Marktplatz der Brarup-Markt statt. Am Montag darauf wird nach wie vor der traditionelle Pferdemarkt abgehalten.

Das Gebiet um Süderbrarup war bereits in früher Vorzeit dicht besiedelt. Auf einer Koppel am Ortsrand sind Reste des Hünengrabs Kummerhy zu sehen. Das Thorsberger Moor kann auf einem archäologischen Wanderweg erkundet werden. Dort wurden Kriegsopfer aus der römischen Kaiserzeit gefunden, die sich heute im Museum in Schleswig befinden. Die inzwischen versiegte radiumhaltige Quelle in der Quellenstraße war bereits in vorchristlicher Zeit ein Ziel von Wallfahrten.

5 LINDAUNIS B7

Auch Lindaunis liegt malerisch an der Schlei. Bekannt ist der sympathische kleine Ort vor allem durch das am Lindauer Noor gelegene Gut Lindauhof. Hier war der Landarzt aus der gleichnamigen TV-Serie mit seiner Praxis ansässig. In dem hübschen Haus befindet sich ein gemütliches Café, das wunderbare Torten serviert. Ebenfalls sehenswert ist die historische Klappbrücke über die Schlei, die sich Fußgänger, Radfahrer, Autos und die Regionalbahn teilen. Sie öffnet sich einmal stündlich.

Traumhafte Stellplätze direkt an der Schlei gibt es auf dem familiengeführten Campingplatz Lindaunis.

6 SCHLESWIG B/C6

Direkt an der Schlei liegt das von den Wikingern gegründete Schleswig. Das bedeutendste mittelalterliche Baudenkmal der Stadt ist der fast 900 Jahre alte St.-Petri-Dom, an dem sich Spuren der Romanik und Gotik erhalten haben. Prunkstück der Ausstattung ist der 12,60 Meter hohe Brüggemann-Altar von 1521. Ungeheuer detailreich und filigran gearbeitet, lassen 392 Figuren die Passionsgeschichte lebendig werden.

Die Altstadt von Schleswig prägen malerische Plätze und Gassen mit schönen

WIKINGER MUSEUM HAITHABU

Die Schlei war einst die Drehscheibe für den Handel zwischen Nord- und Ostsee und die Hafenstadt Haithabu vom 9. bis ins 11. Jahrhundert ein wichtiger Umschlagplatz der Wikinger. Ein modernes Museum präsentiert die interessanten archäologischen Funde der Siedlung. Und in einem Ensemble aus sieben rekonstruierten Häusern und einer Landungsbrücke kann man in die Alltagswelt der Wikinger eintauchen. Regelmäßig finden Märkte und Vorführungen alter Handwerkstechniken statt. Zusammen mit dem Grenzwall Danewerk gehört Haithabu zum UNESCO-Welterbe.

Am Haddebyer Noor 3, 24866 Busdorf
Tel. 046 21/81 31 22
www.haithabu.de

Geschäften, Cafés und Restaurants. Traumhaft romantisch ist auch die einstige Fischersiedlung Holm, die ebenfalls zum Flanieren einlädt. Nur ein paar Schritte sind es bis zum lebendigen Hafen mit einer Fülle von Jachten und Jollen. Auch die Ausflugsboote legen hier an. Mit der Barkasse „Hein" geht es mehrmals täglich zum Wikingermuseum Haithabu (↗ Kasten).

Auf einer Insel im Burgsee liegt am Stadtrand das beeindruckende weiße Schloss Gottorf, das eine rund 800-jährige bewegte Vergangenheit hat. Unter Herzog Friedrich III. war es Anfang des 17. Jahrhunderts eines der kulturellen und geistigen Zentren Nordeuropas. Heute beherbergt es zwei äußerst sehenswerte Landesmuseen: das Museum für Kunst und Kulturgeschichte mit Werken vom Mittelalter bis zur Gegenwart und das Museum für Archäologie. Letzteres zeigt unter anderem das erstaunlich gut erhaltene Nydamboot aus dem Jahr 320 sowie bis zu 2500 Jahre alte Moorleichen. Im Zentrum des Barockgartens befindet sich ein Nachbau des Gottorfer Globus, der im 17. Jahrhundert als Wunderwerk galt. Mit einem Durchmesser von drei Metern bietet er in seinem Inneren bis zu zwölf Personen Platz. Außen wird die Erdoberfläche, innen aber der Nachthimmel abgebildet, weshalb der Riesenglobus als erstes Planetarium der Welt gilt.

Der Wohnmobilstellplatz am Hafen ist einer der schönsten in Deutschland und dementsprechend beliebt. Nur mit Glück findet man hier einen Platz und nur mit noch mehr Glück einen direkt an der Schlei. Also immer auch eine alternative Übernachtung einplanen.

HUSUM C5

↗ Tour 11 (Seite 78)

CAMPINGPLÄTZE

Camping Lindaunis ★★★½

Außerordentlich schön gelegen mit Badestellen. Überwiegend ebenes, von Bäumen begrenztes und unterteiltes Wiesengelände zwischen Straße und Schlei. Ein Platzteil liegt auf einem Plateau.
Anfang April bis Mitte Oktober geöffnet.
▶ Schleistraße 1, 24392 Boren
GPS: 54.586760, 9.814942
Tel. 046 41/73 17
■ pincamp.de/SL3450

STELLPLÄTZE

Wohnmobilstellplatz am Stadthafen

Ver- und Entsorgung, Strom, WC, Dusche, WLAN
Ganzjährig geöffnet.
▶ Am Hafen, 24837 Schleswig
GPS: 54.511633, 9.568344
Tel. 046 21/80 14 50
www.womoplatz-schleswig.de

Vom Ostufer der Flensburger Förde bietet sich ein herrlicher Blick auf die Altstadt

9 VON FLENSBURG NACH FÖHR

NOLDES LANDSCHAFT UND DIE INSEL FÖHR ENTDECKEN

Das Wohnmobil rollt von der Ostsee mit ihren endlosen feinen Sandstränden bis an die Nordsee mit dem UNESCO-Welterbe Wattenmeer. Das Land ist flach, aber nicht langweilig. Schon der expressionistische Maler Emil Nolde fühlte sich von der Weite der Küste und des Horizonts inspiriert. Hier kann man auch einfach mal abbiegen und den Straßen bis zum Ende folgen. Es erwarten uns Wind und Küstenfeeling auf dem Weg zur Nordseeinsel Föhr, der „friesischen Karibik".

FLENSBURG B6

Die schöne alte Hafenstadt liegt am Ende der nach ihr benannten Förde, die weit ins Land hineinragt. Viele historische Gebäude und Plätze zeugen noch von der wechselvollen Geschichte. Sympathisch sind vor allem die kleinen Kapitänshäuser und Gassen, die Kirchen und der Museumshafen. Auch viele Jugendstilbauten lassen sich entdecken. In der Touristeninformation erhält man ein aufschlussreiches Faltblatt mit den 20 Stationen des „Jugendstilweges".

Das backsteinerne Nordertor von 1595, Überrest der einstigen Stadtbefestigung, ist das Wahrzeichen von Flensburg. Das moderne Experimentiermuseum Phäno-

ROUTE 87 KM

Flensburg → 52 km bis **Seebüll** → 10 km bis **Klanxbüll** → 13 km bis **Niebüll** → 12 km bis **Dagebüll** → Fähre nach **Föhr**

menta gleich nebenan vermittelt Kindern spielerisch naturwissenschaftliche und technische Zusammenhänge. Vom Nordertor aus kann man entweder am westlichen Fördeufer oder durch die Altstadt gen Süden bummeln. Der Nordermarkt mit seinen prunkvollen Bürgerhäusern und alten Lokalen ist ein beliebter Treffpunkt. Hier sollte man auch unbedingt einen Blick in die liebevoll restaurierten Höfe werfen, in denen sich früher das Leben abspielte. Zwischen Norder- und Südermarkt durchzieht die charmante Einkaufsmeile Holm die Altstadt.

Kulturinteressierte sollten den Museumsberg nicht verpassen, der sich über der Altstadt erhebt: Hier widmet sich das Heinrich-Sauermann-Haus der Kunst- und Kulturgeschichte des Herzogtums Schleswig vom Mittelalter bis ins 19. Jahrhundert. Highlights sind die Bauernstuben und Bürgerzimmer. Das Hans-Christiansen-Haus nebenan zeigt schleswig-holsteinische Kunst des 19. bis 21. Jahrhunderts.

Für Wohnmobile geeignete Parkplätze gibt es am Hafendamm, Übernachtungsmöglichkeiten auf dem Campingplatz Mitte bei Medelby, 20 Kilometer in Richtung Nordsee.

FLENSBURGER HOFKULTUR

Im Sommer erwartet Besucher ein besonderes Highlight in den charmanten Hinterhöfen von Flensburg. Unter freiem Himmel finden Konzerte, Theater-, Kabarett- und Filmvorführungen statt. Der Fokus liegt dabei immer auf neuen Strömungen abseits des Mainstream. Dazu verwöhnen gute Getränke und kleine Leckereien die Besucher.
www.flensburger-hofkultur.de

SEEBÜLL A5

In und um Neukirchen gibt es eine Reihe schöner alter Bauernhöfe auf Warften, welche die Gebäude früher vor Überflutungen schützten. Der expressionistische Maler Emil Nolde entwarf 1927 für die Warft Seebüll ein Wohn- und Atelierhaus und verwirklichte so seine Vorstellungen von Leben und Arbeiten. Heute zeigt hier das Museum der Nolde Stiftung seine Aquarelle, Druckgrafiken und religiösen Werke.

Die Traumstrände der Insel Föhr haben ihr den Beinamen „friesische Karibik" beschert

Die Wohnräume im Erdgeschoss sind noch original möbliert. Der vom Künstler und seiner Frau gestaltete Garten lieferte ihm immer wieder neue Motive und ist auch heute noch ein Schmuckstück. Auf einem Wanderweg können Besucher die Marschlandschaft mit den Augen Noldes entdecken.

KLANXBÜLL A5

In Klanxbüll befindet sich die letzte Bahnstation auf dem Festland. Von hier sind es nur 20 Minuten auf die Insel Sylt. Im Ort, der seine Entstehung dem Deichbau verdankt, empfehlen wir einen Stopp aus einem anderen Grund. An der Straße, die in den Friedrich-Wilhelm-Lübke-Koog führt, liegt die Kirche Unserer Lieben Frau. Sie ist die einzige reetgedeckte Kirche auf dem Festland. Der gedrungen und mächtig wirkende spätromanisch bis frühgotische Backsteinbau stammt aus der Mitte des 13. Jahrhunderts. Charmant ist auch der reetgedeckte Charlottenhof außerhalb in Richtung Rodenäs, heute ein Kulturzentrum.

BIIKEFEUER

Jedes Jahr am 21. Februar werden an der nordfriesischen Küste, auf den Halligen und Inseln Biikefeuer entzündet. Mancherorts werden auch Strohpuppen verbrannt. Das Biikebrennen ist einer der ältesten lokalen Bräuche und soll böse Geister und den Winter vertreiben. Es markierte auch den Beginn der neuen Walfangsaison. Die am Ufer brennenden Feuer sollten die Männer sicher auf See geleiten.

NIEBÜLL B5

In Niebüll starten die Autozüge nach Sylt. Es gibt zwei Anbieter, den roten DB Sylt Shuttle, der nur kleine Wohnmobile (bis zu 6 m Länge und 3 t) mitnimmt, und den blauen Autozug. Vor der Anreise sollte man rechtzeitig einen Campingplatz auf der Insel reservieren.

Die kleine Stadt Niebüll, die seit dem Mittelalter stetig gewachsen ist, hat einen besonderen Reiz. In der verkehrsberuhigten Innenstadt liegen Geschäfte, Restaurants und Cafés. Der „Niebüller Stadtpfad" führt zu geschichtlich und kulturell interessanten Orten und kann zu Fuß oder mit dem Fahrrad verfolgt werden. Den Faltplan dazu gibt es in der Touristeninformation am Bahnhof. Zudem sind gleich drei sehr verschiedene Museen in Niebüll beheimatet: das volkskundliche Friesische Museum, das Richard-Haizmann-Museum – Museum für Moderne Kunst und das Naturkundemuseum.

DAGEBÜLL B5

Dagebüll gilt als „Tor zur Nordsee", denn hier legen die Fähren nach Föhr und Amrum ab. Wie viele andere Orte in Nordfriesland lag auch Dagebüll früher auf einer Hallig, bis es dann Anfang des 18. Jahrhunderts eingedeicht wurde. Ein bisschen von dieser Stimmung ist noch erhalten.

Ins Wasser geht es vom immergrünen und bewachten Badestrand. Auch Hunde sind willkommen. Die kunterbunten Badebuden auf dem Deich sind das Markenzeichen von Dagebüll. Die Promenade mit Shops und Cafés ist ein guter Ort, um Friesentorte zu probieren – ein Traum aus Mürbe- und Blätterteig, Schlagsahne und Pflaumenmus.

FÖHR B4

Zwischen Föhr und dem Festland liegt immer eine kleine Seereise. Campingfreunde können die Insel auch mit dem eigenen Wohnmobil ansteuern. In ruhiger Lage, ganz nah am Strand und an der nördlichen Dorfgrenze von Utersum, befindet sich der Wohnmobilstellplatz der Insel. Aber vor dem Start unbedingt um den Übernachtungsplatz und die Fähre kümmern. Alternativ ist natürlich ein Tagesausflug möglich, dann bleibt der Camper in Dagebüll.

Endlose weiße Sandstrände und herrliche Natur erwarten Besucher in der „friesischen Karibik" mitten im Nationalpark Schleswig-Holsteinisches Wattenmeer. Das beliebteste Fortbewegungsmittel ist das Fahrrad. Im Hafenstädtchen Wyk und den elf Inseldörfern gibt es urige Reetdachhäuser, üppig blühende Vorgärten, schöne mittelalterliche Kirchen, Friedhöfe der Walfänger und einen Ringwall der Wikingerzeit zu entdecken.

CAMPINGPLÄTZE

Camping Mitte ★★★★

Zwischen Nord- und Ostsee rund 20 Kilometer von Flensburg entfernt und in der Nähe der dänischen Grenze. Lang gestrecktes, ebenes und durch junge Hecken gegliedertes Wiesengelände.
Ganzjährig geöffnet.
▶ Sonnenhügel 1, 24994 Medelby
GPS: 54.815006, 9.163531
Tel. 046 05/18 93 91
pincamp.de/SL2900

STELLPLÄTZE

Sörensen Wohnmobilstellplatz Föhr

Ver- und Entsorgung, Strom, WC, Dusche, WLAN
Mitte März bis Mitte November geöffnet.
▶ Strunwai 14, 25938 Utersum
GPS: 54.716079, 8.400938
Tel. 046 83/214
www.wohnmobile-foehr.de

Auf den Salzwiesen der Hamburger Hallig fühlen sich nicht nur die Schafe wohl

10 VON NIEBÜLL NACH ITZEHOE

WEITE NORDSEE UND SPANNENDE STEINZEITFUNDE

Die Tour führt zunächst auf die Hamburger Hallig. Mit dem Wohnmobil auf die Hallig? Ja, das geht, aber nur mit einem kleinen Fahrzeug. Die winzige Marschinsel, die bei Sturmflut überschwemmt werden kann, bietet Abgeschiedenheit und einen einmaligen Lebensraum. Vorbei an weiten Wiesen und Feldern geht es weiter durch stille Dörfer und historische Städte ins ruhige Inland und zu den Jägern und Bauern der Jungsteinzeit. Camper können zum Übernachten zwischen kleinen oder großen Plätzen und zwischen Küste oder Stadt wählen.

1 NIEBÜLL B5

↗ Tour 9 (Seite 72)

2 HAMBURGER HALLIG B5

Die zehn deutschen Halligen gruppieren sich kreisförmig um die Insel Pellworm. Die Hamburger Hallig ist mit dem Festland über einen vier Kilometer langen Deich verbunden und lässt sich daher bequem mit dem Auto (maximal 3,5 Tonnen, mautpflichtig), Fahrrad oder zu Fuß erreichen. Am Anfang des Deichs liegt am Informationszentrum Amsinck-Haus ein Wohnmobilstellplatz, der perfekte Ausgangspunkt für den Besuch. Für ein echtes Naturerlebnis empfiehlt sich eine Wanderung durch die

ROUTE 191 KM

Niebüll → 32 km bis **Hamburger Hallig** 34 km bis **Nordstrand** → 22 km bis **Husum** → 14 km bis **Friedrichstadt** → 17 km bis **Tönning** → 22 km bis **Heide** → 15 km bis **Albersdorf** → 35 km bis **Itzehoe**

Salzwiesen zur Hallig. Am Übergang zwischen Land und Meer sind sie ein sehr spezieller Lebensraum und ein wichtiges Vogelschutzgebiet. Am Ziel werden Besucher mit einem wundervollen Rundumblick belohnt. Auf der Hauptwarf bietet der Hallig-Krog Spezialitäten wie Salzwiesenlamm. Man kann es sich aber auch einfach bei Kaffee und Kuchen auf der Terrasse gemütlich machen.

NORDSTRAND C5

Die nordfriesische Küste war, im Wechselspiel von zerstörerischen Sturmfluten und Neulandgewinnung, im Laufe der Jahrhunderte ständigen, teils dramatischen Änderungen unterworfen. So wurde Nordstrand zusammen mit Pellworm – einst Teil einer viel größeren Halbinsel – im 14. Jahrhundert allmählich zu einer hufeisenförmigen Insel umgeformt. 1634 entstanden durch die verheerende Buchardiflut schließlich zwei eigenständige Eilande. Koog um Koog rangen die Deichbauer in den darauffolgenden 150 Jahren dem Wattenmeer Marschland ab und gestalteten auf diese Weise die heutige Landschaft. 1907 wurde die Insel Nordstrand durch einen Damm mit dem Festland verbunden, sodass man sie auch mit dem Wohnmobil besuchen kann. Seit der Vollendung des Beltringharder Koogs 1987 ist Nordstrand faktisch eine Halbinsel.

Urlauber können diese besondere Kulturlandschaft auf der Krone des neu gestalteten Panoramadeichs erwandern, weite Blicke übers Wattenmeer und steife Brise inbegriffen.

Ruhesuchende finden auf dem Stellplatz Womoland Nordstrand an einem ehemaligen Bauernhof die passende Unterkunft. Es gibt aber auch einen sympathischen kleinen Campingplatz.

HUSUM C5

↗ Tour 11 (Seite 78)

FRIEDRICHSTADT C5

Die Handels- und Hafenstadt im Inland zwischen Eider und Treene wurde im 17. Jahrhundert von holländischen Glaubensflüchtlingen errichtet, deren Spuren bis heute zu finden sind. Weitere Glaubensgemeinschaften siedelten sich an, Kirchen

Friedrichstadt mutet holländisch an

und eine Synagoge zeugen von der religiösen Vielfalt. Die rechtwinklig angelegten Pflasterstraßen, baumbestandenen Grachten und reizvollen Brücken machen Friedrichstadt zu einem städtebaulichen Kleinod. Mit kleinen Ausflugsbooten kann man die Stadt vom Wasser aus kennenlernen. Einzelne Gebäude und Straßenzüge bewahren noch immer das Flair der Gründungstage. Alte Hausmarken, ehrwürdige Fassaden, die berühmten Treppengiebelhäuser und verträumte Winkel laden zur Erkundung ein.

Die romantische Landschaft erlebt man am schönsten per Rad oder Kanu. In Friedrichstadt bleibt man auch gerne etwas länger. Wie gut, dass es auch ideale Übernachtungsmöglichkeiten in Zentrumnähe gibt. Wohnmobilurlauber finden am „Halbmond“ alles, was man sich von einem komfortablen Stellplatz wünscht. Und am Rand des Städtchens liegt der kleine Campingplatz Eider & Treene.

STEINZEITPARK DITHMARSCHEN

Wie lebten die letzten Jäger und Sammler und wie im Vergleich dazu die ersten Bauern und Viehzüchter? Im Steinzeitpark Dithmarschen, einem archäologischen Open-Air-Museum, lässt sich das anschaulich erleben. Auf dem rund 40 Hektar großen Freigelände wandelt man durch ein im Sommer bewohntes mesolithisches und ein neolithisches Dorf mit originalgetreuen Nachbauten verschiedener Epochen, Gräbern und alten Haustierrassen. Regelmäßige Vorführungen machen den Alltag unserer Ahnen lebendig. Manches Abenteuer lässt sich auch auf dem Naturspielplatz oder im Steinzeitwald erleben. Das Museum im historischen Albersdorfer Bahnhofshotel mit den Funden der Ausgrabungen liegt nur wenige Gehminuten vom Steinzeitpark entfernt.

Steinzeitpark: Süderstraße 47,
25767 Albersdorf, Tel. 048 35/213 76 13
Museum für Archäologie und Ökologie Dithmarschen: Bahnhofstraße 29,
25767 Albersdorf, Tel. 048 35/97 14 74
www.steinzeitpark-dithmarschen.de

TÖNNING C5

↗ Tour 11 (Seite 79)

HEIDE D5

Die Dimensionen des Heider Marktplatzes sind wirklich eindrucksvoll. Mit 4,7 Hektar ist er der größte in Deutschland. Zu Zeiten der Dithmarscher Bauernrepublik (1447–1559) versammelten sich hier am wöchentlichen Markttag die 48 Richter, Heide stieg in der Folge zum wichtigen Handelszentrum auf. Samstags kann man diesen traditionsreichen Wochenmarkt miterleben.

In der südwestlichen Ecke des Marktes bildet die St.-Jürgen-Kirche zusammen mit dem 1739 entstandenen Alten Pastorat und dem Dreetörnhus (Dreitürmehaus) von 1733 das besterhaltene bauliche Ensemble der Stadt. Im einstigen Handwerkerviertel Lüttenheid in der Nähe ist die Museumsinsel entstanden: Hier vermittelt das Heimatmuseum viel Interessantes zur Stadtgeschichte und zeigt mehrere traditionelle Werkstätten wie eine Stellmacherei und eine Schumacherwerkstatt. Das Geburtshaus von Klaus Groth (1819–1899) gibt nicht nur Einblick in Leben und Werk des niederdeutschen Dichters, sondern auch in die Wohnkultur der Heider Handwerker im 19. Jahrhundert. Gleich nebenan befindet sich das Vaterhaus von Johannes Brahms, den eine intensive Künstlerfreundschaft mit Klaus Groth verband. Es präsentiert neben bürgerlicher Wohnkultur des 19. Jahrhunderts auch diverse Brahms-Devotionalien.

ALBERSDORF D6

Mitten in schöner waldreicher Landschaft und in der Nähe des Nord-Ostsee-Kanals liegt der kleine Luftkurort Albersdorf. Hier gibt es einen unermesslichen Schatz historischer Zeugnisse aus vorchristlicher Zeit, weshalb die Geest rund um Albersdorf auch als „Steinzeit-Quadratmeile" bezeichnet wird. Der Brutkamp, ein gewaltiges Großsteingrab der Jungsteinzeit, ziert sogar das Stadtwappen. Der Steinzeitpark und das Museum für Archäologie und Ökologie Dithmarschen (↗ Kasten) sind besonders für Familien ein Muss.

Der Aussichtsturm auf dem Kaiserberg bietet einen wunderbaren Blick über den Ort, die Geestlandschaft und den Nord-Ostsee-Kanal. Bei guter Sicht kann man sogar die Schleuse in Brunsbüttel erkennen. Auch der Turm steht auf einem gewaltigen alten Grabhügel, der noch immer viele Geheimnisse birgt.

ITZEHOE D/E6

↗ Tour 2 (Seite 44)

CAMPINGPLÄTZE

Camping Nordstrand ★★★★

Auf der Landseite des Außendeichs gelegener Platz für Ruhesuchende. Von Heckenrosen umsäumte, parzellierte Wiese entlang der kleinen Zufahrtsstraße zum Deich. Platzbegrenzung teils mit Reihen hoher Bäume. Kleines Restaurant.

Anfang April bis Anfang Oktober geöffnet.

▶ Elisabeth-Sophien-Koog 17, 25845 Nordstrand

GPS: 54.515693, 8.857670

Tel. 048 42/85 34

pincamp.de/SL750

Eider & Treene Campingplatz ★★

Durch Bäume und Sträucher mehrfach unterteiltes Wiesengelände hinter dem Damm des Treene-Mündungskanals, außerordentlich schön gelegen. Von der nachts ruhigen Straße durch hohe Laub- und Nadelbäume getrennt.

Ganzjährig geöffnet.

▶ Tönninger Straße 1a, 25840 Friedrichstadt

GPS: 54.371741, 9.091536

Tel. 048 81/400

pincamp.de/SL2000

STELLPLÄTZE

Wohnmobilstellplatz Amsinck-Haus

Ver- und Entsorgung, Strom, WC, Dusche

Anfang April bis Ende Oktober geöffnet.

▶ Sönke-Nissen-Koog 36a, 25821 Reußenköge

GPS: 54.615164, 8.872728

Tel. 046 71/92 71 54

www.amsinck-haus.de

Friedrichstädter Wohnmobilstellplatz

Ver- und Entsorgung, Strom, WC, Dusche, WLAN

Ganzjährig geöffnet.

▶ Halbmond 5, 25840 Friedrichstadt

GPS: 54.371888, 9.087479

Tel. 048 81/93 70 48

www.wohnmobilstellplatz-friedrichstadt.de

Flach, flacher, Nordfriesland: Wohnmobil in St. Peter-Ording

VON HUSUM NACH BRUNSBÜTTEL

MEER UND WATT IMMER IM BLICK

Hafenfeeling, Strand und das UNESCO-Welterbe Wattenmeer stehen im Fokus, aber auch Kultur und Geschichte spielen eine Rolle auf dieser Tour. Immer wieder bieten sich unvergessliche Ausblicke aufs Wasser und die Insel- und Halligwelt, teilweise sogar bis nach Helgoland. Weite, grüne Wiesen, ein unendlicher Himmel und Plätze direkt am Meer laden zum Bleiben ein. Ein echtes Erlebnis ist es, in St. Peter-Ording mit dem Wohnmobil direkt auf den Strand zu rollen. Aber Vorsicht, bloß nicht festfahren!

1 HUSUM C5

Gemütliches Einkaufen in der Altstadt und lebendiges Hafenflair mit Nordseekrabben direkt vom Kutter – beim Bummel durch die bunte Nordseestadt Husum bieten sich viele Möglichkeiten für eine entspannte Pause oder den typischen nordfriesischen Klönschnack. Im Schifffahrtsmuseum Nordfriesland am Binnenhafen können Besucher sich anhand von Seekarten, Schiffsmodellen oder Navigationsgeräten in verschiedene Aspekte der Seefahrt und Stadtgeschichte vertiefen. Der berühmteste Sohn der Stadt, Theodor Storm (1817–1888), hat in seinen Novellen Landschaft und Menschen Nordfrieslands meisterhaft verewigt. In seinem Wohnhaus wurde ihm ein interessantes Museum gewidmet.

ROUTE 176 KM

Husum → 42 km bis **St. Peter-Ording** → 23 km bis **Tönning** → 35 km bis **Büsum** 24 km bis **Meldorf** → 24 km bis **Friedrichskoog** → 28 km bis **Brunsbüttel**

Das Schloss vor Husum befindet sich, umgeben von einem Wassergraben, heute mitten in der Stadt. Es beherbergt ein Museum und ist ein beliebter Veranstaltungsort. Zum roten Renaissancebau mit dem markanten Turm gehört auch ein herrlicher Park, den über vier Millionen Krokusse in jedem Frühjahr in ein lilafarbenes Naturschauspiel verwandeln.

2 ST. PETER-ORDING C4/5

In St. Peter-Ording, an der Westspitze der Halbinsel Eiderstedt, dreht sich alles um den zwölf Kilometer langen und bis zu zwei Kilometer breiten Sandstrand: Kiten, Surfen, Reiten oder Baden – die Bandbreite der Aktivitäten ist groß. Am Strand Ording kann man weit hinauslaufen ins Sandwatt, ohne tief einzusinken. In anderen Bereichen kann man besonders gut wattwandern. Wahrzeichen des Seebades sind die Pfahlbauten, die schon seit 1911 über dem Strand thronen. Die Stelzen schützen die Holzbauten, in denen Restaurants, Umkleiden oder Toiletten untergebracht sind, vor Sturmfluten und Hochwasser. Hinter dem Strand liegen die herrliche Dünenlandschaft und ein großes Waldgebiet. Schön sind auch der Panoramablick vom Deich oder ein Besuch im Westküstenpark, wo man im Robbarium die Fütterung der Seehunde erleben kann.

Das absolute Highlight für Camper: An den Strandabschnitten Böhl und Ording kann man zwischen Mitte März und Ende Oktober direkt auf dem Strand parken, natürlich nur gegen Gebühr. Und Übernachten ist nicht erlaubt.

3 TÖNNING C5

Das Fischerstädtchen Tönning mit seinem lebendigen Stadtkern liegt an der breiten Mündung der Eider in die Nordsee. Im historischen Packhaus am Hafen gibt ein kleines Museum Einblicke in die bewegten Zeiten des Seehandels: Ab etwa 1600 avancierte der Ort zum wichtigen Warenumschlagplatz, und der Bau des Eiderkanals 1783, der Ostsee und Nordsee verband, sorgte für weiteren Aufschwung. Als während der Napoleonischen Kriege zeitweise der Hamburger Hafen blockiert war, wichen die Schiffe nach Tönning aus. Mit dem Bau des Nord-Ostsee-Kanals verlor die Stadt schließlich an Bedeutung; lediglich Fisch- und Krabbenkutter nutzten den Hafen noch. Rund zehn Kilometer südwestlich schützt das imposante Eidersperrwerk seit 1973 das Hinterland vor Sturmfluten. Auch der Fischereihafen wurde an das Sperrwerk verlegt.

Am Husumer Binnenhafen

Urlauber können in Tönning zwischen beheiztem Meerwasserfreibad und Grünstrand an der Eider wählen. Das Multimar Wattforum Tönning ist das wichtigste Nationalparkzentrum für das schleswig-holsteinische Wattenmeer – ein Muss nicht nur für Familien. Zahlreiche Aquarien, Mitmachstationen und Modelle entführen in den einzigartigen Lebensraum Wattenmeer mit seinen über 10.000 Arten. Daneben tauchen Besucher in die Welt der Wale ein. Ein lebensgroßer Pottwal, halb Skelett, halb Modell, der in Dänemark gestrandet ist, schwebt im Zentrum der Ausstellung. Winzig wirkt dagegen der Schweinswal, die einzige dauerhaft im Wattenmeer heimische Walart.

Am Stadtrand von Tönning befinden sich direkt an der Eider zwei Wohnmobilstellplätze vor einem Campingplatz.

4 BÜSUM D5

Bereits Mitte des 19. Jahrhunderts setzte man im Fischerdorf Büsum auf Bade- und Kurtourismus. Seither hat sich der Ort zu einem überaus beliebten Urlaubsziel entwickelt. Lebhaft geht es am größten Kutterhafen Deutschlands mit seinen vier Becken und dem über 100 Jahre alten Leuchtturm zu. Im Hafenbecken I liegen im Museumshafen verschiedene historische Schiffe. Sehenswert sind auch die Fischerkirche auf einer Warft, in der die Bewohner bei Sturmfluten Schutz suchten, und das Museum am Meer, wo sich alles um die Krabbenfischerei dreht. In der „Familienlagune Perlebucht" finden Badende und Wassersportler zwei tideunabhängige Wasserbecken, viele Strandkörbe und jede Menge Platz. Beim obligatorischen Deichspaziergang gibt es Meer und Watt, so weit das Auge reicht.

Neben dem Wohnmobilhafen WMV Büsum in bester Lage können Camper zwischen mehreren Campingplätzen wählen.

5 MELDORF D5

Meldorf ist eine charmante Stadt im Herzen Dithmarschens. Ein kleiner Spaziergang führt an vielen Sehenswürdigkeiten vorbei. Überall finden sich mittelalterliche Spuren, der Dom ist eines der wichtigsten Bauwerke der Frühgotik an der Westküste. Sehenswert sind hier vor allem die mittelalterlichen Malereien im Gewölbe. Zudem gibt es gleich zwei interessante Regionalmuseen: das Dithmarscher

SEEHUNDSTATION FRIEDRICHSKOOG

Die Seehundstation bemüht sich um eine naturnahe Dauerhaltung und Aufzucht. 200 bis 300 erkrankte oder von der Mutter verlassene Seehunde und Kegelrobben werden hier im Jahr aufgenommen. Die meisten können wieder ausgewildert werden. Besucher beobachten die Tiere an Land und in großen Becken auch unter Wasser. Das Informationszentrum und die multimediale Erlebnisausstellung „Robben der Welt" vermitteln viel Interessantes über die Lebensweise der Tiere.

An der Seeschleuse 4, 25718 Friedrichskoog
Tel +49 48 54/13 72
www.seehundstation-friedrichskoog.de

Landesmuseum mit dem Freilichtmuseum Dithmarscher Bauernhaus sowie das Schleswig-Holsteinische Landwirtschaftsmuseum. Der Rosengarten nebenan mit über 50 historischen Arten aus Dithmarschen entfaltet im Juni und Juli seine ganze Pracht.

FRIEDRICHSKOOG D5

Ganz viel Natur erwartet Camper in Friedrichskoog. Ein riesiger Strand und das UNESCO-Welterbe Wattenmeer sind die Hauptattraktionen der Halbinsel. Hier kann man bei einer geführten Wattwanderung barfuß über den Meeresgrund spazieren. Alternativ führt eine Wanderung auf dem Trischendamm trockenen Fußes mitten durch das Naturparadies.

Entspannung verspricht das Meerwasserthermalbad mit 32 Grad warmem Wasser. Auch für Familien oder Hundebesitzer ist der Ort attraktiv – hier gibt es für jeden den passenden Strandabschnitt. Der Indoor-Spielpark „Willi" in Form eines riesigen Wals sorgt auch bei schlechtem Wetter für gute Laune.

Am Süderdeich gibt es mehrere attraktive Campingplätze. Alternativ kann an der Nordseestraße auf dem Wohnmobilstellplatz mit 24-Stunden-Ticket geparkt werden.

BRUNSBÜTTEL E5/6

↗ Tour 12 (Seite 82)

CAMPINGPLÄTZE

Campingpark Olsdorf ★★★½

Ebenes Wiesengelände, durch Hecken in teilweise kreisförmig angelegte Standplatzfelder gegliedert. Von Bäumen und Büschen sowie begrüntem Lärmschutzwall begrenzt. Straße in Hörweite, die nachts aber kaum befahren ist.

Ganzjährig geöffnet.
▶ Bövergeest 56, 25826 St. Peter-Ording
GPS: 54.30701667, 8.64836666
Tel. 048 63/47 63 17
pincamp.de/SL1100

Campingplatz zur Perle ★★★★

Komfortabler Wohlfühlplatz mit aufmerksamen Mitarbeitern. Ebenes Wiesengelände mit noch junger Bepflanzung. Auf der Landseite des hohen Deichs, zwischen zwei wenig befahrenen Straßen. Am Nordseeküstenradweg. Befestigte Standplätze für Wohnmobile, alle Parzellen mit asphaltiertem Vorplatz.

Ende März bis Ende Oktober geöffnet.
▶ Dithmarscher Straße 43, 25761 Büsum
GPS: 54.140189, 8.841982
Tel. 048 34/962 11 80
pincamp.de/SL1810

STELLPLÄTZE

Wohnmobilstellplatz Eiderblick und Stellplatz Kapitänshaus

Ver- und Entsorgung, Strom, WC, Dusche, WLAN

Ganzjährig geöffnet.
▶ Am Freizeitpark 1a, 25832 Tönning
GPS: 54.309050, 8.937498
Tel. 048 61/61 71 48

Eifrige Mitarbeiter bei der Deichpflege

12 VON BRUNSBÜTTEL NACH LAUENBURG/ELBE

MÄCHTIG UND SCHÖN – AN DER ELBE ENTLANG

Auf dieser abwechslungsreichen Route lernen wir die Elbe und ihre vielen Facetten kennen. Die Metropole Hamburg, geschichtsträchtige Städte und beschauliche Orte liegen an der Strecke. Riesige Containerschiffe oder historische Segelboote sind zum Anfassen nahe, die Flusslandschaft bietet aber auch Rückzugsräume für seltene Tier- und Pflanzenarten. Am nächsten kommt der Natur, wer auch mal auf den Elberadweg umsattelt. Immer wieder bieten sich Möglichkeiten, mit Blick auf die Elbe zu übernachten oder eine Pause einzulegen. An heißen Tagen lohnt sich frühes Aufstehen, um den Fluss im Morgendunst zu erleben, abends lässt man den Tag am Elbestrand ausklingen.

1 BRUNSBÜTTEL E5/6

Große Schiffe gucken ist in Brunsbüttel Volkssport. Kein Wunder, denn hier endet (oder beginnt) der Nord-Ostsee-Kanal, die meistbefahrene künstliche Wasserstraße der Welt. Nebenan auf der Elbe herrscht ebenfalls reger Schiffsverkehr. Eine riesige Schleusenanlage gleicht den unterschiedlichen Wasserstand zwischen Elbe und Kanal aus. Der Wasserspiegel der Elbe

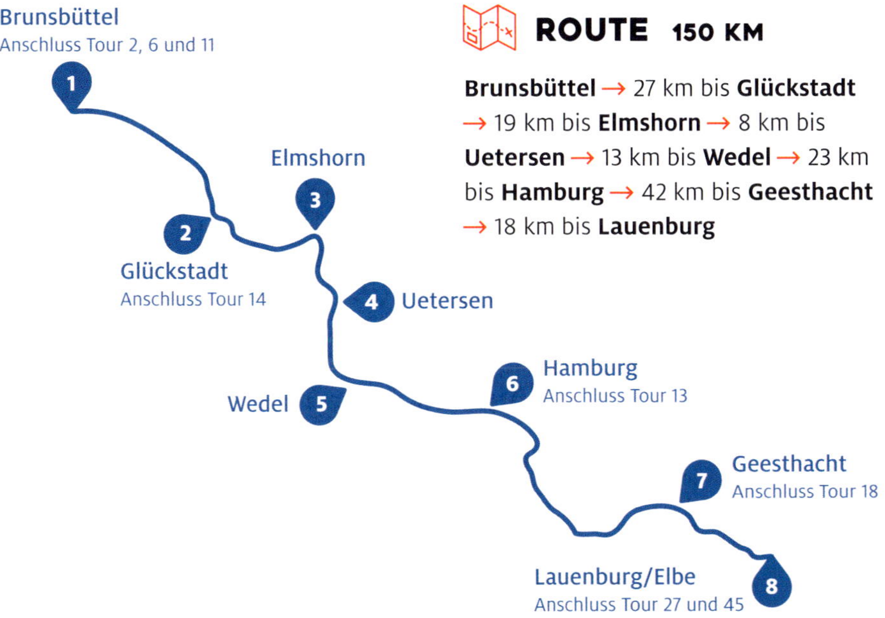

ROUTE 150 KM

Brunsbüttel → 27 km bis **Glückstadt** → 19 km bis **Elmshorn** → 8 km bis **Uetersen** → 13 km bis **Wedel** → 23 km bis **Hamburg** → 42 km bis **Geesthacht** → 18 km bis **Lauenburg**

liegt dabei je nach Tide mal über und mal unter dem des Nord-Ostsee-Kanals, weshalb die Schiffe mal angehoben, mal abgesenkt werden müssen. Das dauert bis zu 45 Minuten. Geschleust wird im 24-Stunden-Betrieb, täglich passieren etwa 100 große und kleine Schiffe die Anlage. Mehr erfahren Besucher bei einer Schleusenführung, die auch das SchleusenInfoZentrum umfasst. Das Kanalmuseum ATRIUM widmet sich der Geschichte des Kanal- und Schleusenbaus. Brunsbüttel entwickelte sich unter anderem durch den Bau des Kanals von einer kleinen dörflichen Gemeinde zum größten Industriestandort in Schleswig-Holstein.

Der ideale Ort für das Schiffserlebnis ist die Schleusenmeile, wie die Promenade am Kanal genannt wird. Sehr reizvoll ist es aber auch, mit dem Fahrrad am Kanal entlangzufahren, wobei man immer wieder riesigen Containerschiffen oder anderen Booten begegnet. Ab und zu die Kanalseite zu wechseln, ist kein Problem: Tag und Nacht sind Fähren im Einsatz, die Autos, Fahrräder und Fußgänger befördern. Dank einer kaiserlichen Verordnung aus der Entstehungszeit sind sie auch heute noch kostenlos.

Aber Brunsbüttel bietet noch mehr: An der Schleuse beginnt die Koogstraße, die mit kleinen und größeren Geschäften zum Bummeln einlädt. Ganz in der Nähe liegt das sogenannte Beamtenviertel. Als Kaiser Wilhelm II. vor rund 100 Jahren die großen Schleusenkammern erbauen ließ, wurde für die kaiserlichen Beamten und Arbeiter eine eigene Siedlung nach dem Vorbild englischer Gartenstädte errichtet, die heute noch fast vollständig erhalten ist.

Der charmante alte Ortskern liegt etwa drei Kilometer weiter westlich. Seinen Mittelpunkt bildet die anmutige barocke Jakobuskirche, die man unbedingt auch von innen anschauen sollte. Die Häuschen rund um das baumumstandene Marktgeviert stammen vom Ende des 18. Jahrhunderts. Das ehemalige Rathaus von Alt-Brunsbüttel beherbergt heute das liebevoll eingerichteten Heimatmuseum.

Die Elmshorner Nikolaikirche ist dem Schutzheiligen der Binnenschiffer und Seeleute geweiht

Reisemobilisten können im Herzen der Stadt auf dem Stellplatz am Bürgerpark beim Freizeitbad übernachten.

GLÜCKSTADT E6

↗ Tour 14 (Seite 94)

ELMSHORN E6

Der Krückauhafen ist der maritime Mittelpunkt im liebenswerten Elmshorn. Supermärkte und Fußgängerzone liegen in direkter Nachbarschaft. Von der fast 900-jährigen Stadtgeschichte zeugen viele interessante Bauten und Orte: Torhaus, Nikolaikirche, Probstenfeld, Weißes Haus und der jüdische Friedhof sind nur einige davon. Im Stadtbild fallen besonders die alten Bürgerhäuser aus verschiedenen Epochen ins Auge. Ihretwegen gilt Elmshorn als eine der schönsten Städte in Schleswig-Holstein. Die Straßen Klostersande und Sandberg prägen liebevoll restaurierte Fachwerkhäuser, teilweise mit typisch holsteinischen Reetdächern. Unbedingt sehenswert ist – auch für Familien mit Kindern – das Industriemuseum. Auf vier Etagen präsentiert es Industrie, Technik, Arbeit und Alltag in Schleswig-Holstein und Elmshorn im Wandel der Zeiten. Die industrielle Entwicklung der Stadt – begünstigt durch den Hafen und die Lage am Kreuzungspunkt wichtiger Bahnlinien – erreichte um 1900 ihren Höhepunkt. Zu sehen sind Exponate aus den unterschiedlichsten Industriezweigen: Schiffbau, Margarineherstellung, Steingutproduktion und Lederverarbeitung. In die vorindustrielle Geschichte Elmshorns kann man im Heimatmuseum im Konrad-Struve-Haus eintauchen.

Der kleine kostenlose Wohnmobilstellplatz von Elmshorn befindet sich direkt am Hafen-Nordufer.

UETERSEN E6/7

Das Rosarium in Uetersen ist Norddeutschlands größter Rosengarten und ein Muss für alle Hobbygärtner. Wenn Mitte Juni die Saison beginnt, dann blühen und duften hier 30.000 Rosen um die Wette. Eine weitere Sehenswürdigkeit ist das Kloster, das später in ein Damenstift umgewandelt wurde. Mittelpunkt ist die barocke Klosterkirche mit Kanzelaltar und einem großen Deckenfresko. Das Haus der Priorin ist das älteste Gebäude der Stadt. Das stadt- und heimatgeschichtliche Museum in der Parkstraße erzählt von der Entwicklung Uetersens vom Flecken bis zur Verleihung der Stadtrechte 1870. Ein Highlight ist das Museum Langes Tannen (↗ Kasten).

MUSEUM LANGES TANNEN

Wer erfahren möchte, wie das gehobene Bürgertum der Region einst lebte, der ist hier richtig. Der einstige Mühlenbetrieb „Langes Neue Mühle“ fungiert heute als Museum. Seit Mitte des 18. Jahrhunderts in Familienbesitz, vererbte Werner Lange 1979 das klassizistische Herrenhaus aus dem frühen 19. Jahrhundert mitsamt Scheune von 1762, Mühlenstumpf und Nebengebäuden der Stadt Uetersen. Das Besondere hierbei: Auch das gesamte Hausinventar der Familie war in der Stiftung inbegriffen. Im stilvoll mit Möbeln aus der Biedermeierzeit eingerichteten Café Langes Mühle kann man nach dem Besuch Erfrischungen und selbstgebackenen Kuchen genießen.

Heidgrabener Straße, 25436 Uetersen
Tel. 041 22/97 91 06
www.langes-tannen-uetersen.de

WEDEL F7

Auch wenn Wedel im Krieg stark zerstört wurde, der Ortskern mit Immanuelkirche und Geburtshaus des Künstlers Ernst Barlach ist dennoch charmant. Berühmt ist der Wedeler Roland, der seit dem 16. Jahrhundert auf dem Marktplatz steht, 4,50 Meter groß und aus Sandstein gemeißelt.

Die Elbe und die Nähe zu Hamburg spielen eine wichtige Rolle in der Kleinstadt. Die Schiffsbegrüßungsanlage Willkomm-Höft am Schulauer Fährhaus fungiert als Tor zum Hamburger Hafen. Hier wird jedes größere einlaufende Schiff mit der jeweiligen Nationalhymne begrüßt. Das zu erleben, macht richtig Spaß. Wedel ist wegen der guten Verkehrsanbindung auch ein idealer Ausgangspunkt für den Besuch in Hamburg.

Direkt gegenüber der Badebucht befindet sich der Wohnmobilstellplatz des Ortes.

HAMBURG F7

Lust auf Großstadt, internationale Atmosphäre und dabei doch ein Stück Gemütlichkeit? Hamburg ist eine Stadt mit vielen Facetten und zahlreichen Sehenswürdigkeiten. Vom Hafen über die Reeperbahn bis zum Tierpark gibt es allerhand zu erleben. Ein Bummel durch die verschiedenen Stadtviertel oder entlang der Alster, Besuche in den zahlreichen Museen, die Weltruf genießen, Sonnenbaden im Planten un Blomen oder ein Musicalabend – die Möglichkeiten in Hamburg sind schier endlos.

Topattraktion der Hansestadt ist nach langer Bauzeit die Elbphilharmonie. Das Gebäude – unten alter Backsteinspeicher, oben luftig-aufstrebender Glasneubau – ist von außen wie innen ein Erlebnis. Besonders gut lassen sich die Akustik und Architektur natürlich bei einem Konzert erleben.

Auch ein Abstecher in die Speicherstadt, das größte Lagerhausensemble der Welt, darf bei keinem Hamburgbesuch fehlen. Hier befinden sich zahlreiche Freizeitangebote,

Hamburgs ganzer Stolz – die Elbphilharmonie

wie das beliebte Miniatur Wunderland. Die weltgrößte Modelleisenbahn sorgt für strahlende Augen bei Groß und Klein. Das mit Abstand beliebteste Fotomotiv in der Speicherstadt ist das Wasserschloss am Ende des Holländischen Brooks, das heute als Teekontor mit Gastronomie genutzt wird.

Weiter geht es zu den Landungsbrücken in St. Pauli, ein sehenswertes Gebäudeensemble entlang der Elbe und wichtiger Verkehrsknotenpunkt. Von hier starten die spannenden Hafenrundfahrten. Nur einen Katzensprung entfernt liegen Reeperbahn und Große Freiheit. Der Michel, die Hauptkirche St. Michaelis, ist beim Stadtbesuch stets präsent. Sie ist das eigentliche Wahrzeichen der Hansestadt. Besonders beeindruckend sind das Kirchenschiff samt der fünf Orgeln, der Gewölbekeller und die fabelhafte Aussicht vom 132 Meter hohen Turm. Wer zu Gast in Hamburg ist, sollte trotz der frühen sonntäglichen Stunde auch den Fischmarkt in Altona nicht verpassen. Seit über 300 Jahren zieht das bunte Spektakel allwöchentlich Tausende Kauf- und Schaulustige an.

In Blankenese, einem der schönsten Stadtteile Hamburgs, geht es mächtig auf und ab: Rund um den Süllberg gruppiert sich das Treppenviertel, eine Ansammlung alter Fischerhäuser, die nur zu Fuß erreichbar ist. Von oben und von vielen weiteren Punkten in dem noblen Vorort genießt man herrliche Ausblicke auf die Elbe und ihre Uferlandschaften. Dazu gibt es viel Grün und zahlreiche Parkanlagen.

Für den Stadtbesuch in Hamburg gibt es mehrere Stellplätze: Wer Hamburg live erleben möchte und gerne mittendrin ist, kann den Wohnmobilstellplatz direkt am Fischmarkt in der Großen Elbstraße ansteuern. Allerdings ist er recht teuer, ziemlich laut und ohne Ausstattung. Außerdem ist der Platz wegen des Fischmarktes Samstag bis Sonntag geschlossen. Alternativ bietet sich der einfache, aber gut gelegene Wohnmobilstellplatz Heiligengeistfeld an. Auch zwei günstig gelegene Campingplätze gibt es in Hamburg, den Campingplatz Buchholz mit guter Anbindung und sehr freundlichem Betreiber und den Knaus Campingpark. Wer eine Basis in ländlicher Umgebung sucht, wählt den schön gelegenen Campingplatz ABC am Großensee, etwa 25 Kilometer von Hamburg entfernt.

GEESTHACHT F8

↗ Tour 18 (Seite 114)

LAUENBURG/ELBE F8

↗ Tour 27 (Seite 148)

Fachwerkidyll in Lauenburg an der Elbe

CAMPINGPLÄTZE

Campingplatz Buchholz ★★★

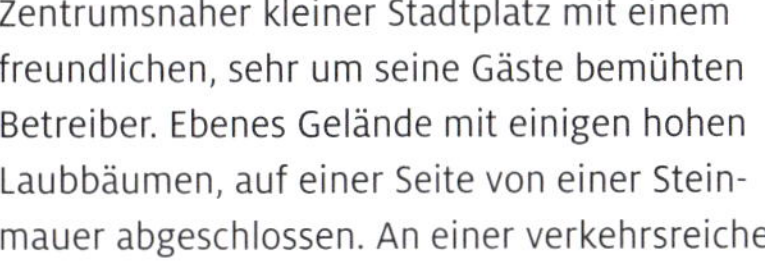

Zentrumsnaher kleiner Stadtplatz mit einem freundlichen, sehr um seine Gäste bemühten Betreiber. Ebenes Gelände mit einigen hohen Laubbäumen, auf einer Seite von einer Steinmauer abgeschlossen. An einer verkehrsreichen Straße gelegen, in der Nähe ÖPNV-Anschluss. Ganzjährig geöffnet.

▶ Kieler Straße 374, 22525 Hamburg-Stellingen
GPS: 53.590002, 9.931258
Tel. 040/540 45 32
■ pincamp.de/HH400

Knaus Campingpark Hamburg ★★★

Verkehrsgünstig gelegener Ausgangspunkt für Hamburgbesuche. Durch Buschreihen und mittelhohe Laub- und Nadelbäume abwechslungsreich gestaltetes Wiesengelände. Von der Autobahn durch einen hohen Lärmschutzwall getrennt.
Ganzjährig geöffnet.

▶ Wunderbrunnen 2, 22457 Hamburg-Schnelsen
GPS: 53.650145, 9.928551
Tel. 040/559 42 25
■ pincamp.de/HH50

Campingplatz ABC am Großensee ★★★

Verkehrsgünstig und äußerst schön gelegener Übernachtungsplatz für Hamburgbesucher mit Bademöglichkeit. Leicht welliges, stellenweise auch terrassiertes Wiesengelände, durch Buschreihen, Hecken sowie hohe Bäume unterteilt. Am Ortsrand, in ländlicher Umgebung. Anfang April bis Mitte Oktober geöffnet.

▶ Trittauer Straße 11, 22946 Großensee
GPS: 53.612062, 10.344643
Tel. 041 54/606 42
■ pincamp.de/SL9900

STELLPLÄTZE

Wohnmobilstellplatz

Ver- und Entsorgung, Strom
Ganzjährig geöffnet.

▶ Am Freizeitbad 2, 25541 Brunsbüttel
GPS: 53.899498, 9.132049
www.freizeitbad-brunsbuettel.de

Wohnmobilstellplatz Wedel

Ver- und Entsorgung, Strom
Ganzjährig geöffnet.

▶ Am Freibad/Ecke Schulauer Straße, 22880 Wedel
GPS: 53.578830, 9.693138
Tel. 01 52/56 59 37 11

Wohnmobilplatz Heiligengeistfeld

Ver- und Entsorgung, Strom, WC, Dusche
Ganzjährig geöffnet.

▶ Glacischaussee/Feldstraße, 20359 Hamburg
GPS: 53.555130, 9.973206

Das wahre Glück des Campers: anhalten, wo immer es gefällt

13 VON BAD SEGEBERG NACH SCHNEVERDINGEN

VOM WILDEN WESTEN IN DIE LÜNEBURGER HEIDE

Auftakt mit den Karl-May-Spielen, Pause in verträumten Kopfsteinpflastergassen, am Abend ein Musicalbesuch und früh am Morgen dann auf den Fischmarkt – alles möglich auf dieser Tour. Unbedingt viel Zeit einplanen, denn es gibt so viele schöne Ecken! Wir starten in Bad Segeberg, wo Winnetou schon viele Jahre zu Hause ist. Von der Holsteinischen Schweiz geht die abwechslungsreiche Fahrt durch hügelige Landschaft und weiter durch das Land der Steinzeitjäger, vorbei an Mooren, hübschen Orten und Schlössern in die Hansestadt Hamburg. Wir überqueren die Elbe, und dann ist es nicht mehr weit bis in eine andere Welt, die zauberhafte Lüneburger Heide.

BAD SEGEBERG D/E8

Als Tor zur Holsteinischen Schweiz umgibt Bad Segeberg die charakteristische hügelige Wald-, Knick- und Seenlandschaft. Der 91 Meter hohe Kalkberg mitten im Stadtgebiet ist das Wahrzeichen des Ortes. Von seiner Spitze bietet sich ein unvergleichlicher Blick. An seinem Fuß finden vor beeindruckender Kulisse in den Sommermonaten die Karl-May-Spiele statt, welche die Stadt

ROUTE 123 KM

Bad Segeberg → 18 km bis **Bad Oldesloe** → 22 km bis Ahrensburg → 20 km bis **Hamburg** → 15 km bis **Hamburg-Harburg** → 19 km bis **Buchholz** → 29 km bis **Schneverdingen**

berühmt gemacht haben. Während dieser Zeit ist auch die Kalkberghöhle für Besucher geöffnet, in der eine große Fledermauspopulation lebt. Im Fledermauszentrum Noctalis erfährt man alles Wissenswerte über die kleinen Jäger der Nacht.

Das älteste erhaltene Gebäude der Stadt ist das Alt-Segeberger Bürgerhaus. Sehenswert sind auch das klassizistische Rathaus, die Rantzau-Kapelle und der Rantzau-Obelisk, die an den Statthalter des dänischen Königs, Heinrich Rantzau, erinnern. Die lebendige Fußgängerzone lockt mit tollen Geschäften, Eisdielen, Restaurants und Cafés. Der Große Segeberger See mit Freibad, Kurpromenade und Bootsverleih ist nur wenige Gehminuten von der Innenstadt entfernt.

Im Kastanienweg gibt es einen sehr angenehmen Stellplatz und direkt am See einen schönen Campingplatz.

MENNO-KATE BAD OLDESLOE

Die bescheidene Kate ist nicht nur für Mennoniten interessant. Das reetgedeckte Häuschen am Ortsausgang von Bad Oldesloe stammt aus dem 16. Jahrhundert. Hier wurden in einer kleinen Druckerei Werke von Menno Simons, dem Namensgeber der Mennoniten, vervielfältigt. Heute erinnert hier ein Museum an Simons. Die alte Linde vor dem Haus soll noch von ihm persönlich gepflanzt worden sein.

Altfresenburg 1, 23843 Bad Oldesloe
Tel. 045 31/89 46 56
www.mennokate.de

BAD OLDESLOE E8

Eingerahmt von den Flüssen Beste und Trave liegt Bad Oldesloe mitten im malerischen Hügelland Schleswig-Holsteins. Herzstück des Ortes ist natürlich die Altstadtinsel. Ihr ältester Teil, das Heiligen-Geist-Viertel, ist ein wahres Schmuckstück. In den gepflasterten Gassen mit ihren liebevoll sanierten Fachwerkhäuschen und Kleinstgärten wird das Mittelalter lebendig. Besonders idyllisch ist es am Malerblick, wo Travestadtarm und Trave zusammenfließen. Vom Kurpark aus mit dem schönen Salzteich und seiner seltenen Tier- und Pflanzenwelt

Von August bis Mitte September schwelgt die Lüneburger Heide im Farbrausch

kann die Geschichte der Oldesloer Salzgewinnung auf einem interaktiven Salzpfad erwandert werden. Auch das Heimatmuseum in der Alten Stadtschule vermittelt Interessantes zur Ortsgeschichte.

Aber auch in der Umgebung gibt es viel zu entdecken. Das nordwestlich gelegene Brenner Moor ist die größte binnenländische Salzstelle Schleswig-Holsteins. Es ist durch Bohlenwege erschlossen und ein wahres Paradies für Ornithologen und Naturfans. Unter anderem wurde hier eine über 5000 Jahre alte Pfahlbausiedlung gefunden, wie sie sonst nur in Süddeutschland vorkommt. Nicht weit entfernt gibt es mehrere schöne Radwege auf ehemaligen Bahntrassen. Lohnenswert sind auch Abstecher zu den umliegenden Herrenhäusern wie Schloss Blumendorf oder zum Benediktinerkloster in Nütschau, das 1577 als Herrenhaus erbaut wurde.

Nicht weit vom Zentrum hat die Stadt an der Stormarnhalle Stellplätze für Wohnmobile eingerichtet.

STELLMOOR-AHRENSBURGER TUNNELTAL

Das Stellmoor-Ahrensburger Tunneltal ist vor allem geologisch und archäologisch interessant, denn hier wurde ein Lager von Rentierjägern der Steinzeit entdeckt. Auf dem Alfred-Rust-Wanderweg folgt man den Spuren der ersten Siedler und kann sich anhand von Infotafeln ein umfassendes Bild über die Geologie und die archäologische Bedeutung des Tunneltals machen. Quer durch das Naturschutzgebiet führt eine in Deutschland einzigartige 320 Meter lange schwimmende Holzbrücke. Sie endet am Fuß eines frühmittelalterlichen Burghügels, der von sehr alten Buchen und Eichen umgeben ist.

P&R Parkplatz Ahrensburg West
Hamburger Straße 159, 22926 Ahrensburg
GPS: 53.663859, 10.222026

AHRENSBURG E8

Die bekannteste Sehenswürdigkeit von Ahrensburg ist das weiße Renaissanceschloss mit seinen vier markanten Ecktürmen. Es beeindruckt Besucher mit prachtvoll geschmückten Sälen, Gemälden und einem englischen Landschaftspark. Auf Pantoffeln gleitet man im Inneren durch die Jahrhunderte. Gegenüber sollte man unbedingt auf eine Kaffeepause ins Café Gold einkehren. Im liebevoll restaurierten Marstall befindet sich heute ein Kulturzentrum. Der schlichte Backsteinbau der Schlosskirche aus dem 16. Jahrhundert wurde mit einer wertvollen barocken Ausstattung versehen. Zeitgleich mit der Kirche wurden rechts und links „Gottesbuden" gebaut, um alten und bedürftigen Bewohnern des Gutes eine Unterkunft zu bieten. Die 20 kleinen Wohneinheiten werden auch heute noch von der Kirche als Notunterkünfte vergeben. In der Umgebung gibt es eine einmalige schwimmende Brücke im Moor und Spuren von Menschen aus der Steinzeit (↗ Kasten).

HAMBURG F7

↗ Tour 12 (Seite 85)

HAMBURG-HARBURG F7

↗ Tour 26 (Seite 146)

BUCHHOLZ IN DER NORDHEIDE G7

Moderne Backsteinarchitektur prägt das Bild der liebenswerten Kleinstadt Buchholz. Eine attraktive Fußgängerzone mit kleinen Boutiquen, Fachgeschäften und der gläsernen City-Center-Passage laden zum Bummeln ein. Unter den „grünen Kathedralen" – so nennen die Buchholzer ihren alten Baumbestand – bieten die Cafés rund um den Marktplatz Gelegenheit für eine Pause.

Buchholz ist ein idealer Ausgangspunkt für Ausflüge in den Regionalpark Rosengarten mit Höhenzügen, Heide- und Moorlandschaften. Auf Este und Seeve kann gepaddelt werden. Beliebtes Ziel ist der Brunsberg im Naturschutzgebiet Lüneburger Heide. Mit 129 Metern Höhe bietet er eine einmalige Sicht auf die reizvolle Heidelandschaft. Eine weitere Attraktion ist das Freilichtmuseum am Kiekeberg mit vielen Fachwerkhäusern und lebendig dargestellter Vergangenheit.

SCHNEVERDINGEN G7

↗ Tour 20 (Seite 122)

CAMPINGPLÄTZE

Seecamping Segeberg ★★★

Schön am Waldrand gelegener Naturcampingplatz am Großen Segeberger See. Zu Fuß ist man sehr schnell in der Innenstadt und in zehn Gehminuten an der Freilichtbühne der Karl-May-Spiele.
Ganzjährig geöffnet.
▶ Kastanienweg 8, 23795 Bad Segeberg
GPS: 53.937738, 10.324446
Tel. 045 51/47 13
pincamp.de/Pin_21954

STELLPLÄTZE

Wohnmobilstellplatz an der Stormarnhalle/Exer

Ver- und Entsorgung, Strom
Ganzjährig geöffnet.
▶ Am Bürgerpark, 23843 Bad Oldesloe
GPS: 53.811085, 10.369066

In Dangast am Jadebusen bestimmt der Wechsel von Ebbe und Flut den Tagesablauf

UNTERWEGS IN

NIEDERSACHSEN UND BREMEN

Im Glückstädter Binnenhafen

14 VON GLÜCKSTADT NACH BREMEN

FÄHRÜBERFAHRTEN UND MOORERLEBNISSE

Heute fahren wir Fähre. Nach einem spannenden Auftakt in Glückstadt führt die Route auf einer Minikreuzfahrt über die Elbe. Der Fluss Oste, der durch Niedersachsen mäandert und dem wir dann folgen, ist auch bekannt als „Fluss der Fähren". Bis weit ins 20. Jahrhundert verkehrten hier mehr als zwei Dutzend dieser Wassergefährte. Mehrere sind noch erhalten, und auch wir gehen mit dem Wohnmobil auf Fahrt. Übernachtet wird ebenfalls immer ganz nah am Wasser. Weiter geht es durchs Teufelsmoor, wo sich Bremervörde und Worpswede als Zwischenstopps anbieten. Von hier aus lassen sich das ehemalige Moor und die Region herrlich zu Fuß oder mit dem Rad erkunden.

1 GLÜCKSTADT E6

Die Sehenswürdigkeiten von Glückstadt lassen sich bei einem gemütlichen Stadtrundgang erkunden. Der ursprünglich reiche Baubestand der 1617 von Christian IV. gegründeten Festungsstadt musste wegen mangelhafter Fundamente schon im 18. Jahrhundert abgerissen werden. Dennoch ist der ursprüngliche Festungscharakter noch zu erkennen. Drei prächtige Renaissancepalais der Gründerjahre sind erhalten. Mittelpunkt ist der kopfsteinge-

Glückstadt
Anschluss Tour 12
Elbfähre Glückstadt 2 1
Wischhafen 3
Anschluss Tour 15
4 Hemmoor
5 Fähre Brobergen
Prahmfähre Gräpel 6
7
Bremervörde
Anschluss Tour 16 und 20
8 Worpswede
9 Bremen
Anschluss Tour 17 und 19

pflasterte Marktplatz, von dem die auf dem Reißbrett geplanten zwölf Radialstraßen abgehen. In der Altstadt gibt es einige adrette Barockgebäude; besonders schön sind die Fronten der ehemaligen Adelshäuser am Binnenhafen, der durch ein Sperrwerk vom Außenhafen getrennt wird. Fast ein Jahrhundert lang prägte die Heringsfischerei das Leben der Stadt. Mehr darüber kann man im stadtgeschichtlichen Detlefsen-Museum erfahren. Feinschmecker lieben den Glückstädter Matjes. Er reift nach alter Tradition in Fässern und wird jedes Jahr im Juni bei den Matjeswochen gefeiert.

Zwar ohne jede Ausstattung, aber mit schöner Aussicht auf die Elbe stehen Wohnmobile am Außenhafen.

ROUTE 117 KM

Glückstadt → 3 km bis **Elbfähre Glückstadt** → Fähre nach **Wischhafen** → 18 km bis **Hemmoor** → 17 km bis **Fähre Brobergen** → 6 km bis **Prahmfähre Gräpel** → 13 km bis **Bremervörde** → 36 km bis **Worpswede** → 24 km bis **Bremen**

ELBFÄHRE GLÜCKSTADT-WISCHHAFEN E6

Die Elbfähre verbindet Niedersachsen mit Schleswig-Holstein. Wenn es keinen Stau gibt, können Camper einfach auf die Fähre rollen und die Fahrt über den mächtigen Strom genießen, der an dieser Stelle fast so breit ist wie der Amazonas. Dabei unbedingt auf die Anweisungen des Personals achten, das die Wohnmobile entsprechend ihrem Gewicht einweist. Rund eine halbe Stunde dauert die Überfahrt.

WISCHHAFEN E6

↗ Tour 15 (Seite 98)

HEMMOOR E6

Weithin sichtbar überspannt kurz vor Hemmoor im Örtchen Osten das Tragwerk der ältesten deutschen Schwebefähre die Oste. Sie ist eine von nur noch acht dieser originellen Fähren weltweit. Zwischen April und Oktober wird sie von Ehrenamtlichen betrieben – Wohnmobile können allerdings nicht mitfahren.

Hemmoor wurde vor allem wegen seiner Zementfabrik bekannt. Diese produzierte bis 1983 Millionen Tonnen des Baustoffs und exportierte ihn in alle Welt. Unter anderem wurden damit Teile der Freiheitsstatue in New York hergestellt. Ein kleines Zementmuseum erinnert an das Werk, das inzwischen

Das Teufelsmoor bei Worpswede verzaubert mit mystischer Stimmung

abgerissen wurde. Herzstück des Museums ist eine Schute. Mit diesem Schiff wurde der Zement vom werkseigenen Hafen über die Elbe nach Hamburg transportiert. Die Ausstellung in den Laderäumen der „Hemmoor 3" können nach telefonischer Anmeldung besichtigt werden (Tel. 047 71/71 40). Der Kreideabbau hinterließ einen großen Krater, der sich später mit Grundwasser füllte. Inzwischen sind der so entstandene Kreidesee und das umliegende Gelände ein Naturpark. Der türkisfarbene See ist wegen seiner Klarheit ein Paradies für Taucher.

Hier gibt es einen naturbelassenen Campingplatz mit Tauchbasis und viel Seeblick – einfach kommen und einen Platz suchen.

5 FÄHRE BROBERGEN F6

In Brobergen gibt es noch eine historische Motorfähre. Sie verbindet das Dorf rechts der Oste mit dem Fährkrug und wird von Mai bis Oktober ehrenamtlich betrieben. Sie transportiert Fahrzeuge bis zehn Tonnen, also auch ein Wohnmobil. Viel mehr Platz ist dann aber nicht mehr. Für die Anfahrt folgt man im Ort den Schildern „Historische Fähre" über schmale Wege. Mit einer Glocke wird der Fährmann gerufen.

PRAHMFÄHRE GRÄPEL F6

Die nächste Fähre gibt es sechs Kilometer weiter südlich in Gräpel. Der Fährmann bringt von Mai bis Mitte Oktober Passagiere gegen ein kleines Entgelt mit der letzten handbetriebenen Seilfähre über die Oste, auch Wohnmobile bis zu fünf Tonnen. Die Fähre wird seit über 100 Jahren von der Wirtsfamilie des angrenzenden Gasthofs unterhalten, wo es auch gutes Essen gibt.

Direkt nebenan kann man auf einem einfachen Wohnmobilstellplatz übernachten.

BREMERVÖRDE F5/6

In Bremervörde, wo der spätere Kaiser Lothar III. im 12. Jahrhundert die Wasserburg Vörde gründete, laufen viele Straßen zusammen. Die Stadt befindet sich genau in der Mitte zwischen Elbe und Weser. Fünf Gehminuten vom Ortskern entfernt liegt das grüne Juwel der Region: der Natur- und Erlebnispark am Vörder See. Auch in der Umgebung gibt es einiges zu sehen. Bemerkenswert sind die im Norden der Stadt gelegenen typischen Moorhufensiedlungen, die vor rund 200 Jahren im Rahmen der Kolonisation der Moore angelegt wurden – mit Kanal, Schöpfwerk, Fachwerkhäusern und Storchennestern.

In landschaftlich reizvoller Umgebung übernachten Wohnmobilisten auf dem Stellplatz am Kiebitzweg.

WORPSWEDE G5

Das Teufelsmoor ist ein besonderes Stück Norddeutschland, und mittendrin liegt Worpswede. Das Künstlerdorf war ab Ende des 19. Jahrhunderts Wirkungsstätte von Malern, die sich von der einzigartigen Landschaft und dem besonderen Licht angezogen fühlten. Berühmteste Vertreter waren Paula Modersohn-Becker und Heinrich Vogeler. Ganze sechs Museen führen mit ihren Ausstellungen durch die Kunstgeschichte des Ortes. Hinzu kommen zahllose Galerien und Ateliers, denn auch heute noch wohnen rund 140 Künstler im Ort. Erhalten sind wichtige Stätten der Künstlerkolonie, wie der Jugendstilbahnhof, das Modersohn-Haus und das Kaffee Worpswede. Weite Wiesen und Felder prägen die Umgebung ebenso wie Flussläufe und kleinere Bäche. Geschützte Gebiete geben einen Eindruck von der ursprünglichen Moorlandschaft, die schon für die Worpsweder Meister ein beliebtes Motiv war.

Wohnmobile stehen auf einem kleinen Campingplatz mit Stellplätzen an einer Badestelle oder am Hafen, etwa zwei Kilometer vom Ortskern entfernt.

BREMEN G5

↗ Tour 17 (Seite 108)

CAMPINGPLÄTZE

Ferienpark Kreidesee (Foto) ★★½

Ebenes Wiesengelände mit jungen Laubbäumen, teilweise von Wald umgeben, in einem Naturschutzgebiet gelegen. Zwei Seen zum Tauchen und Angeln (Baden verboten).
Ganzjährig geöffnet.
▶ Cuxhavener Straße 1, 21745 Hemmoor
GPS: 53.700266, 9.127390
Tel. 047 71/79 21
■ pincamp.de/NS950

Campingplatz Hammehafen Worpswede

Schön gelegen in der Nähe des Ortes mit Platz für 15 Gastcamper am Hammestrand sowie 30 Stellplätzen am Hafen.
Anfang April bis Ende Oktober geöffnet.
▶ Hammeweg 10, 27726 Worpswede
GPS: 53.228283, 8.889211
Tel. 047 92/509
■ pincamp.de/Pin_235053

STELLPLÄTZE

Wohnmobilstellplatz Vörder See

Ver- und Entsorgung, Strom, WC, Dusche
Ganzjährig geöffnet.
▶ Kiebitzweg, 27432 Bremervörde
GPS: 53.494987, 9.150881

Der Weg durchs Watt von Cuxhaven zur Insel Neuwerk ist markiert

VON STADE NACH BREMERHAVEN

SCHIFFE GUCKEN ZWISCHEN ELBE UND NORDSEE

Auf dieser Tour kommen wir durch traumhafte Marsch- und Moorlandschaften, passieren Naturschutzgebiete mit einer großen Vielfalt von Tier- und Pflanzenarten und erleben lange Sandstrände und Watt ohne Ende. Hinzu kommen historische Ortskerne, hübsche Bauernhäuser mit malerischen Gärten, alte Kirchen und eine abwechslungsreiche Museumslandschaft. Zwischen Elbe und Nordsee kann man zudem herrlich Schiffe gucken, auch vom Wohnmobil aus.

STADE F6

↗ Tour 26 (Seite 144)

WISCHHAFEN E6

In Wischhafen dreht sich alles ums Wasser: Deiche, Kanäle, die Elbe und der Museumshafen bestimmen die Szenerie. Der Ort ist wegen seiner Elbfähre (↗ Seite 95) bekannt, aber vor allem war hier einer der wichtigsten Häfen der Küstenschifffahrt. In einem ehemaligen Getreidespeicher lässt das liebevoll eingerichtete Kehdinger Küstenschifffahrtsmuseum diese Zeiten wieder lebendig werden.

Rund um Wischhafen bieten sich Wohnmobilfahrern mehrere attraktive Übernachtungsmöglichkeiten. Vom Campingplatz Krautsand lässt sich die gleichnamige Elb-

ROUTE 134 KM

Stade → 26 km bis **Wischhafen** → 6 km bis **Freiburg (Elbe)** → 19 km bis **Neuhaus (Oste)** → 11 km bis **Otterndorf** → 17 km bis **Cuxhaven** → 40 km bis **Wremen** → 15 km bis **Bremerhaven**

insel mit ihrer einmaligen Natur und dem vier Kilometer langen Sandstrand erkunden.

3 FREIBURG/ELBE E6

Der historische Ortskern besticht mit schönen Fachwerkgiebeln, engen Gassen, dem alten Hafen mit Kornspeicher und der imposanten Kirche St. Wulphardi. Im Sommer verlocken gemütliche Cafés zu einer Pause. Der Radarturm an der Mündung des Hafenpriels in die Elbe bietet beste Sicht auf die vorbeiziehenden Containerschiffe. Das Watt vor Freiburg eignet sich hervorragend zum Wandern und Baden. Im Winter rasten in den Weiten des Außendeiches hunderttausende Zugvögel.

Ruhig und zentral steht man in der kleinen Stadt auf dem Stellplatz am Sportzentrum.

NATUREUM NIEDERELBE UND ELBE-KÜSTENPARK

Auf einer Halbinsel in der Ostemündung liegt ein spannendes Museum für Groß und Klein. Im Mittelpunkt stehen die ursprünglichen Landschaftsformen im Elbe-Weser-Dreieck, das Leben in der Küstenregion und heimische Pflanzen- und Tierarten. Gleich am Eingang werden Besucher vom eindrucksvollen Skelett eines vor Cuxhaven gestrandeten Pottwalbullen begrüßt. Aquarien und der Küstenzoo geben Einblicke in die Tierwelt von Oste und Elbe. Überflutungsmodelle und Wasserspielanlagen demonstrieren anschaulich die Kraft des Wassers und den Einfluss von Deichen und Dämmen. Der schön gestaltete Elbeküstenpark bietet Plätze zur Vogelbeobachtung, Naturerlebnisstationen und Spielmöglichkeiten. Das Natureum verfügt über einen gebührenfreien Stellplatz für sechs Wohnmobile. Bei der Anfahrt bitte die Befahrzeiten des Oste-Sperrwerks beachten!

Neuenhof 8, 21730 Balje/Neuhaus (Oste)
Tel. 047 53/84 21 10
www.natureum-niederelbe.de

An der Wesermündung in Wremen grüßt der »Kleine Preuße«, Nachbau des historischen Leuchtturms

4 NEUHAUS (OSTE) E5

Der Ort war einst wichtiger Umschlagplatz für die Ausfuhr von Getreide, Torf und Ziegelsteinen nach England, Holland, Skandinavien und sogar Übersee. Da Neuhaus auch als Zollstation fungierte, mussten alle zollpflichtigen Schiffe den örtlichen Hafen anlaufen, was ebenfalls für Wohlstand sorgte. Im historischen Kornspeicher am Schleusenplatz vermittelt das Heimatmuseum Näheres zur Geschichte. Reizvoll sind der tideunabhängige Jachthafen, der idyllische historische Hafen im malerischen Ortskern, die kopfsteingepflasterte Poststraße sowie die restaurierte Deichstraße mit ihrer Bebauung direkt auf der Deichkrone. Seine vielen kleinen und großen Brücken haben dem Ort den Beinamen „Venedig des Nordens“ eingebracht.

5 OTTERNDORF E5

↗ Tour 16 (Seite 102)

6 CUXHAVEN E5

Von Cuxhaven aus brachen zu Beginn des 20. Jahrhunderts und noch einmal nach dem Zweiten Weltkrieg hunderttausende Auswanderer auf in die „Neue Welt“. Verschiedene Ausstellungen in der Hapag-Halle, dem einstigen Wartesaal, erinnern daran. Sie illustrieren einzelne Schicksale sowie die bewegte Geschichte des Steubenhöfts, des damals weltgrößten Piers.

Das Wahrzeichen von Cuxhaven ist die hölzerne Kugelbake. Das historische Seezeichen steht am seefahrttechnisch wichtigsten Punkt: wo die Elbe in die Nordsee übergeht. Hier beginnt auch der gepflegte Sandstrand. Eine Promenade zieht sich daran entlang durch die touristisch geprägten Stadtteile Döse und Duhnen. Schiffe gucken kann man auch vom Elbanleger Alte Liebe im Alten Hafen. Das zweigeschossige Bauwerk aus Holz entstand im 18. Jahrhundert. Cuxhaven gehört nach wie vor zu den wichtigsten deutschen Fischereihäfen – ein guter Ort also für Fischliebhaber, zahlreiche Restaurants und Verkaufsstände an den Kais haben sich auf Fisch spezialisiert. Das UNESCO-Welterbe Wattenmeer-Besucherzentrum Cuxhaven zeigt spannende Ausstellungen und unterhält einen Lehrpfad zu Watt und Wildleben der Region. Neben einer Fahrt nach Helgoland, die ganzjährig möglich ist, gehören auch ein Spaziergang oder eine Fahrt mit dem Pferdewagen ins Watt zum Pflichtprogramm für Cuxhavenbesucher. Bei Ebbe kann man weit hinauslaufen, zu jeder Jahreszeit ein unvergessliches Erlebnis. Der Weg zur vorgelagerten Insel Neuwerk ist abgesteckt.

In Cuxhaven liegt einer der bekanntesten Wohnmobilstellplätze Deutschlands. Auf der „Platte", einer riesigen Betonfläche, stehen die Wohnmobile dicht an dicht. Wer in der ersten Reihe steht, hat den besten Blick auf die auf der Elbe vorbeifahrenden Schiffe. Der Platz liegt ideal für die Stadtbesichtigung und zur Schiffsanlegestelle nach Helgoland. Manche Camper bleiben hier mehrere Wochen, andere flüchten gleich wieder, denn die Geschmäcker sind ja sehr verschieden.

WREMEN E4

Das Nordseebad Wremen liegt direkt am Deich der Wesermündung. Von dem alten Bauern- und Fischerdorf laufen auch heute noch täglich die Krabbenkutter aus. Dazu gibt es einen Leuchtturm, diverse Verkaufswagen, einen schönen Strand und den besten Blick auf die Wasserstraße. Das Restaurant hinterm Deich lohnt einen Besuch. Neben frischen Krabben und Fisch gibt es hier auch Gerichte mit Biofleisch.

Am Hafen kann man mit dem Wohnmobil parken und den Strand besuchen. Nebenan gibt es einen einfachen Campingplatz. Wer mehr Comfort wünscht, wählt den Knaus Campingpark Dorum auf einer Salzwiese am Meer.

BREMERHAVEN F4

↗ Tour 17 (Seite 106)

CAMPINGPLÄTZE

Campingplatz Krautsand am Elbstrand (Foto) ★★

Freundlich geführter Campingplatz mit familiärer Atmosphäre am Elberadweg. Hunde sind willkommen. Ebenes, parzelliertes Wiesengelände mit wenig Bepflanzung. Standplätze teils mit Rasengittersteinen befestigt.
Anfang April bis Ende Oktober geöffnet.
▶ Elbinsel Krautsand 58, 21706 Drochtersen
GPS: 53.751815, 9.388355
Tel. 041 43/14 94
■ pincamp.de/NS1105

Knaus Campingpark Dorum 

Ebenes, von Wassergräben durchzogenes Wiesengelände am Wattenmeer. Außerordentlich schön, Leuchtturm und Kutterhafen nebenan.
Anfang April bis Ende September geöffnet.
▶ Am Kutterhafen, 27639 Wurster Nordseeküste
GPS: 53.73921666, 8.51684999
Tel. 047 41/50 20
■ pincamp.de/NS350

STELLPLÄTZE

Wohnmobilstellplatz Am Fährhafen

Ver- und Entsorgung, Strom
Ganzjährig geöffnet.
▶ Fährhafen, 27474 Cuxhaven
GPS: 53.876337, 8.704245
Tel. 047 21/50 00

Die Burg Bederkesa beherbergt ein archäologisches Museum

16 VON OTTERNDORF NACH JORK

GEEST, MARSCH UND MOOR

Auf dieser Tour geht es von der Elbmündung durch verschiedenartige Landschaften Richtung Südosten: Marsch- und Geestflächen wechseln miteinander ab, Nieder- und Hochmoore laden zur Entdeckung ein. Ausgeschilderte Radwege, idyllische Flussläufe und kleine Verbindungskanäle bieten Gelegenheiten, Natur und Ruhe zu genießen. Gepflegte Fachwerkhäuser, Cafés, historische Städte und jede Menge Übernachtungsmöglichkeiten säumen unseren Weg, bevor schließlich das Alte Land mit seinen Apfelplantagen erreicht ist.

1 OTTERNDORF E5

Otterndorf, die „grüne Stadt am Meer", wo die Elbe in die Nordsee mündet, war einst ein wichtiger Umschlagplatz. Als noch kein Deich die Siedlung vor Hochwasser schützte, wurden die Häuser auf Marren, künstlichen Erdhügeln, gebaut. Bei guter Sicht scheinen das andere Elbufer und Schleswig-Holstein zum Greifen nah. Schlendert man durch die engen Gassen, finden sich auf engem Raum eine Vielzahl interessanter Gebäude. Sehenswert sind die gut erhaltenen Speicherhäuser, die alte Lateinschule und das klassizistische Gartenhaus am Süderwall. In diesem „Lusthaus" trafen sich die Damen der Gesellschaft früher nach

ROUTE 110 KM

Otterndorf → 16 km bis **MoorIZ Wanna** → 12 km bis **Bad Bederkesa** → 30 km bis **Bremervörde** → 27 km bis **Harsefeld** → 15 km bis **Buxtehude** → 10 km bis **Jork**

ihrem Gartenspaziergang bei Kaffee, Gebäck und Handarbeiten. Auch ein Blick in die Kirche mit ihrem bunten maritimen Schmuck lohnt sich. Wer das Naturerlebnis sucht, der kann die zahlreichen Wasserläufe mit Kanu oder Paddelboot befahren. Auch per pedes oder mit dem Rad lässt sich die Umgebung natürlich erkunden.

Im Ort können Wohnmobilisten auf dem Schützenplatz übernachten. Sehr angenehm ist auch der Wohnmobilstellplatz am Seglertreff Otterndorf, in schöner Lage direkt hinter dem Elbdeich, ideal zum Schiffegucken und Genießen.

BAD BEDERKESA F5

Bad Bederkesa ist ein schöner Ort für ein paar entspannte Urlaubstage oder zum Kuren. Er liegt idyllisch an einem großen Moorsee, eingebettet in die reizvolle norddeutsche Küstenlandschaft. Die Wasserburg Bederkesa ist der historische und optische Mittelpunkt. Das hier ansässige Museum für Archäologie zeigt vor- und frühgeschichtliche Funde aus verschiedenen Siedlungsstät-

MOORINFORMATIONS-ZENTRUM WANNA

In einer interaktiven Ausstellung erfahren Besucher im MoorIZ mehr über die faszinierende Kulturlandschaft Ahlenmoor. Auf einer spannenden Entdeckungstour lernen Besucher den vielfältigen Lebensraum Hochmoor intensiv kennen und erfahren, wie der Mensch in diesen eingreift. Aus der oberen Etage bietet sich ein herrlicher Blick über das Ahlenmoor. Mit der Feldbahn des ehemaligen Torfwerks oder auf vier verschiedenen Erlebniswegen geht es zu Fuß oder mit dem Fahrrad mitten hinein in die geheimnisvolle Landschaft. Aussichts- und Beobachtungspunkte bieten Gelegenheit, die Tier- und Pflanzenwelt genauer in Augenschein zu nehmen. In allen Bereichen gibt es für Familien besondere Angebote.

Am Hohen Kopf 3, 21776 Wanna
Tel. 047 57/818 95 58
www.ahlenmoor.de

Die Buxtehuder Altstadt lädt zum entspannten Bummeln ein

ten und Gräbern im Landkreis Cuxhaven. Oberhalb des Ortes steht auf einem 31 Meter hohen Geestrücken eine Windmühle. Vom Mühlenbalkon hat man einen wunderbaren Blick über den Ort und den See. Ein Rundweg um den Moorsee bietet einen interessanten Einblick in Flora und Fauna dieser besonderen Landschaft. Die Umgebung mit Seen, Mooren und kleinen Hügeln ist ideal zum Wandern, Radfahren oder einfach Relaxen. Die Moor-Therme verspricht mit diversen Saunen, Mooranwendungen und Thermalbecken Entspannung und Ruhe.

Der recht neu angelegte Stellplatz des Ortes befindet sich gleich nebenan. Doch es gibt noch mehr Übernachtungsangebote. Ortsnah bietet der Campingplatz Bad Bederkesa Campingerlebnis in einer parkähnlichen Anlage.

3 BREMERVÖRDE F5/6

↗ Tour 14 (Seite 97)

4 HARSEFELD F6

Mittelpunkt von Harsefeld ist der romantische Klosterpark mit der Ruine des Benediktinerklosters. Die Überreste der verfallenen Anlage wurden in eine zeitgenössische Gartenarchitektur eingefügt. Auf einer ausgeschilderten Klostermeile lassen sich die Sehenswürdigkeiten des weitläufigen Geländes mit alten Mauern und Wiesen erwandern. Zum Klosterpark gehören die Kirche St. Marien und Bartholomäi, der Amtshof mit Bücherei und Café sowie das sehenswerte Museum Harsefeld.

Daran angrenzend liegen das Freibad und der sehr schöne Campingpark Harsefeld, eine ideale Basis, um Natur und Sehenswürdigkeiten der Region zu erkunden. Zahlreiche Wander- und Radwege laden dazu ein.

5 BUXTEHUDE F7

Die Hansestadt Buxtehude ist auch als Heimat von Hase und Igel bekannt, deren Wettlauf in die „Kinder- und Hausmärchen" der Brüder Grimm einging und so weltbekannt wurde. Buxtehude liegt am Südrand vom Alten Land, genau auf der Grenze von flacher Elbmarsch und hügeliger Geest. Erzbischof Giselbert von Bremen ließ hier 1285 eine Stadtfestung anlegen, deren Wassergräben vom Flüsschen Este gespeist wurden. Und so ist die Altstadt auch heute noch malerisch von Kanälen umgeben. Der imposante Marschtorzwinger ist der letzte erhaltene der fünf Rundtürme der Stadtmauer. Heute dient er als Galerie und Veranstaltungsort. Herzstück der Altstadt ist der St.-Petri-Platz mit der gleichnamigen stattlichen Kirche aus den Jahren der Stadtgründung. Bei einem Bummel gibt es viele schöne Fachwerkbauten zu entdecken, wie das Abthaus, das Fuhrmannshaus oder das Heimatmuseum mit seiner originellen Fassade, das einen Besuch lohnt. Parkmöglichkeiten für Wohnmobile gibt es am Schützenplatz.

JORK F7

Die kleine Gemeinde Jork, inmitten von Plantagen gelegen, ist die heimliche Hauptstadt der Obstbauregion Altes Land. Es locken Marktstände und Hofläden mit einem umfangreichen Angebot rund um Äpfel, Kirschen, Pflaumen & Co. Auf dem Herzapfelhof von Familie Lühs im Osterjork 102 kann man auf Anfrage spannende Hofführungen erleben. Die süßen Früchtchen bestimmen auch den Festkalender: Anfang Mai wird beim Altländer Blütenfest die Blütenkönigin gekrönt, Kirschen in allen Variationen gibt es zur Altländer Kirschwoche im Juli, und ein Blick hinter die Kulissen der Obsthöfe ist Mitte September bei den Altländer Apfeltagen möglich. An den Fachwerkhäusern im Ort finden sich noch schöne Brauttüren und Prunkpforten. Mittelpunkt ist der Gräfenhof aus dem 17. Jahrhundert, das heutige Rathaus, mit dem gegenüberliegenden Fachwerkensemble der Bürgerei und der backsteinernen St.-Matthias-Kirche.

Direkt im Ortskern befindet sich ein großer Stellplatz auf einem gemischten Parkplatz. Auch wenn sonst alles voll ist, gibt es hier in der Regel immer noch ein Plätzchen.

CAMPINGPLÄTZE

Campingplatz Bad Bederkesa ★★★
Durch Bepflanzung unterteilte Standplatzgruppen auf fast ebenem Wiesengelände, von Büschen und Bäumen umsäumt. An einem Kanal gelegen
Ganzjährig geöffnet.
▶ Ankeloher Straße 14, 27624 Bad Bederkesa
GPS: 53.620196, 8.849049
Tel. 047 45/64 87
■ pincamp.de/NS800

Campingpark Harsefeld ★★★★
Ebenes Wiesengelände mit vereinzelten Hecken und Bäumen, von hohen Laubbäumen umgeben. Am Ortsrand gelegen mit angrenzendem Freibad.
Anfang April bis Ende September geöffnet.
▶ Quellenweg 3, 21698 Harsefeld
GPS: 53.456704, 9.491673
Tel. 041 64/90 98 36
■ pincamp.de/NS1300

STELLPLÄTZE

Wohnmobilstellplatz Seglertreff
Ver- und Entsorgung, Strom, WC, Dusche
Ganzjährig geöffnet.
▶ Schleuse 5, 21762 Otterndorf
GPS: 53.822861, 8.894588
Tel. 01 77/255 66 56
www.seglertreff-otterndorf.de

Wohnmobilstellplatz Festplatz Jork
Ver- und Entsorgung, Strom, WC, Dusche
Ganzjährig geöffnet.
▶ Am Fleet, 21635 Jork
GPS: 53.530159, 9.680295
Tel. 041 62/91 47 55

Das Atlantic Hotel bestimmt die Silhouette von Bremerhaven

17 VON BREMERHAVEN NACH VERDEN

IMMER DER WESER NACH RICHTUNG SÜDEN

Von allem etwas – die abwechslungsreiche Route führt immer an der Weser entlang, vom lebendigen Bremerhaven durch die weite Wesermarsch. Später fahren wir durch Heide und Moor weiter in Richtung „Bremer Schweiz" mit lichten Auwäldern, prunkvollen Landsitzen und herrlichen Spazierwegen. Am Weg liegen Mühlen, alte Kirchen, Großsteingräber und reetgedeckte Fachwerkhäuser. Nach dem Besuch in Bremen geht es weiter in den bezaubernden Künstlerort Fischerhude und nach Verden.

BREMERHAVEN F4

Seit der Gründung 1827 hat sich Bremerhaven mit dem Überseehafen zu einer der größten Hafenstädte Europas entwickelt. Die maritime Atmosphäre lässt sich natürlich vor allem im Hafen erleben, zum Beispiel bei einer Rundfahrt, aber auch bei einem Bummel auf dem Weserdeich. Im Deutschen Schifffahrtsmuseum taucht man tief ein in die Geschichte der Seefahrt und bestaunt das in der Weser geborgene Wrack einer mittelalterlichen Hansekogge. Noch mehr Seeluft schnuppert man im historischen Fischereihafen, der mit Geschäften, Gastronomie, Ausstellungen und Museumsschiffen zum Schaufenster Fischereihafen umgestaltet wurde, wo sich – wie könnte es anders sein – alles um Fisch dreht.

Mit dem Klimahaus (↗ Kasten) und dem Deutschen Auswandererhaus besitzt die Stadt gleich zwei spektakuläre Museen zu brennenden Themen unserer Zeit, die auch Kinder spannend finden. Im Deutschen Auswandererhaus gibt es überall etwas zu entdecken. Besucher erleben anhand realer Familiengeschichten die Überfahrt in die Neue Welt. Sie gehen an Bord eine Schnelldampfers und machen in New York den Einwanderungstest. Zwischen 1830 und 1974 wanderten mehr als sieben Millionen Menschen über Bremerhaven nach Übersee aus. Im Erweiterungsbau wird die Einwanderung nach Deutschland thematisiert.

Wer übernachten will, findet mitten in der Stadt den gepflegten Stellplatz an der Doppelschleuse, wo sich große Schiffe und der Weserstrom hautnah aus dem Wohnmobil erleben lassen. Vor den Toren Bremerhavens liegt der Camping- und Ferienpark Spadener See.

ROUTE 132 KM

Bremerhaven → 23 km bis **Hagen im Bremischen** → 23 km bis **Denkort Bunker Valentin** → 30 km bis **Bremen** → 25 km bis **Fischerhude** → 31 km bis **Verden (Aller)**

KLIMAHAUS BREMERHAVEN 8° OST

Hier sollte man Zeit mitbringen, denn der Besuch ist ungeheuer spannend. Im futuristischen Bau des Klimahauses gehen Besucher am achten Längengrad entlang auf Weltreise und frieren und schwitzen dabei in den unterschiedlichen Klimazonen. Ob hohe Temperaturen, Luftfeuchtigkeit oder eisige Kälte: Man gewinnt hautnah naturgetreue Eindrücke vom Klima in den verschiedenen Weltgegenden und dem Leben der Menschen dort. Interaktive Stationen vermitteln viel Hintergrundwissen – ein Besuch, der nicht nur Familien mit Kindern begeistert.

Am Längengrad 8, 27568 Bremerhaven
Tel. 04 71/902 03 00
www.klimahaus-bremerhaven.de

2 HAGEN IM BREMISCHEN F4/5

Die Bremer Erzbischöfe ließen im Mittelalter rund um ihre Stadt zahlreiche Burgen und Verteidigunganlagen bauen. Die Burg Hagen ist eine der wenigen, die erhalten gebliebenen ist. Anfang des 16. Jahrhunderts erhielt der Backsteinbau seine heutige Gestalt. Aus dieser Bauphase stammen auch die wertvollen Grisaille-Wandmalereien in der Kapelle. In der Burg finden wechselnde Ausstellungen und Konzerte statt. Im historischen Gewölbekeller betreibt der Land-

Seit 1953 bauen diese Bremer Stadtmusikanten von Gerhard Marcks aufeinander

frauenverein sonntags ein Café. Die gereichten Köstlichkeiten sind über den Ort hinaus bekannt. Wer sich nach dem Besuch etwas bewegen möchte, kann in der Nähe auf zwei ausgeschilderten Routen das Südliche Hagener Königsmoor erwandern.

DENKORT BUNKER VALENTIN G4

Rund um die Ruine einer U-Boot-Werft aus dem Zweiten Weltkrieg ist 30 Kilometer nördlich von Bremen der Denkort Bunker Valentin entstanden. Ab Herbst 1945 sollte hier an der Weser alle zwei Tage ein U-Boot vom Stapel laufen. Von 1943 bis 1945 wurden Tausende von Zwangsarbeitern aus ganz Europa für den Bau eingesetzt, mehr als 1600 von ihnen starben. Für Straßen, Gleise und Schiffsanleger wurden riesige Mengen an Material und Maschinen transportiert. Die bis zu sieben Meter dicken Decken und Wände sollten auch Bombenangriffen standhalten. Durch und um den Bunker führt ein beschilderter Erkundungsweg. Ein Multimediaguide vermittelt Hintergründe und Geschichten von Menschen, die mit dem Ort verbunden sind.

BREMEN G5

Wohl jeder Besucher macht Bekanntschaft mit den weltberühmten Wahlbremern. Seit 1953 stehen die von Gerhard Marcks geschaffenen Stadtmusikanten am Rathaus. Schon 550 Jahre länger wacht der steinerne Roland davor über die Eigenständigkeit der Hansestadt. Zusammen mit dem prachtvollen Rathaus gehört er zum UNESCO-Welterbe. Der backsteingewordene Ausdruck des Bremer Bürgerstolzes mit seiner später hinzugefügten Fassade im Stil der Weserrenaissance wäre allein schon eine Reise wert. In der kurzen Böttcherstraße zwischen Marktplatz und Weser wurden in den 1920er-Jahren expressionistische Backsteinbauten in den mittelalterlichen Bestand eingefügt – eine einzigartige und stimmige

Symbiose. Hier befinden sich das Paula Modersohn-Becker Museum und das Ludwig Roselius Museum, das bürgerliche Wohnkultur präsentiert. Von April bis Oktober kann man den Südturm des St.-Petri-Doms erklimmen. Der sportliche Aufstieg wird mit einer fantastischen Aussicht belohnt. Wer danach eine Pause braucht, besucht im Schnoor, dem ältesten Viertel der Stadt ganz in der Nähe, eines der Cafés. Das charmante Quartier mit seinen Lädchen und versteckten Winkeln lässt sich auf einem gemütlichen Bummel erkunden. Maritim geht es an der Weserpromenade Schlachte zu. Der ehemalige Stadthafen ist mittlerweile Gastro- und Flaniermeile. Von hier starten auch die beliebten Weserrundfahrten. Wer länger in der Stadt bleibt, schlendert noch durch die grünen Wallanlagen, besucht vielleicht die Kunsthalle oder die Weserburg, das Museum für moderne Kunst, oder erkundet das alternative „Viertel" und die Überseestadt, wo auf dem Gelände des alten Frei- und Europahafens ein modernes Stadtquartier entstanden ist.

In Bremen gibt es einen Wohnmobilstellplatz in zentraler Lage und dennoch direkt im Grünen. Die Weser fließt nur 100 Meter entfernt vorbei. An ihr entlang ist die Altstadt nach einem gemütlichen Spaziergang bald erreicht. Der gut ausgestattete Campingplatz Hanse Camping am Stadtwaldsee ist zwar weiter entfernt, aber auch noch gut gelegen.

FISCHERHUDE G5

Das Künstler- und Bauerndorf begeistert mit historischen Fachwerkhäusern und idyllischer Lage in weiter Landschaft. Alte Gehöfte erinnern an die Fischer, die einst durch Aalfang und Heuernte zu Wohlstand gelangten. Kopfsteingepflasterte, von alten Erlen und Eichen gesäumte Straßen und zahlreiche Wasserläufe bestimmen den Charakter des gepflegten Dorfes. 1896 „entdeckte" Otto Modersohn den Ort und ließ sich später hier nieder. So wurde Fischerhude zum Anziehungspunkt für Malerinnen und Maler und ist es bis heute geblieben. Eine Reihe charmanter kleiner Cafés und gemütliche Wirtshäuser verlocken zur Einkehr.

VERDEN (ALLER) H6

↗ Tour 18 (Seite 110)

CAMPINGPLÄTZE

Camping- und Ferienpark Spadener See
★★★½

Der Campingplatz liegt außerordentlich schön an einem kleinen Badesee mit eigenem Strand vor den Toren Bremerhavens. Die ebenen Platzteile im Hochmoor, sind durch Bepflanzung gegliedert und zum Teil von Wassergräben durchzogen.
Mitte März bis Ende Oktober geöffnet.
▶ Seeweg 2, 27619 Schiffdorf-Spaden
GPS: 53.575351, 8.646043
Tel. 04 71/30 83 64 56
pincamp.de/NS600

Hanse Camping ★★★½

Ebenes Wiesengelände, durch Hecken und mittelhohe Baumreihen in Standplatzfelder unterteilt. Inmitten eines Erholungsgebiets gelegen, von der Straße durch einen hohen Lärmschutzwall getrennt, aber man hört die ca. 300 m entfernte Autobahn.
Ganzjährig geöffnet.
▶ Hochschulring 1, 28359 Bremen
GPS: 53.114701, 8.833111
Tel. 04 21/30 74 68 25
pincamp.de/HB50

STELLPLÄTZE

Wohnwagenstellplatz Bremen

Ver- und Entsorgung, Strom, WC, Dusche
Ganzjährig geöffnet.
▶ Kuhhirtenweg, 28201 Bremen
GPS: 53.065072, 8.818925
Tel. 01 73/985 00 92
www.stellplatz-bremen.de

Der Verdener Dom geht auf eine Gründung von Karl dem Großen zurück

VON VERDEN NACH MÖLLN

HERZOGTUM LAUENBURG UND LÜNEBURGER HEIDE

Natur genießen oder in historischen Orten Station machen, aktiv werden oder einfach nichts tun, innehalten und in die Landschaft schauen – auf dieser Tour ist für jeden etwas dabei. Mit Verden und Mölln liegen zwei sympathische Städte am Anfang und Ende der Strecke und spannende Museen auf dem Weg. Zunächst geht es quer durch den Naturpark Lüneburger Heide mit seinen Heidschnuckenherden und Sandwegen, dann passieren wir ausgedehnte Waldflächen, überqueren die Elbe und sind mittendrin im Herzogtum Lauenburg. Überall sind Camper willkommen.

VERDEN (ALLER) H6

Die Ursprünge der Stadt an der Aller gehen auf ein um 800 von Karl dem Großen gegründetes Bistum zurück. Nach mehreren Vorgängerbauten wurde der gotische Dom St. Marien und Cäcilia erst 1490 nach 200-jähriger Bauzeit vollendet. Mit der Norder- und der Süderstadt entwickelten sich zwei eigenständige Städte, die erst 1667 unter Entfernung der Trennmauer vereint wurden. Mit dem Westfälischen Frieden war Verden an Schweden gefallen, das es ab 1648 zur Garnisonstadt machte, vornehmlich für Reitertruppen. Daher gilt Verden auch heute noch als Reiterstadt mit Pferdezuchttradition, Auktionen und vielen Reitsportmög-

lichkeiten. Zudem beherbergt das Deutsche Pferdemuseum eine der wichtigsten Ausstellungen zur Kulturgeschichte des Pferdes. Der Besuch lohnt sich für kleine und große Pferdeliebhaber. Von der Fußgängerzone aus wurden die Ostertorstraße und die Straße Herrlichkeit zur „Pferde-Flaniermeile" ausgestaltet: 500 Messinghufeisen, eingelassen in die Gehwegplatten, sind hier in den vier Pferdegangarten verlegt worden. Jedes Hufeisen trägt den Namen des Spenders, darunter auch Reitsportprominenz. Fahrradständer mit Pferdemotiven und Pferdesilhouetten aus Edelstahl sind weitere Schmuckstücke.

Näheres zur Stadtgeschichte und zur Alltagskultur erfahren Interessierte im Historischen Museum Domherrenhaus. Die Touristeninformation im Rathaus gibt eine Broschüre für einen Stadtbummel heraus, der viele historisch interessante Plätze und Gebäude streift: die romanische Johanniskirche, den ältesten sakralen Backstein-

Am Lugenstein im Verdener Domviertel

bau im norddeutschen Raum, das um 1600 erbaute prächtige Syndikatshaus, das frühere Fischerviertel, das aufwändig gestaltete Ackerbürgerhaus von 1577 oder das John-Lennon-Denkmal, das an den Besuch des Beatles im Jahr 1966 erinnert.

Wer auch die schöne Umgebung kennlernen will, macht einen Spaziergang oder eine Radtour entlang der Aller oder zu den Verdener Dünen im Stadtwald, einem Relikt der letzten Eiszeit.

Der Reisemobilplatz liegt am Rand des Stadtzentrums in der Conrad-Wode-Straße.

HEIDE PARK RESORT

Der Heide Park ist Norddeutschlands größter Freizeitpark. Familien mit Kindern oder Actionfans – je nach Alter und Interesse wählt jeder sein individuelles Erlebnis. Mehr als 30 Attraktionen richten sich speziell an Kinder unter zehn Jahren. Aber auch Größere kommen auf ihre Kosten. Gleich mehrere große Achterbahnen sorgen für Adrenalinkicks. Es gibt ausreichend Parkpätze für Wohnmobile, und auch die Übernachtung ist möglich.

Heide Park 1, 29614 Soltau
Tel. 018 06/91 91 01
www.heide-park.de

2 NEUENKIRCHEN H7

In Neuenkirchen lebt eine der größten Heidschnuckenherden der Region. Am Schäferhof kann man in der Saison den Schnuckeneintrieb erleben oder dem Heide-Erlebnispfad folgen. Am anderen Ortsende gelangt man am Hahnenbach entlang zur alten Wassermühle. Wer weiterwandert, landet im „Kunst-Landschaft-Projekt" mit umgedrehtem Baum oder riesigem Spiegel. Auch die Sprengeler Mühle und das liebevoll eingerichtete Heimatmuseum sind einen Besuch wert.

3 SOLTAU H7

Bekannt ist Soltau vor allem wegen des Heide Parks (↗ Kasten) und des Designer-Outlets mit reetgedeckten Fachwerkhäusern an der A7. Die moderne Innenstadt mit lebendiger Fußgängerzone bietet interessante Geschäfte und Restaurants, und unweit vom Zentrum erstreckt sich Breidings Garten. Der zehn Hektar große Landschaftspark wurde Mitte des 19. Jahrhunderts von der Industriellenfamilie Röders angelegt. Moorflächen und Teiche wechseln hier mit Obstwiesen und üppigen Rhododendren ab.

Vor allem ist Soltau aber ein guter Ausgangspunkt für Touren in die Lüneburger Heide. In der Hochsaison fährt jeden Sonntag der historische Schienentriebwagen „Ameisenbär" über Bispingen nach Döhle. Und der kostenfreie Heide-Shuttle, der Freizeitbus mit Fahrradanhänger, verbindet von Mitte Juli bis Mitte Oktober die Heideorte und viele Sehenswürdigkeiten.

Im Ortsteil Wolterdingen liegt der beliebte Campingplatz Auf dem Simpel.

Spätsommerliche Blütenpracht in der Bispinger Heidelandschaft

4 BISPINGEN G7

Hier befinden wir uns mitten in der schönsten Heidelandschaft, die auf Wanderungen oder mit dem Fahrrad erkundet werden kann. Bispingen war einst ein typisches Heidebauerndorf. Die Ole Kerk ist das älteste Gebäude. Sie wurde 1353 am Rand der Luheniederung aus Feldsteinen erbaut.

Inzwischen hat sich in Bispingen auch ein bunter Strauß an Freizeitattraktionen angesiedelt: Im „Verrückten Haus" steht alles auf dem Kopf, an der Autobahnabfahrt Bispingen liegt eine In- und Outdoorkartbahn, und das Berg & Tal Abenteuerresort bietet unter anderem eine Indoorskipiste, eine Oldtimerausstellung, eine 12.000 Quadratmeter große Modelleisenbahn, Spielplätze, Hüpfburgen und und und.

Eine guter Ausgangspunkt für Entdeckungen in der Region ist der Campingplatz Brunautal mit Badesee und Wohnmobilstellplatz.

WILSEDER BERG

Der Wilseder Berg ist das Zentrum der größten zusammenhängenden Heideflächen Mitteleuropas. Ein anderthalb Kilometer langer Sandweg schlängelt sich hinauf. Von oben, aus 169 Metern Höhe, bietet sich ein fantastischer Blick über die weite Landschaft. Besonders schön ist es hier in den Abendstunden, wenn alles in ein fast mystisches Licht getaucht wird. Im Spätsommer wirkt die blühende Heide dann noch intensiver. Der Berg und der Heideort Wilsede liegen im autofreien Naturschutzgebiet Lüneburger Heide. Per Fahrrad, zu Fuß oder mit den berühmten Heidekutschen von Undeloh oder Döhle aus gelangt man nach Wilsede und kann von dort den Berg erwandern.

Der Besuch im Barfußpark Egestorf ist ebenso kurzweilig wie entspannend

5 EGESTORF G7

Auch Egestorf eignet sich gut als Ausgangspunkt für die Erkundung des Naturparks Lüneburger Heide zu Fuß oder mit dem Fahrrad. Das Dorf prägen alte reetgedeckte Fachwerkhäuser und die sehr sehenswerte Fachwerkkirche St. Stephanus von 1645. Mit ihrem abseits stehenden hölzernen Glockenturm liegt sie umgeben von alten Linden malerisch in der Ortsmitte.

Der schön gestaltete, weitläufige Barfußpark und das benachbarte vollbiologische Schwimmbad Aquadies mit glasklarem Wasser bieten Abkühlung und Entspannung in grüner Umgebung.

In unmittelbarer Nähe zu beiden liegt am Waldrand der Wohnmobilstellplatz der Gemeinde.

WINSEN (LUHE) F/G8

↗ Tour 26 (Seite 146)

GEESTHACHT F8

Geesthacht an der Elbe punktet mit imposanten technischen Bauwerken und einer spannenden Industriegeschichte. Den entscheidenden Impuls für die industrielle Entwicklung gab 1865 der Bau der ersten Nitroglyzerinfabrik Mitteleuropas durch den schwedischen Unternehmer Alfred Nobel. Ein Jahr später machte er hier eine Entdeckung, die die Welt verändern sollte: Er erfand das Dynamit. Das inzwischen von der Natur zurückeroberte Fabrikgelände kann bei Führungen besichtigt werden.

Die älteste Kirche der Stadt versprüht noch dörflichen Charme. Nachdem zwei Vorgängerbauten dem Elbehochwasser zum Opfer gefallen waren, wurde die heutige Fachwerkkirche St. Salvatoris 1685 oberhalb des Flusses aus den geretteten Baustoffen errichtet. Sehenswert ist auch der ursprüngliche Stadtkern mit Blick auf die Elbe. Das

Krügersche Haus ist das älteste erhaltene Gebäude im Ort. Das urige Fachwerkhaus beherbergt neben der Touristeninformation auch das Geesthacht-Museum. Dort erfahren Besucher, wie sich die Stadt vom Handwerkerdorf zum bedeutenden Energie- und Forschungsstandort entwickelt hat.

Am westlichen Stadtrand liegt die einzige Staustufe der Elbe mit der größten Fischaufstiegsanlage Europas, großer Elbschleuse und dem einzigen Pumpspeicherkraftwerk Norddeutschlands.

Auch Wohnmobilisten finden in Geesthacht eine passende Anlegestelle mit Blick auf den Fluss. Direkt an der Elbe rund einen Kilometer von der Touristeninformation entfernt liegt der Wohnmobilstellplatz. Also Motor aus, schauen und genießen. Das lebhafte Hin und Her großer Frachter und zahlreicher Freizeitboote bietet ein abwechslungsreiches Schauspiel.

8 MÖLLN D8

↗ Tour 3 (Seite 46)

CAMPINGPLÄTZE

Campingplatz Auf dem Simpel (Foto links)

★★★★½

Gut ausgestattete, idyllische Anlage im Heidewald auf einer Erhöhung von 80 Metern. Ganzjährig geöffnet.

▶ Auf dem Simpel 1, 29614 Soltau/Wolterdingen
GPS: 53.024496, 9.859023
Tel. 051 91/36 51
pincamp.de/NS4200

Campingplatz Brunautal (Foto rechts)

★★★

Topgepflegter kleiner Platz mit freundlichen Betreibern, geeignet sowohl für Urlauber als auch Transitreisende. Ebene Wiese mit Bäumen, Büschen und Hecken, beiderseits eines Baches. Ende März bis Anfang November geöffnet.

▶ Seestraße 17, 29646 Bispingen
GPS: 53.108807, 9.966426
Tel. 051 94/418 80 22
pincamp.de/NS4150

STELLPLÄTZE

Wohnmobilstellplatz am Barfußpark Egestorf

Ver- und Entsorgung, Strom, WC
Ganzjährig geöffnet.
▶ Ahornweg 9, 21272 Egestorf
GPS: 53.198255, 10.053821
Tel. 041 75/15 16

Stellplatz Alter Schiffsanleger 777

Ver- und Entsorgung, Strom
Ganzjährig geöffnet.
▶ Elbuferstraße, 21502 Geesthacht
GPS: 53.425494, 10.379266
Tel. 041 52/83 62 58

In den Delmenhorster Graftanlagen

19 VON BREMEN NACH WILHELMSHAVEN

PARADIES FÜR CAMPER AN WESER UND JADEBUSEN

Weiter geht die Fahrt an der Weser entlang nach Norden zum Jadebusen. Für Wohnmobilreisende ist die Wesermarsch ein traumhaftes Urlaubsgebiet mit schönen Aussichtspunkten und vielen Stellplätzen, die teilweise direkt am Wasser liegen. Wir begegnen schwarzbunten Kühen und friedlich blökenden Schafen. Das charmante Landschaftsbild ist geprägt von Deichen, urigen Fachwerkhäusern, Bauerngärten und viel Grün. Höhepunkte sind die Industriestadt Delmenhorst und abwechslungsreiche Orte an Weser und Nordsee, wo die Tour in Wilhelmshaven endet.

BREMEN G5

↗ Tour 17 (Seite 108)

DELMENHORST G4

Mit dem Anschluss an die Eisenbahn wurde Delmenhorst im 19. Jahrhundert zur größten Industriestadt zwischen Weser und Ems. Von 1900 bis 1920 bemühten sich Architekten, hier eine Idealstadt zu schaffen. Davon zeugen noch zahlreiche Gebäude, wie das Rathausensemble mit der ehemaligen Feuerwache, Wasserturm und

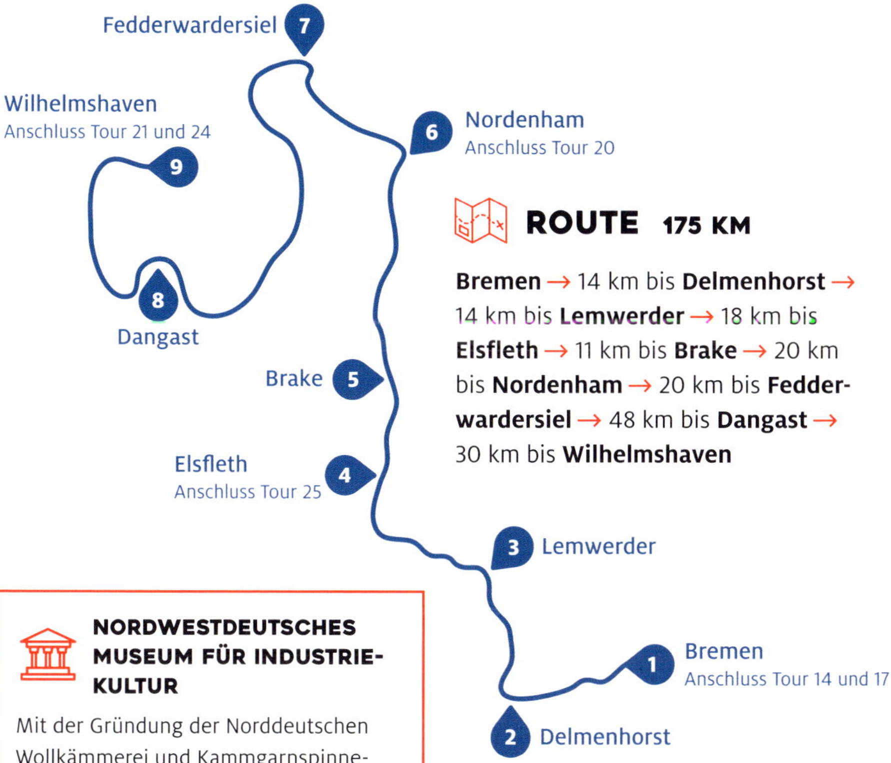

Fedderwardersiel 7

Wilhelmshaven
Anschluss Tour 21 und 24
9

6 Nordenham
Anschluss Tour 20

8
Dangast

Brake 5

Elsfleth
Anschluss Tour 25
4

3 Lemwerder

1 Bremen
Anschluss Tour 14 und 17

2 Delmenhorst

ROUTE 175 KM

Bremen → 14 km bis **Delmenhorst** → 14 km bis **Lemwerder** → 18 km bis **Elsfleth** → 11 km bis **Brake** → 20 km bis **Nordenham** → 20 km bis **Fedderwardersiel** → 48 km bis **Dangast** → 30 km bis **Wilhelmshaven**

NORDWESTDEUTSCHES MUSEUM FÜR INDUSTRIEKULTUR

Mit der Gründung der Norddeutschen Wollkämmerei und Kammgarnspinnerei – kurz: Nordwolle – begann 1884 die Entwicklung Delmenhorsts zum Industriestandort. Das Nordwolle-Areal ist heute eines der größten Industriedenkmale Europas. Es beherbergt das Fabrikmuseum, das die Geschichte der Nordwolle bis zu ihrer Schließung im Jahr 1981 anhand von Originalmaschinen dokumentiert, sowie das Stadtmuseum. In unmittelbarer Nähe der Produktionsstätten entstanden eine Badeanstalt, das Krankenhaus, Einkaufsmöglichkeiten, die Kantine, Arbeiter- und Beamtenhäuser sowie die Fabrikantenvilla. Das Gelände kann auf einem mit Infotafeln versehenen Rundgang erkundet werden.

Am Turbinenhaus 10–12, 27749 Delmenhorst
Tel. 042 21/298 58 20
www.delmenhorst.de/museum

Markthalle. Die nach den früheren Burggräben benannte Parkanlage Graft ist die grüne Lunge Delmenhorsts und wurde ebenfalls in jenen Jahren gestaltet.

Am Rande des Stadtparks und nur wenige Gehminuten von der Innenstadt entfernt liegt der Wohnmobilstellplatz An den Graften direkt am Fluss.

3 LEMWERDER G4

Das älteste Bauwerk des Weserstädtchens Lemwerder ist die Kapelle am Deich. Sie wurde im 13. Jahrhundert auf einer Wurt errichtet, der damals höchstgelegenen Stelle des Ortes. Lemwerder wurde in seiner Geschichte immer wieder von Sturmfluten heimgesucht, zuletzt 1962. Daraufhin wurde der Deich verstärkt. Verdingten sich die Einwohner früher als Robben- und Walfänger, bestimmen heute zwei große Werften das Gesicht des Ortes. Von 1934 bis 2010 gab es auch ein Flugzeugwerk mit eigener Landebahn. An der Flughafenstraße steht direkt an der Weser der Aussichtsturm Weitblick. Hier befindet sich auch die rund 1000 Meter lange „Weser-Side-Galerie". Über 200 Graffiti- und Street-Art-Künstler haben 2018 die Hochwasserschutzwand des ehemaligen Flughafengeländes gestaltet.

Die Kutterflotte von Fedderwardersiel

ELSFLETH G4

Elsfleth gehört mit einer Siedlungsgeschichte, die mindestens bis in die römische Kaiserzeit zurückreicht, zu den ältesten Orten an der Unterweser. An der Mündung der Hunte in die Weser gelegen, war der Ort ein wichtiger Hafen in der Region und Standort etlicher florierender Segelschiffswerften. Wegweiser führen Besucher zu den Sehenswürdigkeiten. Die St.-Nicolai-Kirche stammt von 1504 und wurde im seltenen Winkelgrundriss erbaut. Ihr Ausbau zeugt vom einstigen Wohlstand der Stadt, ebenso wie das Rathaus von 1624. Eine der drei Dependancen des Schiffahrtsmuseums Unterweser befindet sich in der Villa Steenken, die anderen beiden in Brake. Mit dem Schiffssimulator können Besucher in See stechen. Und wenn es nicht gerade auf den Weltmeeren unterwegs ist, liegt das Segelschulschiff „Großherzogin Elisabeth" hier.

Camper sind herzlich willkommen in Elsfleth. Direkt an der Hunte befindet sich auf dem Hafengelände der gepflasterte Wohnmobilstellplatz.

BRAKE G4

Brake ist vor allem durch seinen Seehafen bekannt. Ende des 19. Jahrhunderts entstanden im Zuge der Weserkorrektion die ersten Pieranlagen am Strom, die inzwischen eine Kailänge von über 2000 Metern haben. Wegweiser im Pflaster führen zu den schönsten Ecken des Stadtkerns. Der Rundgang beginnt am markanten Telegrafengebäude an der Stadtkaje. Es beherbergt den zweiten Teil des Schiffahrtsmuseums Unterweser, das Haus Borgstede & Becker den dritten. Dort vermitteln Exponate wie Navigationsinstrumente oder Seekarten viel Spannendes zur Geschichte des Braker Schiffsbaus und zur Seefahrt allgemein.

Über eine Fähre ist Brake mit Deutschlands größter Flussinsel, Harriersand, verbunden. Das elf Kilometer lange Eiland mit großen Naturstränden lädt zu ausgedehnten Spaziergängen und Radtouren ein.

NORDENHAM F4

↗ Tour 20 (Seite 120)

FEDDERWARDERSIEL F4

Vom kleinen Fischerort Fedderwardersiel an der Wesermündung fahren noch traditionelle Kutter zum Krabbenfang auf die Nordsee. Direkt am Kutterhafen liegt das Nationalpark-Haus Museum Fedderwardersiel mit der interaktiven Ausstellung „Leben im Wechsel der Gezeiten“. Tideunabhängigen Badespaß mit feinem Sandstrand, Strandkörben und Sonnenschirmen bietet die Nordsee-Lagune. Der künstliche See wird direkt aus der Nordsee gespeist.

Sehr ansprechend ist der Saisonstellplatz am Jachthafen, richtig idyllisch auf einer Wiese und mit schönem Blick. Ein Restaurant mit Fischladen sorgt für das leibliche Wohl. Wer hier nicht unterkommt, findet fast nebenan weitere Möglichkeiten. Nicht weit entfernt liegt auch der Knaus Campingpark Burhave.

DANGAST F3/4

Über viele Jahrhunderte lebte Dangast vom Fischfang, heute ist das einst verträumte Dorf ein belebtes Nordseebad. Es liegt direkt am Jadebusen auf einem eiszeitlichen Geestrücken. Deshalb ist Dangast einer der wenigen Orte an der deutschen Nordsee ohne Schutzdeich, der unverstellte Meerblick ist seine Hauptattraktion. Bei Ebbe leert sich der Jadebusen fast vollständig – ein faszinierendes Schauspiel. Im Frühjahr und Herbst lassen sich die hier rastenden Zugvögel beobachten.

Schon seit über 100 Jahren zieht der Ort Künstler an, darunter die Expressionisten der Brücke wie Karl Schmidt-Rottluff oder Max Pechstein. Überall gibt es Galerien, Ateliers und Kunstwerke, sogar am Strand. Das Wohn- und Atelierhaus des Malers Franz Radziwill (1895–1983) gewährt mit seiner originalen Einrichtung spannende Einblicke in ein bewegtes Künstlerleben.

Camper haben die Wahl zwischen dem beliebten Wohnmobilstellplatz am Hafen und mehreren Campingplätzen.

WILHELMSHAVEN F3/4

↗ Tour 21 (Seite 124)

CAMPINGPLÄTZE

KNAUS Campingpark Burhave

Äußerst schön gelegenes, ebenes Wiesengelände auf der Meerseite des Deiches. Jenseits eines Grabens liegt ein großer Wohnmobilhafen.
Mitte April bis Mitte Oktober geöffnet.
▶ An der Nordseelagune 1, 26969 Burhave
GPS: 53.584623, 8.369565
Tel. 047 33/16 83
pincamp.de/NW100

Strandcampingplatz Dangast

Außerordentlich schön zwischen einem Naturschutzgebiet und dem Jadebusen gelegener Platz der Kurverwaltung. Ebenes, lang gestrecktes und von Entwässerungsgräben durchzogenes Wiesengelände im Vordeichgebiet. Von Dauercampern geprägt.
Anfang April bis Anfang Oktober geöffnet.
▶ Auf der Gast 40, 26316 Varel/Dangast
GPS: 53.451132, 8.126846
Tel. 044 51/91 14 22
pincamp.de/NW350

STELLPLÄTZE

Wohnmobilstellplatz an der Kaje

Ver- und Entsorgung, Strom
Ganzjährig geöffnet.
▶ An der Kaje, 26931 Elsfleth
GPS: 53.237423, 8.465497
Tel. 044 04/504 60
www.elsfleth.de/tourismus-und-freizeit.php

Wohnmobilhafen Am Butjadinger Yachtclub

Ver- und Entsorgung, Strom, WC, Dusche
Anfang April bis Ende Oktober geöffnet.
▶ Lagunenweg, 26969 Fedderwardersiel
GPS: 53.594617, 8.358194
Tel. 047 33/16 70
www.byc-fedderwardersiel.de

Das Pietzmoor bei Schneverdingen ist zu jeder Jahreszeit reizvoll

VON NORDENHAM NACH UELZEN

MYSTISCHE MOORE, WEITE HEIDE UND STILLE SEEN

Diese Route verbindet Erholung in unberührter Natur mit dem Besuch von reizvollen kleineren Orten. Die Tour startet mit einer Fährfahrt über die Weser. Nach dem geschäftigen Treiben in Bremerhaven ist die Ruhe im Binnenland wohltuend. Weiter geht die Fahrt durch die Lüneburger Heide mit ihren Laubwäldern, glasklaren Bächen und charmanten Dörfern. Aber auch mystische Moore gibt es zu entdecken. Da fällt die Wahl schwer zwischen Wanderschuh und Fahrrad. Auch zum Übernachten bieten sich unterschiedliche Möglichkeiten, vom einfachen Stellplatz bis zum Fünf-Sterne-Campingplatz. Aus der geplanten Durchfahrt werden so leicht mehrere Tage.

NORDENHAM F4

Kaufmann Wilhelm Müller veranlasste 1857 den Norddeutschen Lloyd dazu, einen regelmäßigen Schiffsverkehr nach England zum Transport von Vieh aus der Region Butjadingen einzurichten. Zu diesem Zweck wurde auf dem Gelände des Gutes Nordenhamm an der Wesermündung der Ochsenpier errichtet. Rund um den Anleger entwickelte sich rasch eine Siedlung. Um die Jahrhundertwende siedelten sich erste größere Industriebetriebe an, die heute als Nie-

ROUTE 188 KM

Nordenham → 6 km bis Weserfähre nach **Bremerhaven** → 43 km bis **Bremervörde** → 24 km bis **Zeven** → 46 km bis **Schneverdingen** → 17 km bis **Bispingen** → 14 km bis **Munster** → 38 km bis **Uelzen**

derlassungen weltweit agierender Konzerne noch immer ihren Sitz in der Stadt haben. Der „Ochsenpfad" führt durch die Innenstadt. Schautafeln am Weg, auf dem früher die Ochsen zum Weserufer getrieben wurden, vermitteln einen Einblick in die Stadtentwicklung. Mit der Fähre über die Weser ist man schnell in Bremerhaven, und mit der S-Bahn ist Bremen in einer Stunde erreicht.

In Nordenham stehen für Wohnmobile Plätze am Freizeitbad Störtebeker zur Verfügung. Die Innenstadt erreicht man von hier gut zu Fuß oder mit dem Rad.

BREMERHAVEN F4

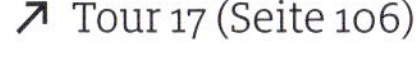

↗ Tour 17 (Seite 106)

BREMERVÖRDE F5/6

↗ Tour 14 (Seite 97)

ZEVEN G6

Das Städtchen Zeven besitzt mit der Langen Straße eine schöne Fußgängerzone. Hier sollte man in der altmodischen Konditorei Müller unbedingt die sahnige Zevener Himmelstorte probieren.

Spaziergang bei Schneverdingen

Ein architektonisches Kleinod ist das Gebäudeensemble des Klosters Zeven mit der romanischen Feldsteinkirche St. Viti. 1141 als Benediktinerinnenkloster gegründet, entwickelte es sich im Spätmittelalter durch Grunderwerb zu einem der reichsten Klöster im Erzbistum Bremen. Einzig der Westflügel des Konventsgebäudes ist außer der Kirche noch erhalten und beherbergt heute ein Museum.

Es ist fast schade, nicht mit dem Zug nach Uelzen anzureisen

Das Feuerwehrmuseum Zeven widmet sich – allerdings nur sonntags – anschaulich der Entwicklung der Feuerwehr seit Mitte des 19. Jahrhunderts. Verschiedene Radtouren führen im Umland an Klöstern, Kirchen oder archäologischen Sehenswürdigkeiten vorbei.

SCHNEVERDINGEN G7

Rund um Schneverdingen liegen weite Heideflächen und mystische Moore (↗ Kasten). Im Schneverdinger Heidegarten kann man über 190 verschiedene Heidesorten und ihren erstaunlichen Farbenreichtum kennenlernen. Er ist das ganze Jahr über eine Attraktion, denn hier blüht es nicht nur im Sommer, sondern auch in den kälteren Monaten.

Die Geschichte der kleinen Stadt ist geprägt von Ackerbau und Viehzucht. Im Heimathaus De Theeshof mit Hofanlage wird das ländliche Leben und Arbeiten zwischen 1850 und 1950 lebendig.

PIETZMOOR

Am südlichen Rand des Naturschutzgebietes Lüneburger Heide liegt bei Schneverdingen das Pietzmoor. Nach der Eiszeit vor rund 8000 Jahren siedelten sich hier in einer wasserreichen Mulde Wollgras und Torfmoosarten an, die Torfschicht wuchs Millimeter um Millimeter. Die so entstandene Hochmoorlandschaft wird auf einem fünf Kilometer langen Rundweg über Bohlenstege erkundet. Tafeln informieren über die spezielle Fauna und Flora, wie den fleischfressenden Sonnentau, Birkhühner und Sumpfohreulen. Der Besuch lohnt zu jeder Jahreszeit: Im Frühling bezaubert die Wollgrasblüte, und wenn im Herbst der Nebel die Konturen verwischt, liegt eine mystische Stimmung über dem Moor.

Wer einmal hier ist, möchte gerne länger bleiben und hat dazu auch gute Möglichkeiten. An der Route nach Bispingen liegt der beliebte Camping-Park Lüneburger Heide mit Wohnmobilstellplätzen.

BISPINGEN G7

↗ Tour 18 (Seite 113)

MUNSTER H7

Munster liegt in der Mitte der Lüneburger Heide, allerdings von Truppenübungsplätzen eingerahmt. Das Deutsche Panzermuseum präsentiert in Munster die Lehrsammlung der Panzertruppen und Heeresaufklärung. Verschiedene Wanderwege, die über die Truppenübungsplätze verlaufen, sind nur am Wochenende passierbar. In der näheren Umgebung ist aber die Dethlinger Heide im Südosten der Stadt unbeschränkt zugänglich. An warmen Tagen verspricht der Flüggenhofsee mit seinem schönen Sandstrand Abkühlung. Und auf abwechslungsreichen Radtouren kann man die weitere Umgebung erkunden.

Im Ort selbst gewährt die Altdorfanlage um den Ollershof mit Ziehbrunnen, Treppenspeicher, Wagenremise und voll funktionstüchtiger Wassermühle aus dem 16. Jahrhundert einen Blick in das Leben der Vergangenheit. Eine originelle Geschichte hat die Kirche St. Martin: Um einen historischen Schafstall vor dem Abbruch zu bewahren, wurde dieser 1987 versetzt und zur Kirche umgewidmet – eine gelungene Wiedergeburt.

UELZEN H8

Anlässlich der Expo 2000 gestaltete Friedensreich Hundertwasser den Bahnhof der einstigen Hanse- und Bierbrauerstadt Uelzen zum „Umwelt- und Kulturbahnhof“ um: Die Gebäudeecken zieren verspielte Säulen, schwingende Formen, kunterbunte Mosaiken und begrünte Dächer verleihen ihm eine heitere Anmutung. Von hier führt der „Weg der Steine“ mit 21 bemalten Felsbrocken in die hübsche Altstadt mit gemütlichen Lokalen. Von der Vergangenheit als Hansestadt zeugt neben mehreren mittelalterlichen Kapellen und Fachwerkbauten auch das „Goldene Schiff“. Die Hansekogge aus vergoldetem und edelsteinbesetztem Kupferblech wird in der Kirche St. Marien in einer Wandnische ausgestellt. Die Ilmenau als naturbelassener und größter Fluss der Lüneburger Heide lässt sich ab Uelzen wunderbar mit Kanu oder Paddelboot erkunden.

Wirklich schön steht man mit dem Wohnmobil am kleinen Jachtklub am Ufer des Elbeseitenkanals.

CAMPINGPLÄTZE

Camping-Park Lüneburger Heide

★★★★☆

Parkähnlich gestalteter Platz mit Naturbadeteich und liebevoll angelegten Miniaturgärten zu unterschiedlichen Themen. Von einem Bach zweigeteiltes, ebenes Wiesengelände mit einigen größeren Laubbäumen, durch Hecken und Büsche gegliedert. Einige Standplätze mit Steinplatten befestigt. Separater Wohnmobilhafen im Einfahrtsbereich.
Ende März bis Ende Oktober geöffnet.

▶ Badeweg 3, 29640 Schneverdingen-Heber
Tel. 051 99/275
GPS: 53.071067, 9.864813
■ pincamp.de/NS4100

STELLPLÄTZE

Wohnmobilstellplatz Elbeseitenkanal

Ver- und Entsorgung, Strom, WC, Dusche
Ganzjährig geöffnet.

▶ Riedweg 7, 29525 Uelzen
Tel. 05 81/432 11
GPS: 52.957717, 10.593257
www.yachtclub-uelzen.de

Nordseecamping Schillig ist einer der größten Campingplätze Deutschlands

21 VON WILHELMSHAVEN NACH GREETSIEL

ROMANTISCHE HÄFEN UND WUNDERSCHÖNE STRÄNDE

Von Wilhelmshaven aus geht die Fahrt immer an der Nordseeküste und dem UNESCO-Welterbe Wattenmeer entlang. Man kann auch zu den vorgelagerten Ostfriesischen Inseln übersetzen, aber nur nach Norderney mit dem Wohnmobil. Romantische Häfen, traditionsreiche Seebäder und feine Sandstrände liegen auf der Strecke. Hier bleibt man gerne ein wenig länger. Eine große Zahl schön gelegener Stell- und Campingplätze – auch direkt am Wasser – bietet dafür vielfältige Möglichkeiten: einschlafen mit Meeresrauschen und den ersten Kaffee bei einem atemberaubenden Sonnenaufgang genießen, bevor es zu einer Radtour oder Wanderung entlang der Deiche geht.

WILHELMSHAVEN F3/4

1869 von König Wilhelm I. von Preußen als Flottenstützpunkt gegründet, ist Wilhelmshaven am Rande des Jadebusens eine relativ junge Stadt und auch heute noch wichtiger Marinestandort. Markant ist das expressionistische Rathaus von 1929, ein wuchtiger und streng gegliederter Klinkerbau, dessen mächtiger Mittelturm als Wasserreservoir diente. Das Wahrzeichen der

ROUTE 113 KM

Wilhelmshaven → 17 km bis **Hooksiel** → 10 km bis **Schillig** → 16 km bis **Carolinensiel** → 2 km **Harlesiel** → 9 km bis **Neuharlingersiel** → 42 km bis **Norden** → 17 km bis **Greetsiel**

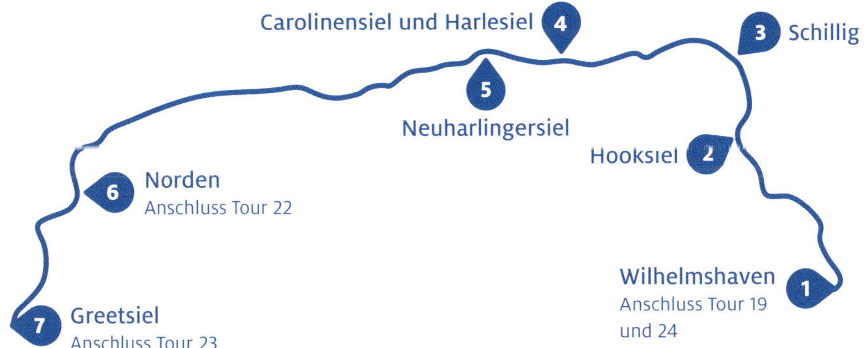

Stadt ist die über 100 Jahre alte Kaiser-Wilhelm-Brücke. Ein besonderer Anblick ist es, wenn die imposante Drehbrücke mit einer Spannweite von 159 Metern sich bedächtig für große Schiffe öffnet. Direkt daneben befindet sich das Deutsche Marinemuseum mit Ausstellungen, U-Boot und Zerstörer. Beim Stadt- und Hafenfest und beim Wilhelmshaven Sailing-CUP legen Traditionssegler direkt am Bontekai an. Zusammen mit dem Südstrand bildet dieser die „Maritime Meile" mit Küstenmuseum, Aquarium und UNESCO-Weltnaturerbe Wattenmeer Besucherzentrum.

Für den Besuch in Wilhelmshaven stehen gleich sechs verschieden ausgestattete Wohnmobilstellplätze zur Wahl. Einige liegen direkt am Wasser, besser geht es nicht.

2 HOOKSIEL E/F3

Hooksiels Binnenhafen fungierte lange Zeit als Tor zur Stadt Jever, die 13 Kilometer weiter im Landesinneren liegt. Der historische Ortskern mit dem denkmalgeschützten Hafen und Speicherhäusern erinnert noch daran. Hooksiel liegt am rund drei Kilometer langen Hooksmeer, einem Binnengewässer, das eine Schleuse und der Außenhafen von der Nordsee trennen. Hier sind tideunabhängiges Wasserskifahren, Segeln und Surfen möglich. Nördlich davon liegt hinter dem Deich der lange Sandstrand mit großem Campingplatz. Vom Außenhafen starten die Fahrten zu den Seehundbänken und die Helgolandfähre. An trüben Tagen sorgt ein Besuch im Muschelmuseum im alten Rathaus für Abwechslung: Die Farb- und Formenvielfalt der Muscheln und Schnecken aus aller Welt ist schier unglaublich. Das alte Feuerwehrhaus nebenan wurde zum Künstlerhaus umgestaltet, das wechselnde Ausstellungen regionaler Künstler präsentiert.

3 SCHILLIG E3

Schillig besitzt einen der schönsten Strände an der Nordsee. Mit feinstem weißen Sand ist er ideal für einen warmen Sommertag mit leichtem Wellengang. Aber auch bei schlechtem Wetter und Sturm hat er seinen Reiz. Früher wurden die angespülten Muscheln zur Herstellung von Kalk verwendet, und auch heute lassen sich hier die unterschiedlichsten Muscheln finden.

Auf dem Wohnmobilstellplatz in Neuharlingersiel

Auch riesige Tanker und Containerschiffe fahren von oder nach Wilhelmshaven dicht am Ufer vorbei – ideal zum Schiffegucken. Im Ort gibt es eine kleine Fußgängerzone und Straßencafés.

Nordseecamping Schillig, am Strand gelegen, zählt zu den ältesten und größten Campingplätzen in Deutschland. Hier ist man der Natur ganz nah, hört das Meer rauschen und die Möwen kreischen. Wer flexibel bleiben möchte, wählt den Reisemobilstellplatz direkt am Campingplatz.

An vielen Küstenabschnitten auf dieser Tour sowie auf den Deichen sind Hunde verboten. Hundestrände gibt es zum Beispiel in Schillig, Nessmersiel und Norddeich/Norden.

CAROLINENSIEL UND HARLESIEL E3

Jahrhundertelang war der Sielhafen am Flüsschen Harle das lebendige Zentrum von Carolinensiel. Heute ist er Teil des Deutschen Sielhafenmuseums. Mit historischen Frachtseglern und Ausstellungen in der Alten Pastorei, dem Kapitänshaus und dem Groot Hus rundum bewahrt es die Erinnerung an die traditionelle Lebensweise in den Sieldörfern. Cafés und Teestuben bieten Gelegenheiten für ein entspanntes Bier oder einen Ostfriesentee.

Die Kurpromenade führt an der Harle entlang nach Harlesiel, zur Nordsee und zum Außenhafen, wo die Fähren nach Wangerooge und Ausflugsfahrten ins Wattenmeer starten. Der Strand mit seinen bunten Strandkörben und dem hellen, feinen Sand ist sehr beliebt.

Hier liegt auch der Campingplatz – zwischen Sandstrand und Hafeneinfahrt haben Camper an der Mole einen wunderschönen Blick aufs Meer.

NEUHARLINGERSIEL E3

Herzstück des 300 Jahre alten ostfriesischen Fischerdorfes ist der romantische Hafen, in dem es immer etwas zu sehen gibt. Alte Häuser mit kleinen Restaurants und Cafés umstehen das Hafenrund. Hier schmecken frischer Fisch oder auch die mächtige Ostfriesentorte. Krabben- und Fischkutter fahren noch täglich zum Fang auf die Nordsee hinaus. Infotafeln an den Liegeplätzen geben Auskunft über die Schiffe und ihre Besitzer. Mit der „Gorch Fock" und der „Seestern" werden Ausflüge angeboten, Fähren setzen nach Spiekeroog über.

Direkt hinterm Deich liegt der große Campingplatz mit mehr als 1100 Stellplätzen und am Ostanleger der beliebte Wohnmobilstellplatz mit Blick auf Meer und Watt.

NORDEN F2

↗ Tour 22 (Seite 130)

GREETSIEL F1/2

↗ Tour 23 (Seite 132)

CAMPINGPLÄTZE

Nordseecamping Schillig ★★★★

Großer, traditionsreicher Campingplatz an der Strandpromenade. Lang gestrecktes Gelände auf zwei Ebenen im Vordeichgebiet. Niedrige Laubbäume und Buschgruppen auf der höher gelegenen Ebene, die untere ist durch Gräben unterteilt. Separater Platzteil für Gäste mit Hund. Anfang April bis Ende Oktober geöffnet.
▶ Schilliger Düne, 26434 Wangerland Schillig
GPS 53.699636, 8.024946
Tel. 044 26/98 71 70
pincamp.de/NW500

Campingplatz Harlesiel ★★★½

Neben dem Fährhafen gelegener Campingplatz mit maritimem Flair. Ebenes, mit Entwässerungsgräben durchzogenes Wiesengelände auf der Meerseite des Deichs. Von Dauercampern geprägt. Separater Platzteil für Gäste mit Hund. Im Eingangsbereich großer Wohnmobilhafen. Mitte April bis Mitte September geöffnet.
▶ Schwerinsgroden, 26409 Carolinensiel
GPS: 53.708394, 7.807326
Tel. 044 64/94 93 98
pincamp.de/NW600

Nordsee-Camping Neuharlingersiel (Foto) ★★★★½

Lang gestrecktes, durch einen öffentlichen Fahr-, Geh- und Parkbereich zweigeteiltes und von Entwässerungsgräben durchzogenes Gelände mit Büschen und mittelhohen Baumreihen. Am Nordseeküstenradweg, auf der Landseite des Deichs. Von Dauercampern geprägt. Ganzjährig geöffnet.
▶ Alt Addenhausen 4, 26427 Neuharlingersiel
GPS: 53.696668, 7.689740
Tel. 049 74/18 89 00
pincamp.de/NW700

STELLPLÄTZE

Parkplatz Fliegerdeich WoMo

Ohne Ausstattung
Ganzjährig geöffnet.
▶ Fliegerdeich/Südstrand, 26382 Wilhelmshaven
GPS: 53.510062, 8.127271
Tel. 044 21/927 90
www.wilhelmshaven-touristik.de

Stellplatz am Ostanleger

Ver- und Entsorgung, Strom
Ganzjährig geöffnet.
▶ Am Hafen Ost 20, 26427 Neuharlingersiel
GPS: 53.701822, 7.707941

Sonne, Sand und Wellengang – drei Zutaten für einen perfekten Urlaubstag

VON BAD ZWISCHENAHN NACH NORDERNEY

NORDSEEINSEL, SEEHUNDE UND ZAUBERHAFTE PARKS

Diese Tour steckt voller Gegensätze. Wir beginnen im Landesinneren, das eine gute Infrastruktur für Camper bietet, und fahren Richtung Nordsee. Historische Orte, schnurgerade Kanäle, weite Moore und idyllische Parklandschaften liegen am Weg. Nach dem Besuch in der Seehundstation in Norden, die nicht nur Kinder toll finden, setzen wir über auf die Insel Norderney mit ihrem fantastischen Sandstrand. Der stetige Wechsel zwischen rauer See und stillem Wattenmeer bestimmt hier den Tagesrhythmus.

BAD ZWISCHENAHN G3

↗ Tour 25 (Seite 142)

2 WESTERSTEDE G3

Wer Radfahren und Wandern in wunderschöner Natur liebt, wird Westerstede sicher mögen. Mit einer Fahrraddraisine kann man auch ins sieben Kilometer entfernte Örtchen Ocholt strampeln.

Die liebenswerte Stadt liegt inmitten von farbenprächtigen Gärten und grünen Parks. Ein Rundgang im beschaulichen Stadtzentrum führt zur altehrwürdigen St.-Petri-Kirche von 1123. Nach der Besichtigung bietet

ROUTE 93 KM

Bad Zwischenahn → 11 km bis **Westerstede** → 27 km **Wiesmoor** → 23 km bis **Aurich** → 6 km bis **Moordorf** → 21 km bis **Norden** → 5 km bis **Norddeich** → Fähre nach **Norderney**

Norderney 8

Norddeich 7

Norden 6
Anschluss Tour 21

5 Moordorf
Anschluss Tour 24

Aurich 4
Anschluss Tour 24

3 Wiesmoor

Westerstede 2

Bad Zwischenahn 1
Anschluss Tour 25

sich ein Bummel durch die Fußgängerzone mit dem historischen Marktplatz an. Die Straßen sind gesäumt von schönen Bürgerhäusern. Auch ein Blick auf den alten Bahnhof als Zeugnis der Kaiserzeit lohnt sich.

Am Stadtrand liegt ruhig und in idyllischer Landschaft der Campingplatz Westerstede mit Wohnmobilstellplatz.

RHODODENDRONPARK HOBBIE

Ein Naturerlebnis der besonderen Art ist der Rhododendronpark der Familie Hobbie. Unter Fachleuten gilt er als einer der prächtigsten in Europa. Auf 70 Hektar gibt es in der liebevoll gepflegten und naturnahen Anlage zahlreiche baumartig wachsende Rhododendren und über 85 Jahre alte und bis zu neun Meter hohe Alpenrosen zu bestaunen. Unter dem Schutz hoher Kiefern und exotischer Nadel- und Laubgehölze blühen diese in allen Farben und Variationen. Durch die Parkanlage führt ein zweieinhalb Kilometer langer Rundweg mit Bänken zum Ausruhen und Verweilen. Während der Blütezeit ist das Park-Café täglich geöffnet. Vor den Toren des Rhododendronparks

befindet sich ein Parkplatz, auf dem Wohnmobile übernachten dürfen.

Alpenrosenstraße 7, 26655 Westerstede
Tel. 044 88/22 94
www.hobbie-rhodo.de

SEEHUNDSTATION NATIONALPARK-HAUS UND WALOSEUM

Zwischen 80 und 150 verwaiste Seehunde (Heuler) und einzelne Kegelrobben werden jährlich in der Seehundstation aufgezogen und wieder ausgewildert. Durch Glasscheiben können Besucher die Fütterung der Tiere und ihre Schwimmkünste beobachten. Wissenswertes über Biologie und Verhalten der Meeressäuger sowie zum Leben im Nationalpark Niedersächsisches Wattenmeer vermittelt die spannend und kindgerecht gestaltete Ausstellung.

Das Waloseum ist ebenfalls eine Einrichtung der Seehundstation und liegt fünf Kilometer weiter östlich. Besucher erwarten fantastische Eindrücke aus dem Reich der Wale und Delfine. Die verschiedenen Ausstellungen zum Anfassen und Mitmachen sind besonders für Familien interessant. Sie machen mit den unterschiedlichsten Bewohnern der

Nordseeküste und ihrer Vogelwelt bekannt. Im Mittelpunkt steht das Skelett eines 15 Meter langen Pottwalbullen, der 2003 vor Norderney strandete.

Seehundstation Nationalpark-Haus:
Dörper Weg 24, 26506 Norden
Waloseum: Osterlooger Weg 3, 26506 Norden
Tel. 049 31/97 33 30
www.seehundstation-norddeich.de

WIESMOOR F3

Wiesmoor ist die jüngste Stadt Ostfrieslands, denn erst ab 1780 wurden die einst weiten Moorgebiete schrittweise besiedelt, durch Kanäle entwässert und urbar gemacht. Diese Kanäle durchziehen den kleinen Ort auch heute noch. Moorwanderungen unter kompetenter Führung gewähren spannende Blicke auf die faszinierende Natur. Ebenfalls zum Pflichtprogramm gehört das Torf- und Siedlungsmuseum, welches das Leben der Kolonisten anschaulich macht.

Die Wiesmoorer haben ein besonderes Faible für Blumen und Blüten. Die Blumenhalle präsentiert von März bis Oktober wechselnde Pflanzenausstellungen. Zusammen mit dem angenzenden Park mit verschiedenen Themengärten bildet sie das „Blumenreich". Und alljährlich am ersten Septemberwochenende feiert man das Blütenfest, mit einem Umzug blumengeschmückter Wagen und der Wahl des Blütenkönigshauses.

Wer in Wiesmoor übernachten möchte: Beim Moorfreibad liegt der gepflegte Camping- und Bungalowpark Ottermeer.

AURICH F2

↗ Tour 24 (Seite 138)

MOORDORF F2

↗ Tour 24 (Seite 139)

NORDEN F2

Norden ist eine der ältesten Städte Ostfrieslands. Rund um den großen Marktplatz gruppieren sich die imposante romanisch-gotische Ludgerikirche mit frei stehendem Glockenturm, die Dree Süsters, drei Bürgerhäuser von 1570 und 1630 mit schönen Staffel- und Schweifgiebeln, und das

Schöninghsche Haus, ein prächtiges Patrizierhaus von 1576.

Im Ostfriesischen Teemuseum erfährt man alles rund um das liebste Getränk der Ostfriesen. Anbau, Ernte, Verarbeitung und die gesellschaftliche Bedeutung des Schwarztees werden erklärt. Ein echtes Highlight ist die Einführung in die ostfriesische Teezeremonie. Die ostfriesische Teekultur gehört zum immateriellen Kulturerbe der UNESCO.

NORDDEICH E/F2

Norddeich eignet sich zu jeder Jahreszeit perfekt für einen Erholungsurlaub. Strand und Wattenmeer laden zum Baden und Relaxen ein. Auf gekennzeichneten Wegen wird die Region beim Wandern oder mit dem Rad erkundet. Auch bei schlechtem Wetter muss es einem hier nicht langweilig werden: Nicht nur für Familien interessant sind die Seehundstation und das Waloseum (↗ Kasten).

Der Wohnmobilhafen auf einem Großparkplatz und der Campingplatz sind besonders in der Saison ziemlich voll.

NORDERNEY E2

Norderney ist eine der wenigen Nordseeinseln, auf die man auch mit dem Wohnmobil übersetzen kann. Die Fähre startet in Norddeich. Vor der Überfahrt muss man sich aber unbedingt um einen Übernachtungsplatz kümmern, denn Norderney ist bei Campern beliebt. Kein Wunder, denn sobald die Fähre vom Festland ablegt, lässt man alles hinter sich. 14 Kilometer feinster Sandstrand laden zum Sonnen, Burgenbauen und Baden ein. Urlauber wandern durch Dünenlandschaften, auf den Deichen, an endlosen Stränden entlang und durch ausgedehnte Salzwiesen. Und auch das Wattenmeer lässt sich von der Insel aus natürlich erwandern.

Urlauber können aus vier sehr unterschiedlichen Campingplätzen auswählen.

CAMPINGPLÄTZE

Camping- und Stellplatz Westerstede ★★★★

Parkähnliches, durch Heckenreihen gegliedertes, ebenes Wiesengelände hinter einer Schießanlage. Von hohen Bäumen und Büschen umgeben, am Ortsrand gelegen.
Ganzjährig geöffnet.
▶ Süderstraße 2, 26655 Westerstede
GPS: 53.249830, 7.934639
Tel. 044 88/782 34
pincamp.de/NW2100

Camping- und Bungalowpark Ottermeer ★★★★

Von hohen Laubbäumen eingefasstes, ebenes Wiesengelände, durch junge Bäume und Sträucher gärtnerisch gegliedert. Am Moorbadesee Ottermeer. An einer Längsseite von einem Kanal begrenzt.
Ganzjährig geöffnet.
▶ Am Ottermeer 52, 26639 Wiesmoor
GPS: 53.415648, 7.710518
Tel. 049 44/94 98 93
pincamp.de/NW1450

Nordsee-Camp Norddeich ★★★★

Direkt hinter dem Seedeich gelegen, ist das Nordsee-Camp das Tor zum Wattenmeer und verfügt über einen feinsandigen Badestrand. Dank der imposanten Platzgröße von 25 Hektar gibt es weit über 500 Stellplätze.
Anfang April bis Ende Oktober geöffnet.
▶ Deichstraße 21, 26506 Norddeich
GPS: 53.60485, 7.139167
Tel. 049 31/80 73
pincamp.de/NW900

STELLPLÄTZE

Wohnmobilhafen Norddeich

Ver- und Entsorgung, Strom, WC
Ganzjährig geöffnet.
▶ Itzendorfer Straße, 26506 Norden
GPS: 53.610521, 7.156033
Tel. 049 31/98 63 20
www.wohnmobilhafen-norddeich.de

Blick auf den Wohnmobilstellplatz am Emdener Binnenhafen

23 VON GREETSIEL NACH PAPENBURG

KLEINODE RECHTS UND LINKS DER EMS

Die Route führt zu schmucken Dörfern, reizenden Kleinstädten sowie technischen und bauhistorischen Sehenswürdigkeiten auf beiden Seiten der Ems. Hinter jeder Ecke gibt es etwas zu entdecken. Dabei lässt sich alles leicht erfahren, erwandern oder erradeln. Interessant ist auch der Besuch in der Meyer Werft in Papenburg, wo die riesigen Kreuzfahrtschiffe gebaut werden. Es gibt eine Vielzahl verschiedener Wohnmobilstell- und Campingplätze, oft sogar mehrere in einem Ort.

GREETSIEL F1/2

Greetsiel mit seinen beschaulichen Gassen ist einfach zauberhaft. Im Zentrum liegt der malerische Kutterhafen, umstanden von ganz verschiedenartigen Giebelhäusern. 600 Jahre ist er bereits alt, und heute ist die Flotte der 25 Krabbenkutter die größte in Ostfriesland. Am Rand von Greetsiel liegen die Zwillingsmühlen, von denen eine ein Café und die andere, die immer noch funktionstüchtig ist, eine Bäckerei beherbergt.

Besonders am Wochenende ist Greetsiel ein beliebtes Ausflugsziel. Dann ist es nicht einfach, einen Platz auf dem schönen Wohnmobilstellplatz am Ortsrand zu bekommen.

ROUTE 83 KM

Greetsiel → 4 km bis **Pilsum** → 27 km bis **Emden** → 10 km bis **Emssperrwerk** → 18 km bis **Leer** → 10 km bis **Weener** → 14 km bis **Papenburg**

2 PILSUM F1

Berühmt geworden ist der kleine Ort Pilsum durch seinen Leuchtturm. Zwar ist er mit elf Metern einer der kleinsten, aber dennoch einer der bekanntesten in Deutschland. Wegen seines markanten Äußeren, rot-gelb geringelt, trat er schon in manchem Kinofilm auf, unter anderem bei Otto Waalkes. Aber auch die Pilsumer Kreuzkirche aus dem 12. Jahrhundert ist sehenswert. Im nahe gelegenen Käsehof gibt es hervorragenden Kuh- und Ziegenkäse aus eigener Herstellung und viele andere regionale Spezialitäten. Auch die Ställe können besichtigt werden. Nicht viel weiter liegt der schöne Campingplatz am Deich in Upleward.

3 EMDEN F2

Emden liegt an der Emsmündung, genauer gesagt am Dollart. Am gegenüberliegenden Ufer beginnen die Niederlande. Im Zweiten Weltkrieg wurde Emden als wichtiger Hafen- und Industriestandort fast vollständig zerstört, und dennoch lohnt sich ein Besuch in der quirligen Stadt. In der zweiten Hälfte des 16. Jahrhunderts erlebte sie infolge des Zustroms von Religionsflüchlingen aus den Niederlanden ihr goldenes Zeitalter. Im Ratsdelft, dem alten Binnenhafen, lagen zeitweise mehr Schiffe, als ganz England besaß. Heute kann man hier drei Museumsschiffe besichtigen. Auf seinen zahlreichen Kanälen lässt sich Emden per Kanu oder Tretboot erkunden. Für die, die es eher gemütlicher mögen, gibt es Hafen- oder Grachtenfahrten.

Emden besitzt mit der Kunsthalle eine hochkarätige Sammlung der klassischen Moderne, gestiftet von Henri und Eske Nannen. Das Ostfriesische Landesmuseum Emden ist das wichtigste kunst- und kulturgeschichtliche Museum der Region. Es gewährt Einblick in die wechselvolle Geschichte der Stadt sowie Ostfrieslands. Ein Museum der anderen Art ist Dat Otto Huus, das Otto-Fans nicht verpassen sollten. Mit seinem Ottifanten, der durch die Fassade bricht, ist es nicht zu übersehen.

Der Wohnmobilstellplatz befindet sich am Delft, einige Plätze liegen direkt am Wasser. Die Camper stehen dicht an dicht, eine Straße führt durch den Platz, und ganz leise ist es auch nicht. Aber die Atmosphäre und die Nähe zum Zentrum machen das wieder wett.

4 EMSSPERRWERK F/G2

Das Emssperrwerk zwischen Gandersum am Nordufer und Nendorp am Südufer ist eines der modernsten Sperr-

Im Museumshafen von Leer geht es beschaulich zu

werke in Europa. Das 476 Meter lange Bauwerk erfüllt zwei Hauptaufgaben: Es verbessert einerseits den Sturmflutschutz an der Ems und im Leda-Jümme-Gebiet. Und die Staufunktion sichert zusätzlich die Flexibilität des Schifffahrtsweges der Ems zwischen Papenburg und Emden. So ist die Überführung von Schiffen mit einem Tiefgang von bis zu 8,50 Metern möglich. Es ist beeindruckend, wenn die großen Kreuzfahrtschiffe von der Meyer Werft hier vorbei in die offene Nordsee fahren. Das Sperrwerk kann im Rahmen einer Führung besichtigt werden. Und vom Parkplatz gibt es einen herrlichen Blick auf die Ems und das eindrucksvolle Bauwerk.

5 LEER G2

An Ems und Leda gelegen, gelangte Leer ab dem 18. Jahrhundert dank seinem Hafen zu Wohlstand. Mit dem Anschluss an die Eisenbahn wurde es zum wichtigsten ostfriesischen Verkehrsknotenpunkt. Heute sind in Leer etliche Reedereien ansässig.

Ein echtes Schmuckstück ist die malerische Altstadt mit ihren vielen holländisch anmutenden Gebäuden. Kleine Läden, gemütliche Teestuben und schöne Restaurants laden zum Genießen und Verweilen

BÜNTING TEEMUSEUM

Eine gemütliche Teetied mit Kandis und Sahnewolke gehört zu einem Tag in Ostfriesland einfach dazu. Dabei gibt es aber nicht nur ein Tässchen, sondern gleich drei – so will es die Tradition. Im Bünting Teemuseum in Leer können Besucher eine echte ostfriesische Teezeremonie erleben, die seit 2016 als immaterielles Weltkulturerbe gilt. Im Museum dreht sich alles um die hiesige Teekultur, um Historie, Anbau, Herstellung und Handelswege seit dem 17. Jahrhundert. Auch über die Zeiten von Teeschmuggel und Teenot wird berichtet.

Brunnenstraße 33, 26789 Leer (Ostfriesland)
Tel. 04 91/992 20 44
www.buenting-teemuseum.de

ein. In unmittelbarer Nähe befindet sich der Museumshafen mit liebevoll restaurierten Schiffen. Für einen Blick über Stadt und Land lohnt sich der Aufstieg auf den Rathausturm.

In Leer-Loga liegt das neogotische Schloss Evenburg, umgeben von Burggräben und einem bezaubernden englischen Landschaftsgarten. Ab Mitte des 19. Jahrhunderts betrieben die Schlossherren hier einen florierenden Gartenbaubetrieb mit Gewächshäusern für exotische Früchte und Blumen. Und so widmen sich im Schloss auch heute interessante Ausstellungen dem Thema Pflanzen in allen erdenklichen Spielarten.

Auf der Großen Bleiche parken und übernachten Wohnmobile kostenfrei mitten im Stadtzentrum vor historischer Kulisse. Schon beim Aussteigen ist man mittendrin im Geschehen.

WEENER G2

Das Städtchen Weener liegt nicht weit von der holländischen Grenze entfernt an der Ems. Der Marktflecken lag an der einst wichtigen Handelsroute ins Münsterland. Sein Alter Hafen stammt von 1570. Heute ist er ein beliebtes Etappenziel und Heimathafen vieler Traditionsschiffe, malerisch von alten Speicher- und Wohnhäusern gesäumt.

Das Emsufer ist ein idealer Platz zur Beobachtung der großen Kreuzfahrtschiffe bei der Überführung von der Papenburger Meyer Werft in die Nordsee. Die Umgebung von Weener lässt sich am besten auf dem Rad erkunden, zum Beispiel auf dem Emsradweg. Diverse ausgeschilderte Rundtouren führen zudem durch die flache, weite Marschlandschaft des Rheiderlandes.

Weener bietet mehrere attraktive Übernachtungsmöglichkeiten: Wer auf dem Wohnmobilstellplatz am Alten Hafen nicht mehr unterkommt, versucht es auf dem stadtnahen Campingplatz.

PAPENBURG G2

↗ Tour 25 (Seite 140)

CAMPINGPLÄTZE

Camping am Deich ★★★★☆

Der gepflegte Urlaubsplatz für alle Altersgruppen liegt außerordentlich ruhig und schön auf der Landseite des Deichs mit weitem Blick über das Marschland. Mit Büschen und kleinen Bäumen aufgelockertes, ebenes Wiesengelände.

Ende März bis Ende Oktober geöffnet.

▶ Erbsenbindereistraße 3,
26736 Krummhörn-Upleward
GPS: 53.420914, 7.014927
Tel. 049 23/525
■ pincamp.de/NW1300

Camping Weener ★★☆☆☆

Ebenes Wiesengelände mit Büschen und halbhohen Laubbäumen. Zwischen Freibad und Sportboothafen, am Emsradweg. Von Dauercampern geprägt, Standplätze für Touristen am Platzrand.

Ganzjährig geöffnet.

▶ Am Erholungsgebiet 4, 26826 Weener
GPS: 53.164415, 7.366348
Tel. 049 51/95 52 26
■ pincamp.de/NW_34244

STELLPLÄTZE

Reisemobilhafen Greetsiel

Ver- und Entsorgung, Strom
Ganzjährig geöffnet.

▶ Mühlenstraße 22,
26736 Krummhörn-Greetsiel
GPS: 53.498323, 7.104832
Tel. 049 26/918 80
www.greetsiel.de

Wohnmobilstellplatz Alter Binnenhafen

Ver- und Entsorgung, Strom, WC, Dusche
Ganzjährig geöffnet.

▶ Am Eisenbahndock, 26725 Emden
GPS: 53.363441, 7.208318
www.ag-ems.de

Am Alten Markt in Jever

VON WILHELMSHAVEN NACH EMDEN

DURCHS OSTFRIESISCHE BINNENLAND

Auch wenn die Nordseeküste sehr verlockend ist, das grüne Binnenland wenige Kilometer entfernt bezaubert ebenso. Wald, Heide, Moor, Geest und Wallhecken prägen die Route, die Natur- und Landschaftsschutzgebiete von herber Schönheit streift. Dabei geht es immer wieder an Kanälen entlang. Aber auch die historischen Orte an der Strecke laden zum Bummeln und Entdecken ein. Und nicht verpassen: In Moordorf gewährt ein besonderes Museum tiefe Einblicke in die Lebensumstände während der Besiedlung des Moores in dieser Region.

WILHELMSHAVEN F3/4

↗ Tour 21 (Seite 124)

JEVER F3

Der Bummel durch Jever ist abwechslungsreich und charmant bis „friesisch-herb“. Damit wirbt auch das hier hergestellte Bier. Die Brauerei mit ihren großen Türmen dominiert das Stadtbild und kann besichtigt werden – Bierprobe inklusive. Mittelpunkt von Jever ist das Schloss mit wuchtigem Turm und englischem Garten,

ROUTE 87 KM

Wilhelmshaven → 20 km bis **Jever** → 8 km bis **Wittmund** → 29 km bis **Aurich** → 5 km bis **Moordorf** → 25 km bis **Emden**

2 Jever

Moordorf
Anschluss Tour 22

3 Wittmund

1 Wilhelmshaven
Anschluss Tour 19 und 21

5

4 Aurich
Anschluss Tour 22

6 Emden
Anschluss Tour 23

das ein kultur- und landesgeschichtliches Museum beherbergt. Ursprünglich eine Wehranlage aus dem 14. Jahrhundert, wurde es unter Maria von Jever (1500–1575) zum Renaissanceschloss ausgebaut. Die Tochter des letzten Friesenhäuptlings Edo Wiemken wird bis heute als umsichtige und selbstbewusste Regentin, die letzte des Jeverlandes, verehrt. „Fräulein Maria" begegnet man in der „Marienstadt" darum auf Schritt und Tritt. Zu ihrer Zeit erhielt Jever 1536 das Stadtrecht.

Die Altstadt mit urigen Winkeln und Gassen, dem Renaissancerathaus und schönen Bürgerhäusern gruppiert sich rund um die mächtige Stadtkirche. In dieser kann man noch heute das prachtvolle Grabmal besichtigen, das Maria für ihren Vater errichten ließ. Im Kattrepel 3 darf man einem Blaudrucker bei seiner Arbeit über die Schulter schauen und kann die schönen blau-weißen Stoffe auch erwerben (↗ Seite 138).

Der schattige Wohnmobilstellplatz von Jever liegt noch in Laufnähe des Zentrums, neben der Sport- und Freizeitanlage an der Jahnstraße. Auf dem Weg nach Schortens befindet sich ein Campingplatz an einem See.

Die Peldemühle in Wittmund

WITTMUND F3

Viele historische Orte warten in Wittmund auf Erkundung, darunter das Kreishaus mit dem historischen Sitzungssaal und ostfriesischer Bauernküche. Die Fußgängerzone mit historischen Häusern, wie dem Brandtschen Giebel, führt rund um die St.-Nicolai-Kirche und weiter. Ebenfalls

Wasserbecken vor dem Auricher Standesamt erinnern an den hier einst befindlichen Hafen

BLAUDRUCKEREI IN JEVER

In der Altstadt von Jever wird noch das alte Handwerk des Blaudrucks gepflegt, das seit 2016 zum immateriellen UNESCO-Kulturerbe gehört. In der zweiten Hälfte des 17. Jahrhunderts aus Indien importiert, verbreitete sich die Indigo-Färberei rasch in Mitteleuropa, wurde im Zuge der Industrialisierung aber wieder verdrängt. In der Museumsdruckerei wird mit historischen Druckstöcken eine spezielle Gummimischung auf die Naturstoffe wie Leinen oder Seide aufgebracht. Beim anschließenden Färben mit Indigo ergeben die bedruckten Stellen die typischen weißen Muster.

Kattrepel 3, 26441 Jever
Tel. 044 61/713 88
www.blaudruckerei.de

in der Fußgängerzone – liebevoll „Pudding" genannt – verläuft die „Hands of Fame", eine Flaniermeile mit Handabdrücken berühmter Persönlichkeiten. Das Robert von Zeppelin- und Fliegermuseum bewahrt spannende Exponate der Flug- und Technikgeschichte, wie Fahrräder mit Hilfsmotor oder Druckmaschinen.

Zwei historische Windmühlen sind weitere Anziehungspunkte: Die Peldemühle von 1741 ist die älteste noch vollständig erhaltene Galerieholländermühle Deutschlands. Und in der komplett renovierten Suits-Mühle von 1884 befindet sich ein Restaurant.

AURICH F2

Die heimliche Hauptstadt Ostfrieslands ist eine der meistbesuchten Städte der Region. Ab 1561 Residenz der Cirksenas, wurde Aurich nach dem Aussterben des ostfriesischen Adelsgeschlechts 1744 zunächst preußisch, dann niederländisch und französisch und gehörte danach zum Königreich Hannover. Im Historischen Museum erfährt man Interessantes über die wechselvolle Geschichte und das Alltagsleben. Die Stadt hat sich ihren besonderen Charme bis heute bewahrt. In der lebendigen Innenstadt mit Fußgängerzone und Altstadt gibt es gute Einkaufsmöglichkeiten, wobei die „gute Stube" der Marktplatz mit dem Sous-Turm, einer 25 Meter hohen, nicht unumstrittenen Skulptur, ist. Schöne Cafés und Restaurants verführen zu Einkehr und Pause. Am Hafen am Ems-Jade-Kanal starten verschiedene Radrouten ins Umland.

Wohnmobilisten finden in Aurich direkt beim Erlebnisbad De Baalje einen Anlaufpunkt. Die Lage könnte kaum besser sein. Der Hafen ist direkt nebenan, und bis in die lebendige Fußgängerzone sind es nur wenige hundert Meter.

MOORDORF F2

Seit 1744 preußisch, erließ Friedrich II. 1765 ein Urbarmachungsedikt für Ostfriesland, und die planmäßige Besiedlung der hiesigen Moore begann. Die Kolonie, die auf dem Gebiet des heutigen Moordorf entstand, sah sich dabei besonderen Schwierigkeiten ausgesetzt. Mangelnde Organisation, fehlende Entwässerung und zu kleine Parzellen hatten eine Verelendung der Siedler zur Folge. Der Ort war zeitweilig eines der kinderreichsten und gleichzeitig ärmsten Dörfer Deutschlands. Das Moormuseum, auch „Museum der Armut" genannt, dokumentiert den harten Alltag der Kolonisten und ihre Handwerkstechniken. Zudem wurden auf dem Museumsgelände einfache Behausungen aus dem 18. bis 20. Jahrhundert, gebaut aus Lehm, Torf und nur teilweise Stein, originalgetreu wiederaufgebaut.

EMDEN F2

↗ Tour 23 (Seite 133)

CAMPINGPLÄTZE

Friesland Camping 

Ebenes Wiesengelände mit vereinzelten jüngeren Laubbäumen bei einem kleinen Badesee. Von hohen Bäumen umgeben und in ländlicher Umgebung. Einige Standplätze sind mit Rasengittersteinen befestigt.
Ganzjährig geöffnet.
▶ Am Schwimmbad 2, 26419 Schortens
Tel. 044 61/75 87 27
GPS: 53.550466, 7.935895
■ pincamp.de/NW380

Campingplatz Großes Meer (Foto)

Nur wenige hundert Meter trennen diesen Platz vom größten Binnensee Ostfrieslands, dem Großen Meer. Ebenes Wiesengelände, durch Bäume und hohe Büsche eingefasst und aufgelockert. Standplätze teils kreisförmig angelegt. Von kleinen Gräben durchzogen. Separater Wohnmobilhafen.
Mitte März bis Oktober geöffnet.
▶ Am Gästehafen, 26624 Südbrookmerland
Tel. 049 42/20 47 20 28
GPS: 53.444352, 7.307422
■ pincamp.de/NW1400

STELLPLÄTZE

Wohnmobilstellplatz De Baalje
Ver- und Entsorgung, Strom, WC, Dusche
Ganzjährig geöffnet.
▶ Am Ellernfeld 2, 26603 Aurich
Tel. 049 41/12 40 00
GPS: 53.465875, 7.476478
www.debaalje.de

In Papenburg hat der Schiffsbau Tradition, heute laufen riesige Kreuzfahrtschiffe vom Stapel

25 VON PAPENBURG NACH ELSFLETH

IM LAND DER KANÄLE UND GÄRTEN

Schleusen, weiße Klappbrücken, uralte Backsteinkirchen und stolze Windmühlen sind Zeugen einer bewegten Vergangenheit der ehemaligen Moorgebiete und Fehnkolonien. Im 17. Jahrhundert begannen Kolonisten damit, die Hochmoore mit handgegrabenen Kanälen zu entwässern. Die Kanäle wurden später zu wichtigen Transportwegen für den abgebauten Torf und gaben dann die Straßenführung vor. Bei Abstechern muss man zwingend auf die Gewichtszulassung der Brücken und Straßen achten. Besonders gut lässt sich die Landschaft mit dem Fahrrad erleben. Auch den frischen Räucheraal sollte man in dieser Gegend unbedingt probieren und die Parks und Gärten besuchen, für welche die Region bekannt ist.

1 PAPENBURG G2

Zwar wird Papenburg auch „Venedig des Nordens“ genannt, doch erinnert die Stadtanlage mit Kanälen und blumengeschmückten Klappbrücken eher an die Niederlande. Deiche, Wiesen, Wallhecken, moorige Naturschutzgebiete und schmale Wasserläufe sind typisch für die Landschaft. In der ältesten deutschen Fehnkolonie (↗ Kasten) entstanden schon früh zahlreiche

ROUTE 98 KM

Papenburg → 16 km bis **Rhauderfehn** → 33 km bis **Bad Zwischenahn** → 23 km bis **Oldenburg** → 18 km bis **Moorriem** → 8 km bis **Elsfleth**

Werften für Holzboote. In einigen Kanälen liegen Nachbauten alter Schiffe, die an diese Zeit erinnern. Der Aufschwung der Stadt begann jedoch erst mit dem Stahlschiffbau. Heute lebt die Region von der Meyer Werft, in der Kreuzfahrtschiffe gebaut werden. Im Besucherzentrum kommt man diesen Riesen ganz nahe. Am Mittelkanal sitzt man schön in den Cafés und Restaurants oder bummelt durch die Geschäfte. Für den Stadtbesuch ist ein Fahrrad sehr nützlich, denn die Innenstadt ist recht weitläufig. Zudem kann man die Deutsche Fehnroute entlangradeln.

2 RHAUDERFEHN G2

Hier befinden wir uns mitten in der typischen Fehnlandschaft mit ihren endlosen Radwegen, Kanälen und Brücken. In der denkmalgeschützten Villa Graepel ist das Fehn- und Schiffahrtsmuseum Westrhauderfehn untergebracht. Sammlungsschwerpunkte sind die Fehnkultur, Schiffbau und Wohnen in der Region. Unter anderem gewährt es einen Eindruck von der Urbarmachung des Hochmoores.

Interessant ist auch die „Fehn Tour", ein geschichtlicher Rundgang entlang der Fehnkanäle und durch das Zentrum von Rhauderfehn. Informationstafeln erklären, wie sich die historischen Bauten im Laufe der Jahre verändert haben.

DEUTSCHE FEHNROUTE

Das niederdeutsche „fehn" bedeutet „Moor" und beschreibt dessen Urbarmachung, die im 17. Jahrhundert begann. Dabei wurden in Hochmoorgebieten zunächst Entwässerungskanäle angelegt, an denen sich später die Kolonistenhäuser reihten, und Torf abgebaut. Per Treidelkahn wurde dieser in die Städte transportiert und als Brennmaterial verkauft. Die Deutsche Fehnroute, ein 170 Kilometer langer, gut ausgeschilderter Rundkurs, führt als Rad- und Autotour durch ehemalige Fehnkolonien, die sich ihren ursprünglichen Charakter bewahrt haben. An „Paddel- & Pedalstationen" steigt man vom Sattel ins Boot und lässt das Fahrrad einfach weiter zur Zielstation transportieren. Rhauderfehn, Papenburg oder Leer sind Stationen auf der Fehnroute.
www.deutsche-fehnroute.de

Vom Oldenburger Schloßplatz ist es nicht weit zur Lambertikirche

3 BAD ZWISCHENAHN G3

Das Moorheilbad liegt in der Parklandschaft Ammerland am drittgrößten Binnensee Niedersachsens, dem Zwischenahner Meer. Gut ausgeschilderte Wander- und Radwege führen durchs Moor und am See entlang. Ein besonderer Genuss ist die Seeumrundung per Fahrrad.

Das älteste Gebäude ist die aus Feld- und Backsteinen errichtete Kirche St. Johannes am Seeufer, die 1134 geweiht wurde. Mit dem prachtvollen gotischen Schnitzaltar, der barocken Kanzel und der Emporenbemalung besitzt sie eine bemerkenswerte Ausstattung. Der frei stehende Glockenturm wurde vermutlich Ende des 15. Jahrhunderts errichtet. In der Nähe ragt der Wasserturm 35 Meter in die Höhe. Wer ihn besteigt, der wird mit einer weiten Rundumsicht belohnt. Nebenan liegen der Kurpark und das Freilichtmuseum Ammerländer Bauernhaus, das mit 17 Häusern und Nebengebäuden inklusive Windmühle einen interessanten Einblick in die bäuerliche Kultur um 1700 vermittelt. Nach der Besichtigung bietet sich eine Pause im Restaurant im Alten Kurhaus an. Und auch ein besonderer Garten wartet in Bad Zwischenhahn: Der „Park der Gärten" auf dem Gelände der Landesgartenschau von 2002 gibt einen faszinierenden Einblick in die Gartenkultur. Besucher wandeln auf dem riesigen Gelände durch mehr als 90 Bereiche mit Themengärten, Pflanzensortimenten und Lehrpfaden und sammeln dabei Inspiration für den eigenen Garten.

Nicht weit vom See und vom Zentrum entfernt liegt der beliebte Wohnmobilstellplatz am Badepark.

OLDENBURG G4

Oldenburg ist lebendig und vielseitig, glänzt mit klassizistischen Bauten und einer schönen Altstadt. Es besitzt eine große Fußgängerzone, Niedersachsens wichtigsten Binnenhafen und blühende Gärten und Bauernhöfe mitten in der Stadt. Von der einstigen Residenz ist das Schloss der Oldenburger Großherzöge erhalten geblieben, in dem sich das hochkarätige Landesmuseum für Kunst und Kulturgeschichte befindet. Mit dem Computermuseum, dem Horst-Janssen-Museum oder dem Landesmuseum Natur und Mensch bietet Oldenburg noch einige weitere spannende Ausstellungshäuser. Wenige Schritte von der Schlosswache entfernt ragt St. Lamberti empor, die älteste Kirche der Stadt. Der majestätische Backsteinbau besitzt fünf Türme; der höchste misst rund 86 Meter. Der Innenraum überrascht mit einer klassizistischen Rotunde.

Camper können aus verschiedenen Angeboten wählen, ein paar Stunden bleiben oder mehrere Tage. Etwa zweieinhalb Kilometer vom Zentrum entfernt befinden sich am Oldenburger Küstenkanal mehrere Wohnmobilstellplätze, ideal für den Stadtbummel. Weitere Parkplätze für Reisemobile gibt es an den Weser-Ems-Hallen. Vier Kilometer vom Zentrum entfernt liegt der Campingplatz am Flötenteich idyllisch am kleinen Stadtsee.

5 MOORRIEM G4

Moorriem in der Wesermarsch ist bis heute geprägt von den mittelalterlichen Siedlungsstrukturen mit extrem schmalen und langen Hofstellen. Unter Denkmalschutz stehende, reetgedeckte, niederdeutsche Hallenhäuser, die teilweise bereits 300 Jahre alt sind, wurden mit Liebe zum Detail restauriert. Das Landleben ist lebendig, geprägt durch Viehwirtschaft und Pferdezucht. Die Bauerngärten der Region sind besonders sehenswert.

6 ELSFLETH G4

↗ Tour 19 (Seite 118)

Die Johanneskirche in Bad Zwischenahn

CAMPINGPLÄTZE

Campingplatz am Freibad Flötenteich

★★★☆☆

Städtische Campinganlage auf einem separaten Wiesengelände des Freibads. Standplätze mit geschotterten Standstreifen und breiten Rasenflächen. Von hohen Laubbäumen umgeben.

Anfang April bis Ende Oktober geöffnet.

▶ Mühlenhofsweg 80, 26125 Oldenburg

GPS: 53.167852, 8.235072

Tel. 04 41/361 31 60

pincamp.de/NW3600

STELLPLÄTZE

Wohnmobilstellplatz am Badepark

Ver- und Entsorgung, Strom

Ganzjährig geöffnet.

▶ Am Badepark 1, 26160 Bad Zwischenahn

GPS: 53.187382, 8.000348

Tel. 044 03/61 91 59

www.bad-zwischenahn-touristik.de/buchen/gastgeber/wohnmobilstellplatz-am-badepark

Der Stader Fischmarkt lockt mit schönen Terrassenplätzen

VON STADE NACH BLECKEDE

HANSESTÄDTE UND HEIDELANDSCHAFT

Hier zeigt sich die Natur in ihren schönsten Farben. Vom Alten Land geht es in die nördliche Lüneburger Heide und weiter in Richtung Elbe. Die Heidepflanzen färben die Region ab August sattlila. Historische Bauten und Mühlen bieten Einblicke in längst vergangene Zeiten, malerische Dörfer und lebensfrohe Städtchen laden zum Verweilen ein. Gleich drei Hansestädte liegen an der Strecke, von denen das schöne Stade den Auftakt bildet. Auch ein Stopp im Hamburger Stadtteil Harburg an der Süderelbe ist ein Erlebnis. Die Wahl fällt also schwer: Lieber mehr Zeit in der Stadt verbringen oder Natur erleben mit dem Kanu, dem Rad oder zu Fuß? Auf dieser Strecke ist alles möglich.

1 STADE F6

Stade liegt an der Schwinge, die wenige Kilometer vom Zentrum entfernt in die Unterelbe mündet. Der Hansehafen mit seinen schmucken Bürgerhäusern aus dem 15. bis 17. Jahrhundert zeugt noch heute von der Blütezeit der Stadt. Wo früher Schiffe entladen wurden, gibt es heute gemütliche Kneipen und Cafés mit einladenden Terrassen direkt am Wasser. An seinem nordöstlichen Ende liegt der Schwedenspeicher, der das – auch für Kinder spannende –

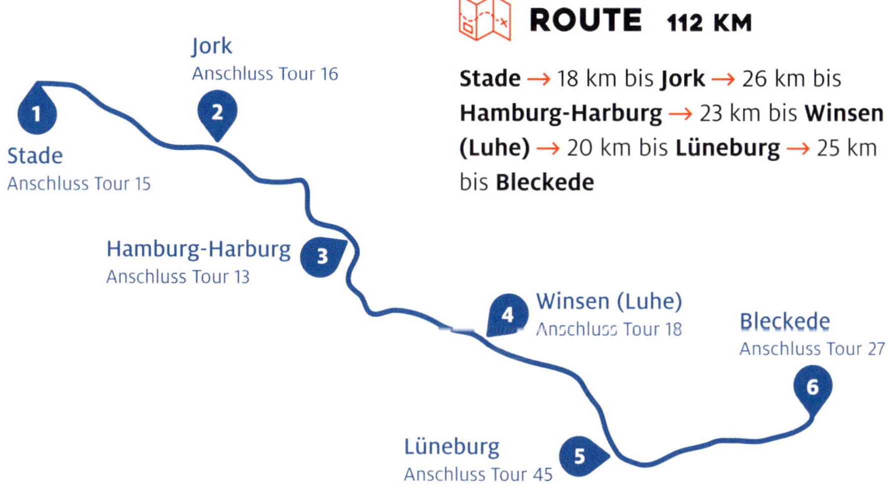

ROUTE 112 KM

Stade → 18 km bis **Jork** → 26 km bis **Hamburg-Harburg** → 23 km bis **Winsen (Luhe)** → 20 km bis **Lüneburg** → 25 km bis **Bleckede**

stadtgeschichtliche Museum beherbergt. Aber allein schon wegen der Architektur lohnt sich der Besuch. Am anderen Ende des Hafens liegt einer der schönsten Plätze in Stade, der Fischmarkt. Mit seinem rekonstruierten Holzkran und umrahmt von Kaimauern und herrlichen Fachwerkhäusern, hat er ein ganz besonderes Flair. Weiter geht es am barocken Turm der St.-Cosmae-Kirche vorbei zum Rathaus, ein von der niederländischen Renaissance und vom Frühbarock geprägter Backsteinbau, dessen gotisches Kellergewölbe den großen Brand von 1659 überstanden hat. Ganz in der Nähe liegt der Pferdemarkt mit dem Zeughaus aus dem 17. Jahrhundert. Von dort ist es auch nicht mehr weit zum Freilichtmuseum auf der Insel (↗ Kasten). Vor dem Ausbau Stades zur schwedischen Festung befand sich zwischen den späteren Bastionen die Bürgerbleiche, wo gewaschenes Leinenzeug auf den Wiesen in der Sonne gebleicht wurde. 1662 wurden zwei Bastionen errichtet und aus dem Rest der Bleicherwiesen der Bleicher-Ravelin, die heutige Insel, gebaut.

Stade ist ein beliebtes Reiseziel unter Wohnmobilfahrern und hat einen empfehlenswerten Wohnmobilstellplatz, modern, nahe der Altstadt und dabei mit Blick ins Grüne. Kein Wunder, dass der Platz zuweilen ausgebucht ist. Alternativ kommt man im Campingpark Harsefeld (↗ Tour 16) unter und kann von dort aus das Alte Land erkunden.

FREILICHTMUSEUM AUF DER INSEL

Das Freilichtmuseen Stade ist mit über 100 Jahren eines der ältesten in Deutschland. Die Insel ist Teil der Festungsanlage, die zur Zeit der Schweden auf dem Bleicher-Ravelin entstand. Prunkstück des idyllischen Geländes ist ein Altländer Haus aus Huttfleth von 1733 mit reichem Schmuckmauerwerk und originaler Einrichtung. Die Inselgaststätte ist in einem Geestbauernhaus untergebracht. Sehenswert sind auch die Bockwindmühle und eine typische Altländer Prunkpforte.

Auf der Insel 2, 21680 Stade
Tel. 041 41/797 73 30
www.museen-stade.de

Die Alte Harburger Elbbrücke

JORK F7

↗ Tour 16 (Seite 105)

HAMBURG-HARBURG F7

Erst 1937 wurde Harburg zusammen mit Wilhelmsburg in die Hansestadt eingemeindet. Die beiden Stadtteile, zwischen denen die Süderelbe fließt, verbindet die letzte Portalbrücke Hamburgs von 1899. Obwohl im Zweiten Weltkrieg weitgehend zerstört, wurden in Harburg neben der Brücke noch einige andere historische Bauten erhalten oder wiederaufgebaut. So besitzt das backsteinerne Rathaus eine sehenswerte Neorenaissancefassade, und in der Lämmertwiete, der Harburger Kneipenmeile mit Fachwerkhäusern aus dem 16. bis 18. Jahrhundert, kommt sogar Altstadtflair auf.

Das einstige Industrie- und Arbeiterviertel Harburg ist jung, bunt und von reizvollen Gegensätzen geprägt. Im alten Binnenhafen mit seinen Speicherhäusern und Kanälen zieht peu à peu neues Leben ein. Anders als in der Hamburger HafenCity ist an Touristenströme hier aber (noch) nicht zu denken. Auf einem alten Fabrikgelände in Bahnhofsnähe zeigt die Sammlung Falckenberg zeitgenössische Kunst. Und das Archäologische Museum Hamburg besitzt nicht nur spannende Funde zur Harburger Stadtgeschichte, sondern auch eine der größten archäologischen Sammlungen Norddeutschlands. Beliebt bei den Einheimischen ist der Stadtpark mit dem Außenmühlenteich.

4 WINSEN (LUHE) F/G8

Im Ortskern der mehr als 850 Jahre alten Kleinstadt reihen sich Häuser aus der Gründerzeit und schöne Fachwerkgebäude aneinander. Besonders sehenswert sind das Rathaus von 1896 und die St.-Marienkirche als markantes Beispiel norddeutscher Backsteingotik. Das Wasserschloss ist über 700 Jahre alt und das Wahrzeichen der Stadt. In früheren Zeiten wohnte hier die Herzogin Dorothea, heute beherbergt es das Amtsgericht. Die schöne Schlosskapelle und der Turm können mit einer Führung besichtigt werden. Der Marstall, ein Fachwerkbau von 1600, liegt mitten in der Altstadt. Wo einst Pferde und Kutschen eingestellt waren, befinden sich heute das Heimatmuseum, die Touristeninformation und die Stadtbücherei.

Im Stadtgebiet von Winsen gibt es drei Flüsse und ganze 47 Brücken: Luhe und Ilmenau sind ideal für Kanutouren, auf der Elbe fahren die Ausflugsschiffe. Entspannte Stunden verspricht auch ein Besuch der Luhegärten. Das ehemalige Gelände der Landesgartenschau verzaubert mit einer Fülle von Blüten, mediterranen Terrassen und einer gepflegten Parkanlage.

LÜNEBURG G8

Seit 1381 Mitglied der Hanse, erlebte Lüneburg in der zweiten Hälfte des 15. Jahrhunderts seine Blütezeit. Kein Wunder, war das hiesige Salzwerk doch der älteste und größte Industriebetrieb Europas. Seit seiner Schließung im Jahr 1980 befindet sich auf seinem Gelände das Deutsche Salzmuseum. Vom einstigen Wohlstand zeugt das Lüneburger Stadtbild mit seinen schönen Patrizierhäusern und dem prachtvollen Rathaus noch heute. In der Waagestraße kann man unweit des Marktes das „Schwangere Haus“ besichtigen. Die bauchige Form der Hauswand entstand durch falsch gebrannten Gipsmörtel, der im Laufe der Zeit Wasser aufnahm und sich dabei ausdehnte.

Wo am Stintmarkt und im Alten Kaufhaus am alten Hafen früher im großen Stil der gleichnamige Fisch gehandelt wurde, geht es auch heute noch lebhaft zu. Der stimmungsvolle Platz hat sich zu einer beliebten Kneipenmeile entwickelt. Als heimliches Wahrzeichen der Hansestadt erzählt der Alte Kran gegenüber von vergangenen Zeiten. Und nicht nur Pisa hat einen schiefen Turm, auch Lüneburg kann damit aufwarten. Der mächtige Kirchturm von St. Johannis, wenige Gehminuten südlich des Stintmarktes, ist über zwei Meter aus dem Lot geraten. Die Kirche ist aber nicht nur deswegen bekannt. Auf der berühmten Barockorgel erlernte Johann Sebastian Bach das Orgelspielen und Komponieren. Die westliche Altstadt, das einstige Viertel der Handwerker, ist ein äußerst charmantes, verwinkeltes Quartier mit sorgfältig restaurierten Fachwerk- und Backsteinfassaden. Fast nebenan bietet der markante backsteinerne Wasserturm vom 1907 mit seiner Aussichtsterrasse in 55 Metern Höhe einen tollen Blick über die Stadt. Besonders zur Geltung kommt er in der Vorweihnachtszeit, wenn hier Deutschlands höchster Adventskranz installiert wird.

Der Wohnmobilstellplatz Lüneburg befindet sich zentrumsnah und doch ruhig an den Lüneburger Sülzwiesen. Die Innenstadt ist nur fünf Gehminuten entfernt. Auch große Wohnmobile kommen hier unter. Vor den Toren der Stadt im romantischen Ilmenautal liegt der kleine Campingplatz Rote Schleuse.

6 BLECKEDE G8

↗ Tour 27 (Seite 149)

CAMPINGPLÄTZE

Camping Stover Strand ★★★★½

Unbeschranktes und unparzelliertes parkartiges Gelände vor dem Deich, weitere Plätze hinter dem Deich. Direkter Zugang zum Elbstrand. Separater Wohnmobilpark. Ganzjährig geöffnet.

▶ Stover Strand 10, 21423 Stove
GPS: 53.42439999, 10.29495
Tel. 041 77/430
■ pincamp.de/NS3000

Campingplatz Rote Schleuse ★★★★

Ebenes, durch Hecken gegliedertes Wiesengelände mit verschiedenen Obstbäumen und einem Badeteich. Außerordentlich schön gelegen in waldreicher Umgebung bei Lüneburg. Ganzjährig geöffnet.

▶ Rote Schleuse 4, 21335 Lüneburg
GPS: 53.208445, 10.409441
Tel. 041 31/79 15 00
■ pincamp.de/NS3950

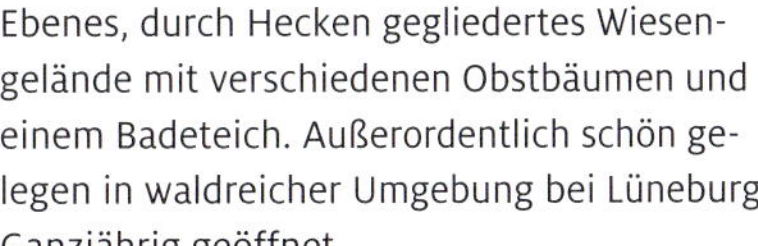

STELLPLÄTZE

Wohnmobilstellplatz Stade Am Schiffertor

Ver- und Entsorgung, Strom, WC, Dusche
Ganzjährig geöffnet.
▶ Schiffertorstraße 21, 21682 Stade
GPS: 53.602470, 9.465970
Tel. 041 41/40 87 97

Wohnmobilstellplatz Parkplatz Sülzwiesen

Ver- und Entsorgung, Strom
Ganzjährig geöffnet.
▶ Am Bargenturm, 21335 Lüneburg
GPS: 53.245709, 10.396377
www.hansestadtlueneburg.de

Im Biosphärenreservat Niedersächsische Elbtalaue

27 VON LAUENBURG/ELBE NACH PARCHIM

ELBTALAUEN UND FACHWERKTRÄUME

Hier gibt es Gelegenheit zum Durchatmen und Loslassen. Die Tour folgt dem Verlauf der Elbe zwischen Schleswig-Holstein, Niedersachsen, Brandenburg und Mecklenburg-Vorpommern. Die flache, wiesenreiche Elbmarsch und die hügelige Geest mit ihren ausgedehnten Wäldern sind typisch für diese naturbelassene Flusslandschaft. Immer wieder öffnen sich schöne Ausblicke und bieten sich Möglichkeiten zum Baden. Dazu kommen liebevoll restaurierte Fachwerkstädte. Auf keinen Fall verpassen: nachts vor dem Wohnmobil sitzen und den spektakulären Sternenhimmel genießen.

LAUENBURG/ELBE F8

Bunte Fachwerkhäuser, altes Kopfsteinpflaster, Dampfschiffe und wunderbare Blicke über die Elbe erwarten Besucher in Lauenburg. Am Ufer und an den Elbhängen gruppieren sich historische Fachwerkhäuser, kleine Gassen und Treppen zum größten Denkmalensemble Schleswig-Holsteins. Vom prächtigen Renaissanceschloss, das die Stadt einst überragte, ist hingegen nichts mehr erhalten. Allerdings kann der etwas gedrungen wirkende Wehrturm von

ROUTE 156 KM

Lauenburg/Elbe → 24 km bis **Bleckede** → 30 km bis **Hitzacker (Elbe)** → 11 km bis **Dannenberg (Elbe)** → 14 km bis **Dömitz** → 23 km bis **Lenzen (Elbe)** → 24 km bis **Grabow (Elde)** → 30 km bis **Parchim**

1477 noch bestiegen werden. Von oben bietet sich ein herrlicher Blick über die Umgebung.

Das Elbschifffahrtsmuseum vermittelt Interessantes zur Geschichte und zum Alltag der mit dem Fluss verbundenen Menschen. Elbe, Elbe-Lübeck- und Elbeseitenkanal kann man gemütlich an Bord von modernen Fahrgast- oder historischen Dampfschiffen erkunden. Wer es aktiver mag, der folgt einem der Radfernwege, die sich hier kreuzen: der Alten Salzstraße, dem Hamburg-Rügen- oder natürlich dem Elberadweg.

Der Wohnmobilstellplatz liegt an der Marina am Elbe-Lübeck-Kanal, ganz in der Nähe der Altstadt. So ist man gleich mittendrin.

BLECKEDE G8

Historisches Ambiente und eine reizvolle Flusslandschaft erwarten Urlauber in und um Bleckede. Schmucke Fachwerkhäuser, viele inhabergeführte Geschäfte und verschiedene Lokale machen die Kleinstadt an der Elbe attraktiv. Das Schloss mit dem Biosphaerium Elbtalaue ist ein lohnens-

BIOSPHAERIUM ELBTALAUE

Das Infozentrum für das Biosphärenreservat Niedersächsische Elbtalaue im Schloss Bleckede macht anhand einer spannenden interaktiven Ausstellung zur Vogel- und Wasserwelt und einer Aquarienlandschaft mit diesem wertvollen Lebensraum bekannt. In keinem anderen Fluss Europas sind mehr Fischarten zu Hause. Das Highlight aber ist die großzügig gestaltete Biberanlage. Das Treiben ihrer Bewohner kann man von einer Terrasse aus beobachten. Und sogar der Blick in die Biberburg ist möglich: Durch Glasscheiben können Besucher ihre beiden Wohnkessel sehen. Vom 20 Meter hohen Aussichtsturm, der dem historischen Schlossturm aufgesetzt wurde, reicht der Blick weit über Land und Elbe.

Schlossstraße 10, 21354 Bleckede
Tel. 058 52/95 14 14
www.biosphaerium.de

Das Städtchen Hitzacker liegt malerisch inmitten der Elbwiesen

wertes Ausflugsziel (↗ Seite 149). Vor allem Familien haben hier viel Spaß.

Reisen wie in den 1950er Jahren – unter diesem Motto lädt die Bleckeder Kleinbahn in historischen Zügen zu Fahrten durch die abwechslungsreiche Landschaft zwischen Lüneburg und Bleckede ein. Wer lieber auf dem Fluss unterwegs ist, kann dies mit einem Raddampfer tun. Verschiedene Wanderwege rund um den Ort führen durch Marsch, Geest, Wiesen und Wälder.

Der kostenfreie einfache Wohnmobilstellplatz von Bleckede liegt direkt hinterm Deich auf dem Schützenplatz. Das ist ideal für Entdeckungstouren oder einen gemütlichen Abend mit Restaurantbesuch. In der Region gibt es noch weitere Übernachtungsmöglichkeiten. Auf halber Strecke nach Hitzacker liegt in Klein Kühren der Campingplatz Elbufer. Wohnmobile können hier auf einer Wiese mit direktem Blick auf den Fluss stehen.

3 HITZACKER (ELBE) G9

Die Kleinstadt Hitzacker liegt an Elbe und Jeetzel. Vor allem die atmosphärische Altstadtinsel mit ihren gepflegten Fachwerk- und Backsteinhäusern lohnt einen Besuch. Ein großer Parkplatz liegt direkt nebenan. Im ältesten Gebäude von Hitzacker, dem Alten Zollhaus von 1589, befindet sich ein sehenswertes Museum, das sich der Geschichte der einstigen Zollstation und Stadt, von ihrer Gründung bis heute, widmet. Ein Muss ist ein Spaziergang 164 Stufen oberhalb der Elbe. Hier liegt ein alter Weinberg mit 99 Rebstöcken, aus dessen Ernte das „Hidesacker Weinbergströpfchen" gekeltert wird. Interessant ist auch ein Besuch im Archäologischen Zentrum Hitzacker. Das Freilichtmuseum gibt spannende Einblicke in Wohnen, Alltag und Arbeit der bronzezeitlichen Menschen in der Region. Besucher können hier auch selbst aktiv werden.

4 DANNENBERG (ELBE) G9

Die zweitgrößte Stadt des Wendlands liegt hübsch am Rande des Marschlandes am kleinen Thilenburger See. Gut erhaltene und liebevoll restaurierte historische Gebäude schmücken das Zentrum rund um die gotische St.-Johannis-Kirche. In der beschaulichen kopfsteingepflasterten Einkaufsstraße finden sich einige kleine gut sortierte Läden. Am Ufer des Sees erhebt sich der Amtsberg mit dem Waldemarturm, dem Bergfried der einstigen Dannenberger Burg. Im Turm informiert ein Museum über die Geschichte der Stadt und der Region. Ein eigener Bereich widmet sich dem Thema Hochwasser. Hat man die 133 Stufen bis unter die Kuppel erklommen, belohnt ein weiter Blick über Dannenberg und Umgebung.

DÖMITZ G9

↗ Tour 28 (Seite 154)

LENZEN (ELBE) G10

Zwischen Elbe und Rudower See liegt die über 1000 Jahre alte Stadt Lenzen. Im historischen Kern sorgen schöne Fachwerkhäuser für Atmosphäre. In der St.-Katharinen-Kirche haben sich spätgotische Malereien erhalten. Gegenüber steht der Stumpfe Turm als Rest der Stadtbefestigung. Am Lenzener Rathaus von 1713 fällt eine Einzeigeruhr auf. Die historische Burganlage beherbergt ein Besucherzentrum, das Museum für Stadtgeschichte und die Ausstellung „Flusslandschaft am Grünen Band". Besucher erhalten hier faszinierende Einblicke in die Natur- und Kulturgeschichte der Flusslandschaft Elbe, die wir auf dieser Tour durchfahren. Auch der Burgpark ist ein echtes Schmuckstück, durch den sich ein Nebenflüsschen der Elbe, die Löcknitz, schlängelt.

GRABOW (ELDE) G10

Die historische Innenstadt von Grabow bietet eine nahezu geschlossene farbenfrohe Fachwerkbebauung aus dem 18. Jahrhundert, weshalb es auch liebevoll „Bunte Stadt an der Elde" genannt wird. Fabrikgebäude aus dem 19. Jahrhundert und der Stadthafen an der Müritz-Elde-Wasserstraße stammen dagegen aus der industriellen Blütezeit von Grabow. Heute werden im Ort noch die bekannten Schaumküsse hergestellt.

Der Wohnmobilstellplatz am Kanal ist ideal gelegen für den Stadtbesuch.

PARCHIM F10

↗ Tour 29 (Seite 160)

CAMPINGPLÄTZE

Camping Elbufer ★★★☆☆
Zwei Terrassen mit Hecken und hohen Laubbäumen in ländlicher Umgebung. Von Dauercampern geprägt. Für Touristen ist eine Wiese am Elbufer reserviert.
Ganzjährig geöffnet.
▶ Elbuferstraße 141, 29490 Klein Kühren/ Neu Darchau
GPS: 53.226622, 10.911891
Tel. 058 53/256
■ pincamp.de/NS3650

Campingplatz Dannenberg ★★★½☆
Zwei von Wald umgebene, lang gestreckte, ebene Wiesenbereiche, durch hohe Hecken parzelliert und mit Bäumen aufgelockert. Im Bereich des Erholungszentrums Thielenburger See (keine Bademöglichkeit). Straße in Hörweite.
Anfang April bis Ende Oktober geöffnet.
▶ Bäckergrund 35, 29451 Dannenberg (Elbe)
GPS: 53.100402, 11.109201
Tel. 058 61/72 80
■ pincamp.de/NS3700

STELLPLÄTZE

Wohnmobilstellplatz Stadthafen
Ver- und Entsorgung, Strom, WC, Dusche
Ganzjährig geöffnet.
▶ Canalstraße, 19300 Grabow
GPS: 53.277815, 11.559833
Tel. 03 87 56/50 30

UNTERWEGS IN
MECKLENBURG-VORPOMMERN UND BRANDENBURG

Die Rapsblüte im Mai bringt die Insel Rügen zum Leuchten

Unzählige Türme und Türmchen krönen das Schweriner Schloss

28 VON DÖMITZ NACH WISMAR

PRACHTVOLLE RESIDENZSTÄDTE UND SCHLÖSSER

Der Westen von Mecklenburg-Vorpommern wird von Besuchern meist nur gestreift. Dabei geht die Fahrt zwischen Elbe und Ostsee vorbei an idyllischen Seen, und fast schnurgerade Straßen führen zu historisch wichtigen Orten und prunkvollen Residenzen. Start ist die mächtige Festung in Dömitz an der Elbe, Höhepunkte sind die prächtigen Schlösser in Ludwigslust und in der Landeshauptstadt Schwerin. Endpunkt ist die lebendige Hansestadt Wismar. Immer wieder ergibt sich hier die Möglichkeit, mit dem Camper direkt am Wasser zu stehen oder einen Platz mitten in der Stadt anzusteuern, je nach Lust und Laune.

DÖMITZ G9

Die Festung Dömitz erhebt sich an der Mündung der Elde in die Elbe. Die strategische Stelle wurde schon früh befestigt. Über der Ruine einer mittelalterlichen Burg entstand dann im 16. Jahrhundert im Auftrag des Herzogs von Mecklenburg die fünfeckige Befestigung mit meterdicken Mauern und Wassergraben. Sie ist eine der am besten erhaltenen Flachlandfestungen in Deutschland. Bastionen und Kasemattengewölbe sind eindrucksvolle Beispiele der

Wehrarchitektur der Renaissance. Im ehemaligen Kommandantenhaus ist ein Museum untergebracht. Das Städtchen war früher in die Befestigung integriert, zahlreiche Fachwerkgebäude sind erhalten. An der Elbe erinnern Reste des Grenzzauns an den Verlauf der einstigen innerdeutschen Grenze.

Die herrliche Flusslandschaft der Elbe, Elde, Löcknitz und Rögnitz lässt sich mit Motorboot oder Kanu erkunden. Die Deiche sind beliebte Wege für Radfahrer und Spaziergänger.

LUDWIGSLUST G10

In Ludwigslust kommen Barockfreunde voll auf ihre Kosten, denn das zuvor kleine Dorf wurde zur spätbarocken Planstadt ausgebaut. Hauptattraktion ist das Schloss, das im 18. Jahrhundert als Residenz der mecklenburgischen Herzöge errichtet wurde. Wie prachtvoll diese lebten, wird bei einem Rundgang deutlich. Der Goldene Saal reicht über zwei Etagen und ist mit großen Kristallleuchtern, Säulen und jeder Menge Gold verziert. Allerdings ist hier vieles mehr

ROUTE 101 KM

Dömitz → 32 km bis **Ludwigslust** → 38 km bis **Schwerin** → 25 km bis **Dorf Mecklenburg** → 6 km bis **Wismar**

Schein als Sein: Viele der üppigen Dekorationen bestehen aus angemaltem Pappmaché, dem „Ludwigsluster Carton". Der Schlosspark wurde zunächst im französischen Stil angelegt, alsbald jedoch zum englischen Landschaftspark umgeformt und schließlich vom preußischen Gartendirektor Peter Joseph Lenné erneut umgestaltet.

Dem Schloss gegenüber steht auf einem weitläufigen Rasenplatz die Stadtkirche mit klassizistischer Tempelfront und barocken Elementen. Die 35 Meter breite und symmetrisch angelegte Schloßstraße zieht sich vom Schloßplatz durch den Ortskern. Sie ist mit Kopfstein gepflastert und auf beiden Seiten von zweigeschossigen Backsteinhäusern und Linden gesäumt.

Der neu angelegte Wohnmobilstellplatz punktet mit Blick auf das Schloss und den direkt angrenzenden Schlosspark. Er ist gepflastert, zentral gelegen und nachts dennoch absolut ruhig. Auf dem Parkplatz nebenan gibt es zusätzlich Plätze für Tagesbesucher.

SCHWERIN F9

Natürlich muss auch die mecklenburgische Landeshauptstadt bei einer Wohnmobiltour durch diesen Teil des Landes unbedingt auf dem Programm stehen. Mehr als zehn Seen und viel Grün umgeben Schwerin, was sich vor allem an heißen Sommertagen als wahrer Segen erweist. Die goldenen Türme des berühmten Schlosses sind schon aus der Ferne zu sehen. Es beherbergt den Landtag von Mecklenburg-Vorpommern sowie ein Museum (↗ Seite 156). Auf einer

Im Schlosspark von Ludwigslust fühlt man sich nach Versailles versetzt

Insel gelegen, ist das Schloss vom Burggarten mit Orangerie und Grotte umgeben. Über eine Brücke gelangt man in den weitläufigen Schlossgarten, der im Rahmen der Bundesgartenschau 2009 teilweise umgestaltet wurde. Den Vorplatz des Schlosses, den Alten Garten, umstehen das Mecklenburgische Staatstheater und das Staatliche Museum Schwerin, unter anderem mit einer hochkarätigen Sammlung niederländischer Gemälde des 17. Jahrhunderts.

Ein unvergleichlicher Panoramablick auf die alte Bischofs- und Residenzstadt bietet sich vom Turm des Doms St. Marien und St. Johannis. Er ist einer der größten Bauten der Backsteingotik in Norddeutschland. Rund um den Dom liegt die Altstadt mit Marktplatz, Straßencafés, schönen Geschäften und verwinkelten Gassen. Bei einem Spaziergang um den zentral gelegenen Pfaffenteich, über den die Petermännchen-Fähre schippert, bietet sich ein schöner Blick auf

SCHLOSS SCHWERIN

Bereits um 940 wurde auf der heutigen Schlossinsel ein slawischer Burgwall errichtet und später zur Festung ausgebaut. Mitte des 19. Jahrhunderts erfolgte die Umgestaltung zum elfgeschossigen Neorenaissancebau nach französischem Vorbild. Die großherzoglichen Appartements sind mit zeitgenössischen Gemälden, Skulpturen und kunsthandwerklichen Objekten äußerst prunkvoll ausgestattet und können besichtigt werden. Herausragend sind auch die Porzellansammlung, die Silberkammer und die umfangreiche Kollektion fürstlicher Jagd- und Prunkwaffen.

Lennéstraße 1, 19053 Schwerin
Tel. 03 85/525 29 20
www.schloss-schwerin.de

Altstadt und Dom. Die östlich angrenzende Schelfstadt war einst das Viertel der Handwerker und Kaufleute. Heute sind die Fachwerkbauten mit ihren romantischen Hinterhöfen restauriert. Die Schelfkirche entstand im reinsten Barock.

Der Wohnmobilhafen am Hangar 19 ist zentrumsnah und dennoch ruhig gelegen, mit schönem Blick auf den Schweriner See. Wer Glück hat, bekommt hier einen der großen Stellplätze direkt am Wasser. Ein originelles Angebot ist der SeeCamper, mit dem Wohnmobile bis 3,5 Tonnen für eine Tour über die Seen zum Hausboot umgerüstet werden können. Etwas nördlich von Schwerin liegt direkt am See der Ferienpark Seehof. Nach Voranmeldung gibt es einen Shuttleservice in die Stadt. Hier möchte man gerne länger bleiben. Wer sein Wohnmobil für die Erkundung der Region stehen lassen will, leiht sich auf dem Campingplatz ein kleines Elektroauto. Die verschiedenen Schweriner Stellplätze sind in der Saison sehr gut besucht und zum Teil teuer.

DORF MECKLENBURG E9

Die Mecklenburg, ein Fürstensitz der slawischen Obodriten, ist die Namensgeberin für den westlichen Teil des Bundeslands Mecklenburg-Vorpommern. Sie wurde im Jahr 995 als „Michelenburg" (Große Burg) erstmals urkundlich erwähnt, ist aber älter. Auf dem noch erhaltenen zehn bis zwölf Meter hohen Ringwall, früher von Wasser, heute von Moor umgeben, befindet sich der Friedhof von Dorf Mecklenburg. Der Ort besitzt außerdem eine der schönsten Holländerwindmühlen Mecklenburgs. Sie stammt von 1849 und steht auf dem Rugenberg. Das Kreisagrarmuseum im Dorf mit seiner umfangreichen Agrartechniksammlung ist ein Museum zum Anfassen. Live erleben kann man hier unter anderem eine Wasserhebeanlage mit Windrad.

WISMAR E9

↗ Tour 44 (Seite 226)

CAMPINGPLÄTZE

Campingplatz am Wiesengrund
★★★

Familiärer Platz direkt an der Müritz-Elde-Wasserstraße, perfekt für Wasserwanderer. Ebenes Wiesengelände mit Bäumen und Hecken. Außerordentlich ruhig, 20 Kilometer von Ludwigslust entfernt.
Anfang März bis Ende Oktober geöffnet.
▶ Am Kanal 4, 19294 Malliß
GPS: 53.196520, 11.340265
Tel. 03 87 50/210 60
pincamp.de/MK9200

Ferienpark Seehof ★★★★½

Ferienpark mit Kreativzentrum für Familien am Westufer des Schweriner Sees in ländlicher Umgebung. Sandstrand mit großer Liegewiese. Überwiegend ebenes Wiesengelände, durch einige mittelhohe Laubbäume und Hecken gegliedert.
Anfang März bis Ende Oktober geöffnet.
▶ Am Zeltplatz 1, 19069 Seehof
GPS: 53.697254, 11.438073
Tel. 03 85/51 25 40
pincamp.de/MK5200

STELLPLÄTZE

Caravanstellplatz Ludwigslust
Ver- und Entsorgung, Strom, WC
Ganzjährig geöffnet.
▶ John-Brinckman-Straße 40, 19288 Ludwigslust (Anfahrt über Friedrich-Naumann-Allee, sonst Sackgasse)
GPS: 53.326660, 11.490475

Wohnmobilhafen am Hangar 19
Ver- und Entsorgung, Strom, WC, Dusche
Ganzjährig geöffnet.
▶ Bornhövedstraße 95, 19055 Schwerin
GPS: 53.637550, 11.433825
Tel. 03 85/58 97 98 17
www.hangar-19.de

Typisch Mecklenburg – einsamer Steg am Schaalsee

29 VON ZARRENTIN NACH PLAU AM SEE

DURCH URSPRÜNGLICHE NATUR VON SEE ZU SEE

Diese Tour führt uns vom Schaalsee zum Plauer See. Wir streifen Städte und Dörfer mit interessanter Geschichte, eingebettet in einen Landstrich von einzigartiger Naturschönheit. Sanfte Hügel, Seen und mächtige Findlinge zeugen von den gewaltigen Naturkräften, die diese idyllische Gegend einst formten. Hier gibt die Natur den Ton an, die Weite tut der Seele gut. Und nebenbei wollen norddeutsche Backsteinarchitektur, bunte Fachwerkhäuser, alte Dorfkirchen und liebevoll eingerichtete Museen entdeckt werden.

ZARRENTIN F8

Zarrentin an der Südspitze des Schaalsees ist mit seinen holprigen Kopfsteinpflasterstraßen einer der ältesten Orte in der Region. Sehenswert ist vor allem das 1250 gegründete Zisterzienserinnenkloster Himmelspforte. Die sanierte Klosteranlage kann besichtigt werden. Der Ort liegt im UNESCO-Biosphärenreservat Schaalsee. Das Infozentrum Paalhuus widmet sich dem Zusammenleben von Pflanzen, Tieren

ROUTE 117 KM

Zarrentin → 13 km bis **Wittenburg** → 13 km bis **Hagenow** → 30 km bis **Ludwigslust** → 10 km bis **Neustadt-Glewe** → 19 km bis **Parchim** → 15 km bis **Lübz** → 17 km bis **Plau am See**

und Menschen in der Region. Durch seine isolierte Lage im ehemaligen deutsch-deutschen Grenzgebiet hat sich rund um den See eine große Artenvielfalt entwickelt. Der mit 72 Metern tiefste See Norddeutschlands verlockt mit vielen kleinen Badestellen zum Eintauchen ins glasklare Nass.

Wer länger bleiben möchte, findet auf dem naturbelassenen Campingplatz am Gudower See eine gute Basis. Wohnmobile stehen hier im lichten Wald oder auf der Uferwiese.

Achtung: Wer am Schaalsee entlang nach Ratzeburg (↗ Tour 1 und 3) fahren möchte, kann dies nur mit einem kleinen Fahrzeug tun. Zwischen Zarrentin und Ratzeburg gilt an der ehemaligen Grenze eine Beschränkung auf drei Tonnen, ohne Wendemöglichkeit.

WITTENBURG F9

↗ Tour 45 (Seite 232)

HAGENOW F9

Das Städtchen Hagenow, das von der Schmaar durchflossen wird, zeigt sich liebevoll restauriert. Typisch mecklenburgische Fachwerk- und Backsteinhäuser mit hübschen Details, Blumen und kleine Gassen zieren den Kern der einstigen Ackerbürgerstadt. Ihre Bewohner betrieben neben Handwerk und Handel eigene Landwirtschaften. Und so finden sich hinter großen Toreinfahrten mitten in der Stadt verträumte Hinterhöfe, in denen es üppig grünt und blüht und sogar Bäche plätschern. Sehenswert sind auch der Rathausplatz und verschiedene Villen aus der Gründerzeit. Die Alte Synagoge mit Wagenremise, Schulhaus, Gemeinderäumen und Mikwe (Ritualbad) ist ebenfalls erhalten. Eine Ausstellung gibt Ein-

Hubbrücke über die Elde in Plau am See

In Neustadt-Glewe steht die älteste Wehrburg Mecklenburgs, errichtet Mitte des 13. Jahrhunderts

blicke in das jüdische Leben in der Region. Der Komplex gehört zum ebenfalls interessanten Museum für Alltagskultur der Griesen Gegend in einem Ackerbürgerhaus von 1828 und historischen Nebengebäuden.

Wer Lust hat, kann die kleine Landstadt auch mit dem eigenen Smartphone erforschen. Drei verschiedene Touren für Naturfreunde, Stadtgenießer und Familien mit Kindern stehen zur Wahl. Dazu gibt es sogar eine Tour auf Plattdeutsch.

LUDWIGSLUST G10

↗ Tour 28 (Seite 155)

NEUSTADT-GLEWE F10

Die idyllische Kleinstadt Neustadt-Glewe steht zwar im Schatten ihrer berühmten Nachbarin Ludwigslust, hat aber einen ganz eigenen Charme und bietet alles für einen angenehmen Zwischenstopp: Rund um den Markt und den Kirchplatz finden sich bunte Fachwerkhäuser. Über dem Ort erhebt sich eine mächtige mittelalterliche Backsteinburg, die ein Museum zu ihrer Geschichte beherbergt. Im nahe gelegenen dreiflügeligen Neuen Schloss, das 1717 fertiggestellt wurde, befindet sich heute ein Hotel.

An der Müritz-Elde-Wasserstraße gelegen, ist Neustadt-Glewe auch für Wassersportler interessant. Und im Norden erstreckt sich mit der Lewitz ein reizvolles Landschaftsschutzgebiet mit Fischteichen, Wiesen und Äckern, wo seltene Pflanzen und Tiere heimisch sind. Per Boot, mit dem Fahrrad oder zu Fuß lässt es sich erkunden.

PARCHIM F10

Pütt, wie Parchim auf Plattdeutsch liebevoll genannt wird, hat viel zu bieten. Als eine der ältesten Städte Mecklenburgs ist es von historischen Wallanlagen umgeben. Malerisch schlängelt sich die Elde mit ihren Seitenarmen durch die gemütliche, schön restaurierte Innenstadt mit ihren sehenswerten Fachwerk- und Bürgerhäusern, Cafés, Restaurants und Geschäften. Durch die günstige Lage an der Eldewasserstraße und der Landhandelsroute zwischen Ostsee und Brandenburg gelangte Parchim zu einiger Bedeutung. Unter den vielen gut erhaltenen historischen Bauten stechen die beiden Stadtkirchen als eindrucksvolle Werke der Backsteingotik hervor: St. Marien liegt inmitten der ab den 1240er-Jahren angelegten Neustadt, St. Georgen in der Altstadt am anderen Eldeufer. Nebenan steht am Alten Markt das ebenfalls bemerkenswerte Rathaus. Der ursprünglich spätgotische Backsteinbau wurde im 19. Jahrhundert stark verändert.

Neben dem Wasserwanderrastplatz am Fischerdamm gibt es auf einem Parkplatz auch Stellplätze für Wohnmobile.

LÜBZ F11

↗ Tour 44 (Seite 229)

PLAU AM SEE F11

Kopfsteinpflaster und Fachwerkhäuser – in der kleinen Altstadt von Plau am See oberhalb der Elde scheint die Zeit stillzustehen. Der längliche Marktplatz ist von liebevoll restaurierten Häusern umgeben und wird von der Stadtkirche St. Marien überragt. Besonders bei gutem Wetter lohnt sich der steile Aufstieg auf den Glockenturm. Von der einstigen Burg sind lediglich der backsteinerne Rundturm, der eine Ausstellung beherbergt, und die Wallanlagen erhalten.

Auf und an der Elde rund um die stählerne Hubbrücke, die zu festen Zeiten komplett angehoben wird, herrscht in der Saison reges Treiben. Zum See mit Hafen und Leuchtturm spaziert man von hier aus auf der Promenade an der Elde entlang. Ihre Restaurants, Fischimbisse und Cafés sind von Urlaubern gut besucht. Der drittgrößte See Mecklenburgs ist ein beliebtes Wassersportrevier. Wer Plau besuchen möchte, parkt am besten auf dem öffentlichen Parkplatz an der Bundesstraße.

CAMPINGPLÄTZE

Camping Gudower See (Foto) 

Ruhiger, verkehrsgünstig gelegener Platz mit Seezugang. Teils ebenes, teils in Terrassen angelegtes Wiesen- und Waldgelände um einen bewaldeten Hügel sowie entlang des Seeufers. Von Dauercampern geprägt.
Anfang April bis Mitte Oktober geöffnet.
▶ Seestraße 4, 23899 Gudow
GPS: 53.553821, 10.763490
Tel. 045 47/768
pincamp.de/SL9800

Campingpark Zuruf ★★★½

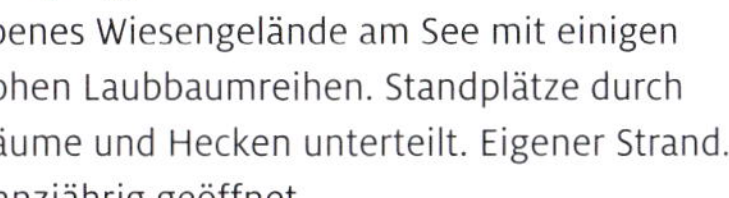

Ebenes Wiesengelände am See mit einigen hohen Laubbaumreihen. Standplätze durch Bäume und Hecken unterteilt. Eigener Strand.
Ganzjährig geöffnet.
▶ Seestraße 38d, 19395 Plau am See
GPS: 53.4384, 12.2869
Tel. 03 87 35/458 78
pincamp.de/MK5920

STELLPLÄTZE

Wohnmobilstellplatz Hafen Parchim
Ver- und Entsorgung, Strom, WC, Dusche
Ganzjährig geöffnet.
▶ Am Fischerdamm, 19370 Parchim
GPS: 53.425879, 11.842773
Tel. 01 74/191 27 24
www.hafen-in-parchim.de

Prenzlau ist der historische Hauptort der Uckermark

30 VON RHEINSBERG NACH PASEWALK

STREIFZUG DURCH DIE UCKERMARK

Schlösser wie aus dem Märchen, kleine Städte und beschauliche Dörfer, dazu Alleen, lichte Wälder und stille Seen in sanft gewellter Landschaft – hier scheint die Zeit stehen geblieben zu sein. Auch ein Besuch beim Weihnachtsmann, eine romantische Ruine und ein Landschaftspark stehen auf dem Programm. Wer Ruhe und Entspannung in der Natur sucht, der findet sie auf dieser Tour durch das nordöstliche Brandenburg. Auch die Camping- und Wohnmobilstellplätze punkten mit idyllischer Lage.

RHEINSBERG G12

Unter dem Eindruck eines unbeschwerten Wochenendausflugs verfasste Kurt Tucholsky 1912 sein Büchlein „Rheinsberg. Ein Bilderbuch für Verliebte“, ein Verkaufsschlager. Das Städtchen mit seinem klassizistischen Schloss, in dem Friedrich der Große glückliche Jugendjahre verbrachte, ist auch heute noch überaus reizvoll. Der schönste Blick aufs Schloss bietet sich vom Südufer des Grienericksees, wo sich seine beiden Rundtürme im Wasser spiegeln. Es ist heute Sitz des Kurt Tucholsky Literaturmuseums. Auch die übrigen Räumlichkeiten

können besichtigt werden. Ihre Ausstattung und Gestaltung ist in den Zustand des 18. Jahrhunderts zurückversetzt worden. Und auch die kleine Stadt ist eine Augenweide. Ein- und Doppelstubenhäuser aus derselben Epoche säumen die Straßen. Rheinsberg liegt mitten im Ruppiner Seenland und ist ein beliebtes Etappenziel von Wasserwanderern. Maritimes Flair verströmen die Marina und das Hafendorf mit dem rot-weißen Leuchtturm.

FÜRSTENBERG/HAVEL G13

Fürstenberg liegt malerisch inmitten dreier Havelseen. Die Havel umfließt die Altstadtinsel. Nördlich davon steht das eindrucksvolle dreiflügelige Schloss seit 2004 leer und wartet auf seine Wiederbelebung. Mitte des 18. Jahrhunderts hatte es sich Herzogin Dorothea Sophie als Witwensitz erbauen lassen. Nach ihrem Tod erlebte es wechselnde Nutzungen. Auch die Alte Burg nebenan, einst eine Wasserburg, ist leider baufällig und nicht zu besichtigen. Die markante Stadtkirche am Markt wurde 1845 vom Schinkel-Mitarbeiter Friedrich Wilhelm Buttel entworfen. In der Zehdenicker Straße ist

Das Boitzenburger Schloss ist heute ein Hotel

die einzige selbstfahrende Eisenbahnflussfähre Europas erhalten. Allerdings ist auch sie stillgelegt.

Die Stadt steht ebenso für ein dunkles Kapitel der deutschen Geschichte. Im Ortsteil Ravensbrück liegt das ehemalige Frauenkonzentrationslager, das heute eine Mahn- und Gedenkstätte ist. Ganz in der Nähe befand sich das Jugendkonzentrationslager Uckermark, an das Schautafeln auf dem verwilderten Gelände erinnern.

Am Nordufer des Schwedtsees stehen Wohnmobile an der Marina direkt am Wasser. Gepflegte Sanitäranlagen und ein netter Betreiber sind weitere Pluspunkte. Und ins Zentrum ist es auch nicht weit.

Beim Lychener Flößerfest wird das einst wichtigste Gewerbe der Stadt wieder lebendig

3 HIMMELPFORT G13

Umgeben von Seen, Wäldern und Wiesen liegt der kleine Ort Himmelpfort. Vom namengebenden Zisterzienserkloster aus dem 13. Jahrhundert sind nur die Ruinen der Kirche und eines Wirtschaftsgebäudes erhalten.

Mit dem Wohnmobil ist die Übernachtung direkt am idyllischen Stolpsee im Campingpark Himmelpfort möglich. Dieser ist ein naturnaher Platz, ideal für Wassersport oder einfach nur, um nach einem Tag voller Abenteuer die Seele baumeln zu lassen.

WEIHNACHTSPOSTAMT HIMMELPFORT

Unter dem Dach der ehemaligen Dorfschule in Himmelpfort wohnt der Weihnachtsmann. Jedes Jahr beantwortet er ab November mit seinen Helfern Briefe aus der ganzen Welt. Besucher dürfen ihm über die Schulter schauen. An den Adventswochenenden geht es rund um die beleuchtete Klosterruine weihnachtlich zu. Wer auch gerne Post vom Weihnachtsmann bekommen möchte, schreibt an: Weihnachtsmann, 16798 Himmelpfort.

Klosterstraße 23, 16798 Fürstenberg/Havel
Tel. 03 30 89/418 88
www.fuerstenberger-seenland.de

4 LYCHEN G13

In Lychen, umgeben von sieben Seen, hat das Flößergewerbe eine lange Tradition und wird noch heute lebendig gehalten. Es gibt ein Flößereimuseum und alljährlich Anfang August das Flößerfest. Besucher können auf den besonderen Wasserfahrzeugen auch Ausflüge in der Umgebung unternehmen. Wer mehr über den Naturpark Uckermärkische Seen erfahren will, steuert das Besucherzentrum an. Von der mittelalterlichen Stadtmauer sind noch große Teile erhalten. Daneben lohnen die Kirche und der

Malerwinkel einen Besuch. Sehenswert sind auch die Ateliers, Galerien und Werkstätten, die ihre Türen gerne für Interessierte öffnen.

Mit dem Wohnmobil bieten sich mehrere Übernachtungsmöglichkeiten. Direkt am See und ganz in der Nähe der Stadt liegt der Naturcampingpark Rehberge, ideal für einen Sprung ins samtweiche Wasser.

BOITZENBURG G14

Malerisch liegt Boitzenburg zwischen Wald und Feldern und lädt zu einer kurzen oder längeren Besichtigung ein. In dem kleinen Ort erhebt sich unverhofft und strahlend hell eines der größten Schlösser Brandenburgs. Das einstige Wasserschloss wurde von der Adelsfamilie von Arnim im Laufe der Jahrhunderte immer wieder aus- und umgebaut. Heute beherbergt der prachtvolle Bau im Neorenaissancestil ein Familienhotel. Auf Anfrage ist die Besichtigung mit Führung möglich. Peter Joseph Lenné war für die Erweiterung und Umgestaltung des weitläufigen Schlossparks verantwortlich. Im gegenüberliegenden Marstall befindet sich eine Schokoladenmanufaktur mit Kaffeerösterei und Schaubäckerei. Das gemütliche Café mit Biergarten ist ideal für eine Pause. Im Dorf liegt auch die Ruine eines einst mächtigen Zisterzienserinnenklosters. Höchstpersönlich führen der Müller und seine Gesellen durch die frühere Klostermühle, heute ein sehenswertes Museum.

PRENZLAU F14

Prenzlau liegt romantisch am Nordufer des großen Unteruckersees. Schon von Weitem grüßen die hoch aufragenden Türme der Marienkirche. Die mächtige mittelalterliche Stadtmauer ist mit mehreren Wehrtürmen, Toren und Wiekhäusern zu großen Teilen erhalten. Sie war bis zu neun Meter hoch. Das Dominikanerkloster gehört zu den besterhaltenen mittelalterlichen Klosteranlagen in Nordostdeutschland. Es zeigt neben kulturgeschichtlichen Ausstellungen zur Region unter anderem mittelalterliche Sakralkunst.

Prenzlau hat auch ein Herz für Camper. Parken und Übernachten mit dem Wohnmobil ist auf den Parkplätzen entlang der Uckerpromenade in Laufnähe zum Zentrum möglich.

PASEWALK F14

↗ Tour 31 (Seite 169)

CAMPINGPLÄTZE

Camping Himmelpfort ★★★

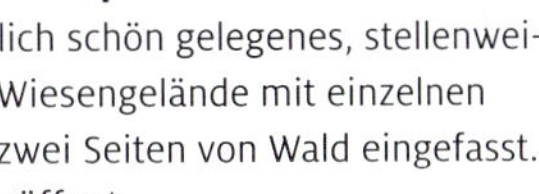

Außerordentlich schön gelegenes, stellenweise gestuftes Wiesengelände mit einzelnen Bäumen, an zwei Seiten von Wald eingefasst. Ganzjährig geöffnet.

▶ Am Stolpsee 1, 16798 Himmelpfort
GPS: 53.16797, 13.235704
Tel. 03 30 89/412 38
pincamp.de/BD880

Naturcampingpark Rehberge ★★★½

Naturbelassenes, gestuftes, teils sehr hügeliges Gelände im Kiefernwald. Direkt am See. Von Dauercampern geprägt. Standplätze für Touristen auf separater ebener Wiese. Anfang April bis Ende Oktober geöffnet.

▶ Lychener Straße 8, 17279 Lychen/OT Retzow
GPS: 53.22359999, 13.28036666
Tel. 03 98 88/26 04
pincamp.de/BD910

STELLPLÄTZE

Wohnmobilstellplatz Marina Fürstenberg

Ver- und Entsorgung, Strom, WC, Dusche
Anfang April bis Anfang November geöffnet.

▶ Ravensbrücker Dorfstraße 26b, 16798 Fürstenberg/Havel
GPS: 53.193659, 13.148448
Tel. 03 30 93/392 03
www.marina-fuerstenberg.de

Unterwegs in der Gegend um Neustrelitz

31 VON NEUSTRELITZ NACH UECKERMÜNDE

DURCH DIE FELDBERGER SEENLANDSCHAFT

Die Fahrt geht durch eindrucksvolle Alleen mitten durch die Feldberger Seenlandschaft. In der Region haben sich Wälder mit riesigen Buchen erhalten, die bei kleinen Wanderungen entdeckt werden können. Mystische Seen, von der letzten Eiszeit geformt, prägen die Landschaft. Mit etwas Glück sind Fischotter, See- und Fischadler sogar in der Nähe des Wohnmobils zu sehen, bevor die Tour in Richtung Ostsee weitergeht, wo der Tag am Stettiner Haff mit einem Spaziergang am Strand von Ueckermünde und einem ruhigen Abend am Hafen ausklingt.

NEUSTRELITZ F13

Die spätbarocke Planstadt entstand im 18. Jahrhundert. Vom großen quadratischen Markt im Zentrum führen die Straßen in einem achtstrahligen Stern in alle Himmelsrichtungen. Das einstige Residenzschloss der Herzöge zu Mecklenburg-Strelitz brannte im Zweiten Weltkrieg aus und wurde später abgerissen. Ab 1726 war ein Jagdschloss zur prachtvollen dreiflügeligen Barockanlage ausgebaut worden. Beim Spaziergang durch den erhaltenen Schlossgarten

ROUTE 117 KM

Neustrelitz → 10 km bis **Zinow/Serrahn** → 23 km bis **Feldberg** → 22 km bis **Woldegk** → 31 km bis **Pasewalk** → 17 km bis **Torgelow** → 14 km bis **Ueckermünde**

mit Skulpturen, Brunnen, Hebetempel, Orangerie und dem Gedächtnistempel für Königin Luise von Preußen tauchen Besucher ein in vergangene Zeiten. Sehenswert sind auch die Bauten des früheren Residenzviertels, die neogotische Schlosskirche und der Marstall. Unweit des Schlossgartens liegt der Zierker See mit Hafen, Anlegestelle für Ausflugsschiffe und Gastronomie.

Der offizielle Stellplatz in Hafennähe macht den Aufenthalt attraktiv. Von hier ist man schnell am See und genießt die Annehmlichkeiten der Kleinstadt. Für einen kurzen Besuch parken Wohnmobile gut am Schlossgarten in Verlängerung der Schloßstraße.

ZINOW / SERRAHN F13

Zwischen Neustrelitz und Feldberg führt die Straße durch uralte Alleen. Hier ergibt sich die Gelegenheit zu einer schönen Wanderung. Aufgrund der Jagdleidenschaft der Großherzöge von Mecklenburg-Strelitz blieben die Wälder rund um Serrahn fast unangetastet. So hat sich ein Refugium erhalten, das erahnen lässt, wie die Buchenurwälder Deutschlands einst ausgesehen haben. Hier stehen sie als UNESCO-Welterbe unter Schutz. Die kleine Siedlung Serrahn ist nicht mit dem Wohnmobil erreichbar. Vom Wanderparkplatz Zinow aus führt ein Wald-Erlebnis-Pfad durch das Gebiet mit Seen, Mooren und Wiesen dorthin. Hin und zurück sind es etwa acht Kilometer. Der Weg führt am verlandeten Großen Serrahnsee vorbei, wo See- und Fischadler brüten, und mitten durch den Wald mit seinen Baumriesen. Ein Holzsteg geht durchs Moor. In der Saison öffnet in Serrahn ein Gartencafé, und die Nationalpark-Information zeigt die Ausstellung „Im Reich der Buchen".

FELDBERG F13

In Feldberg, dem Zentrum der Feldberger Seenlandschaft, begann bereits 1851 mit einer Wasserheilanstalt der Kurbetrieb. Drei tiefe, glasklare miteinander verbundene Seen umgeben den Ort. Sie lassen sich bei einer Rangertour mit dem Elektroboot oder im Paddelboot entdecken. Hier leben Fischotter, Seeadler und andere seltene Tiere. Wer die eiszeitliche Landschaft intensiv erleben möchte, kann ab der Luzinfähre dem

Die Buddesche Erdholländermühle von 1883 beherbergt heute das Mühlenmuseum Woldegk

Weg am Westufer des Schmalen Luzin bis nach Carwitz folgen, über den Hauptmannsberg und den Hullerbusch zurücklaufen, um mit der handbetriebenen Personenseilfähre wieder ans andere Ufer überzusetzen. Diese Rundwanderung, die auch mehrere Naturbadestellen passiert, ist etwa acht Kilometer lang. Auch eine Wanderung auf den Spuren des Dichters Hans Fallada (1893–1947) ist ausgeschildert. Sein ehemaliges Wohnhaus in Carwitz wurde zum Museum umgestaltet.

Am Ortsrand von Feldberg hat die Gemeinde auf dem Parkplatz Weidendamm einen Wohnmobilstellplatz eingerichtet. Dieser ist gut als Ausgangspunkt für Wanderungen oder Bootstouren geeignet. Etwas außerhalb befindet sich am Breiten Luzin der Campingplatz Am Bauernhof mit Badestrand, wo Kinder im glasklaren und flachen Wasser toben können. In der Abenddämmerung sind im Frühsommer junge Waldohreulen zu hören. Und im Frühling und Herbst kann man auf dem Feld gegenüber Kraniche beobachten.

HEILIGE HALLEN

In der Nähe von Feldberg hat sich der Buchenwald „Heilige Hallen" erhalten. Die Bewirtschaftung wurde bereits vor 160 Jahren komplett eingestellt. Großherzog Georg von Mecklenburg-Strelitz war vom Charakter der riesigen Buchen, die ihn an Hallen erinnerten, so beeindruckt, dass er das Waldgebiet unter Schutz stellte. Einige der Bäume sind über 350 Jahre alt und mehr als 50 Meter hoch. Das Gebiet ist über einen Wanderweg vom Parkplatz an der Straße von Feldberg nach Lychen, kurz hinter dem Ortsausgang Lüttenhagen, zu erreichen.

WOLDEGK F14

In Woldegk gibt es fünf Mühlen und eine Mühlenruine. Sonst ist leider nicht viel von der historischen Bebauung erhalten, denn die im 13. Jahrhundert rasterförmig auf ovalem Umriss angelegte Siedlung wurde während des Zweiten Weltkriegs stark zerstört. Besucher sollten aber unbedingt den Mühlenberg ansteuern, auf dem 1587 die erste Bockwindmühle entstand. Dicht beieinander stehen hier noch weitere Mühlen. Zwei gehören zum Mühlenmuseum, wo ihre Funktionsweise anschaulich erklärt wird. Dabei dreht sich das historische Gebäude immer wieder knarzend in den Wind. Vom Beschüttboden aus sieht man aus jedem Fenster eine andere der übrigen vier Mühlen. Der ruhige Parkplatz hinter den Mühlen ist ideal für eine kleine Pause mit weitem Blick ins Land.

PASEWALK F14

Pasewalk hat im Zweiten Weltkrieg starke Zerstörungen erlitten. Von der historischen Bebauung ist daher nur wenig erhalten, darunter Reste der mittelalterlichen Stadtmauer mit Pulverturm und Kiek in de Mark sowie Mühlen- und Prenzlauer Tor. St. Marien entstand Mitte des 14. Jahrhunderts als lichte backsteinerne Hallenkirche.

Wer einen Platz für eine Übernachtung sucht, wird auf dem schönen kleinen Campingplatz Krugsdorf an einem Kiessee fündig.

TORGELOW E14

Das Torgelower Freilichtmuseum Ukranenland macht mit rekonstruierten Häusern an der Uecker die slawische Besiedlung und das Handwerk im frühen Mittelalter anschaulich. Und am Fuß der Burgruine befindet sich das Castrum Turglowe, eine rekonstruierte Siedlung aus der Zeit um das Jahr 1300. Höhepunkte sind die lebendigen Vorführungen von Handwerkstechniken.

Wohnmobile übernachten auf dem gut gelegenen Stellplatz am Wasserwanderrastplatz an der Uecker in der Dornbergstraße.

UECKERMÜNDE E14

↗ Tour 34 (Seite 179)

CAMPINGPLÄTZE

Camping Am Bauernhof (Foto) 
Außerordentlich idyllisch am Breiten Luzin gelegener, gepflegter Platz. Hügeliges, stellenweise durch Bepflanzung aufgelockertes Wiesengelände am See. Umgeben von Mischwald. Ganzjährig geöffnet.
▶ Hof Eichholz 1, 17258 Feldberger Seenlandschaft
GPS: 53.34496666, 13.45641666
Tel. 03 98 31/210 84
pincamp.de/MK8350

Campingplatz Krugsdorf
Äußerst schön gelegener, kleiner, gepflegter Campingplatz an einem Kiessee mit breitem Sandstrand. Mit zum Platz gehört ein Imbiss. Anfang Mai bis Ende September geöffnet.
▶ Seeweg 4, 17309 Krugsdorf
GPS: 53.529183, 14.094818
Tel. 0171/812 81 92
pincamp.de/Pin_234164

STELLPLÄTZE

Wohnmobilstellplatz Neustrelitz Stadthafen
Ver- und Entsorgung, Strom, WC, Dusche
Ganzjährig geöffnet.
▶ Zierker Nebenstraße 6, 17235 Neustrelitz
GPS: 53.365056, 13.055889
Tel. 039 81/26 29 96

Das Berliner Tor ist Teil der vollständig erhaltenen Templiner Stadtmauer

32 VON TEMPLIN NACH PLAU AM SEE

DIE MECKLENBURGISCHE SEENPLATTE ERLEBEN

Durch die leicht hügelige Landschaft der Müritzregion mit satten Wiesen, Feldern und Wald geht die Fahrt entspannt vorbei an kleinen und größeren Seen. Interessante Orte laden immer wieder zum Anhalten ein. Etliche schöne Camping- und Stellplätze liegen direkt am Wasser. Gleich nach dem Aufwachen hat man so den stillen See und die Wasservögel im Morgendunst ganz für sich alleine. Auch die Sonnenuntergänge mit ihren intensiven Farben und die lange Dämmerung sind magisch. In Vipperow gibt es sogar die Möglichkeit, mit dem Wohnmobil selbst über die Seen zu schippern.

1 TEMPLIN G13

Wegen der traumhaften Lage zwischen Seen und sanften Hügeln gilt Templin als „Perle der Uckermark". Die bis zu sieben Meter hohe mittelalterliche Feldsteinmauer umgibt noch heute als lückenloser Ring mit drei Toren, Türmen und 47 Wiekhäusern den Stadtkern. Sie hatte, wie auch die St.-Georgen-Kapelle aus dem 14. Jahrhundert, den großen Brand von 1735 unbeschadet überstanden; die übrige Stadt wurde im Schachbrettgrundriss neu aufgebaut. Auf dem von Linden umsäumten Marktplatz steht das aparte Rathaus in barocken Formen.

ROUTE 135 KM

Templin → 20 km bis **Lychen** → 12 km bis **Fürstenberg/Havel** → 23 km bis **Neustrelitz** → 14 km bis **Wesenberg** → 11 km bis **Mirow** → 19 km bis **Ludorf** → 4 km bis **Röbel/Müritz** → 20 km bis **Stuer** → 12 km bis **Plau am See**

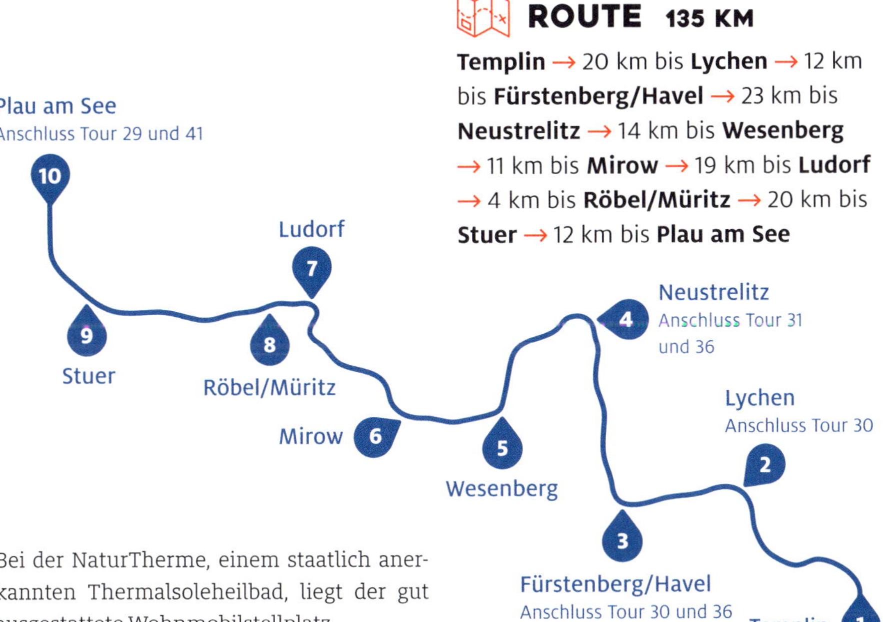

Bei der NaturTherme, einem staatlich anerkannten Thermalsoleheilbad, liegt der gut ausgestattete Wohnmobilstellplatz.

LYCHEN G13

↗ Tour 30 (Seite 164)

FÜRSTENBERG/ HAVEL G13

↗ Tour 30 (Seite 163)

NEUSTRELITZ F13

↗ Tour 31 (Seite 166)

WESENBERG G12

Wesenberg ist das südliche Tor zum Müritz-Nationalpark. Die kleine Stadt ist von unzähligen Seen umgeben, die durch Kanäle miteinander verbunden sind. Mitte des 13. Jahrhunderts entstand hier eine mächtige Burg, von der nur der Fangelturm erhalten ist, der als Aussichtsturm dient. Sehenswert sind auch der historische Marktplatz und die im 14. Jahrhundert aus Findlingen und Backsteinen erbaute St.-Marien-Kirche.

Sehr schön und stadtnah stehen Wohnmobile auf dem Stellplatz der Marina am Ahrensberger Weg. Vom Campingstuhl aus lassen sich hier gemütlich die auf dem Havelkanal vorbeifahrenden Boote beobachten. Der Platz ist auch ein guter Startpunkt für Kanutouren. Boote können ausgeliehen werden. Nicht weit entfernt liegt ebenfalls am Wasser der Campingpark am Weißen See.

MIT DEM WOHNMOBIL AUFS WASSER

Von Vipperow aus lässt sich Europas größtes zusammenhängendes Seengebiet auf besondere Weise erkunden: Auf speziellen Flößen kann man den eigenen Camper oder das Wohnmobil mitnehmen. Mobile bis 4,5 Tonnen und acht Metern Länge sind schwimmfähig, ein besonderer Führerschein ist nicht nötig.

freecamper – Camping auf dem Wasser
Dorfstraße 1, 17209 Vipperow
Tel. 03 99 23/716 26, www.freecamper.de

„Kleines Meer" nannten die Slawen die Müritz einst – in Ludorf versteht man sofort, warum

6 MIROW G12

Die Schleuse Mirow, die noch im Handbetrieb arbeitet, ist Teil der Müritz-Havel-Wasserstraße. Bootsbesatzung und Schleusenwärter müssen ganz schön schuften, um den Höhenunterschied von rund dreieinhalb Metern zu überwinden. Mirow war einst eine Nebenresidenz der Herzöge von Mecklenburg-Strelitz. Die Schlossinsel mit Torhaus, Schloss, Kavaliersbau und der gotischen Johanniterkirche lädt zum Verweilen ein. Im Schloss, ab 1709 als Witwensitz erbaut, haben sich Teile der wertvollen Inneneinrichtung, Stuckarbeiten, seidene Wandbehänge und Ölgemälde erhalten. Mirow war 1744 sogar der Geburtsort einer späteren Königin von Großbritannien und Irland, Sophie Charlotte. Das Untere Schloss an der Mühlenstraße steht seit Jahren leer.

Wohnmobilfahrer übernachten in herzoglicher Umgebung, denn der hintere Teil des Schlossparkplatzes Herrensteig ist als Stellplatz ausgewiesen. So genießt man das historische Ensemble, und der Tag klingt stimmungsvoll am See auf der Liebesinsel aus.

LUDORF F12

Am westlichen Ufer der Müritz liegt der kleine Ort Ludorf. Ein besonderes Kleinod ist seine Kirche. Das 1346 geweihte Gotteshaus wurde der Grabeskirche in Jerusalem nachempfunden und soll von einem Kreuzzugsheimkehrer gestiftet worden sein.

Aber nicht nur deshalb lohnt sich der Abstecher hierher. Auf dem Campingplatz Müritzpark Ludorf steht man direkt am See – ideale Bedingungen zum Angeln, Surfen und Baden. Das Wasser ist glasklar, und der Rad- und Wanderweg rund um die Müritz führt ebenfalls vorbei. Der Blick aus dem Wohnmobilfenster auf den See, vor allem im Morgendunst, ist geradezu magisch.

RÖBEL/MÜRITZ F12

Röbel liegt an einem Ausläufer der Müritz. Ringgassen mit bunten Fachwerkhäusern prägen das Stadtbild. Gleich zwei große Kirchen mit imposanten Türmen fallen auf: St. Marien ist eine der frühesten gotischen Hallenkirchen in Mecklenburg. Von den Aussichtsbalkonen des Turms haben Besucher einen herrlichen Blick auf die Müritz – ein steiler Aufstieg, der sich unbedingt lohnt. Mit dem Bau der nicht weit entfernten Nikolaikirche wurde etwas später begonnen. Ihr massiger Turm diente auch als Wehr- und Wachturm. In der Nähe führt der Spaziergang durch den Ort an der ehemaligen Synagoge von 1931 vorbei, einer der wenigen, die in Fachwerkbauweise errichtet wurden. Im Hofcafé am Ziegenmarkt legen wir eine Pause ein. Hier backt der Chef noch selbst. Ein zehnminütiger Spaziergang führt anschließend zum nördlich gelegenen Stadthafen und zur Uferpromenade.

9 STUER F11

In Stuer etwas südlich des Plauer Sees hat sich ein schönes bauliches Ensemble erhalten: Auf einer Anhöhe steht die Fachwerkkirche von 1717 mit einem qualitätvollen spätgotischen Schnitzaltar. Gegenüber befindet sich der einstige Pfarrhof mit großem Garten. Im Ortsteil Bad Stuer stehen am See mehrere Villen als Überbleibsel der 1845 gegründeten ehemaligen Wasserheilanstalt. Von hieraus startet eine Wanderung durch das „Tal der Eisvögel", bei der sich mit etwas Glück einer dieser farbenfrohen Vögel beobachten lässt.

BÄRENWALD MÜRITZ

Im Bärenwald Müritz leben auf einem naturbelassenen Gelände Braunbären, die aus nicht artgemäßer Haltung gerettet wurden. Sie haben viel Platz zum Umherstreifen, Klettern, Höhlengraben oder Baden. Dabei können Besucher die Tiere beobachten und viel über ihre Lebensweise lernen. Der dazugehörige Abenteuerwaldspielplatz ist ein weiteres Highlight für Kinder. Auch Hunde sind im Bärenwald willkommen.

Am Bärenwald 1, 17209 Stuer
Tel. 03 99 24/791 18
www.baerenwald-mueritz.de

10 PLAU AM SEE F11

↗ Tour 29 (Seite 161)

CAMPINGPLÄTZE

Campingpark am Weißen See ★★★
Welliges, teils stark geneigtes, naturbelassenes Gelände in lichtem Kiefernwald am See mit Sandstrand. Standplätze für Touristen terrassiert.
Anfang April bis Anfang Oktober geöffnet.
▶ Am Weißen See, 17255 Wesenberg
GPS: 53.283939, 12.948884
Tel. 039 81/247 90
pincamp.de/MK7850

Campingplatz Müritzpark Ludorf
Landschaftlich äußerst schön am Westufer der Müritz gelegen. Es gibt Standplätze direkt am Wasser, einen Strand und kleinen Hafen.
Anfang April bis Ende September geöffnet.
▶ Kasboomhorst, 17207 Ludorf
GPS: 53.381341, 12.686122
Tel. 03 99 31/516 40
pincamp.de/Pin_234164

STELLPLÄTZE

Wohnmobilstellplatz an der NaturThermeTemplin
Ver- und Entsorgung, Strom, WC, Dusche
Ganzjährig geöffnet.
▶ Dargersdorfer Straße 121, 17268 Templin
GPS: 53.102150, 13.523553
Tel. 039 87/20 12 00
naturthermetemplin.de/wohnmobilstellplatz

Der Müritz-Nationalpark ist ein Paradies für Vögel wie für Ornithologen

VON KAROW NACH PRENZLAU

WEITE WÄLDER UND STILLE SEEN IM MÜRITZ-NATIONALPARK

Wälder und Seen prägen die Route, bei der es mit dem Camper mitten durch den Müritz-Nationalpark geht. Immer wieder ergeben sich schöne Ausblicke, und Ruhe kommt auf, wenn die Sonnenstrahlen auf der Wasseroberfläche glitzern und Vögel ihre Bahnen ziehen. In der Region leben See- und Fischadler, und neben der Straße sieht man immer wieder Kraniche auf den Feldern stehen. Kleine Straßen führen zu idyllischen Orten mit spannenden Museen und Naturinformationszentren. Die einst schmalen Sandwege durch die Wälder wurden geteert und ein wenig verbreitert – da ist schon die Fahrt ein Abenteuer.

1 KAROW F11

In Karow befindet sich das interessante Kultur- und Informationszentrum Karower Meiler mit einer aufwändig gestalteten Ausstellung zum Naturpark Nossentiner/Schwinzer Heide, zu dem 60 Seen gehören, und seiner Tier- und Pflanzenwelt. Kinder freuen sich über die Mitmachstationen. Zum schönen Gelände gehören auch ein Picknickareal und ein großer Parkplatz.

ROUTE 142 KM

Karow → 5 km bis **Alt Schwerin** → 6 km bis **Malchow** → 26 km bis **Waren (Müritz)** → 6 km bis **Federow** → 22 km bis **Ankershagen** → 10 km bis **Penzlin** → 14 km bis **Neubrandenburg** → 26 km bis **Woldegk** → 27 km bis **Prenzlau**

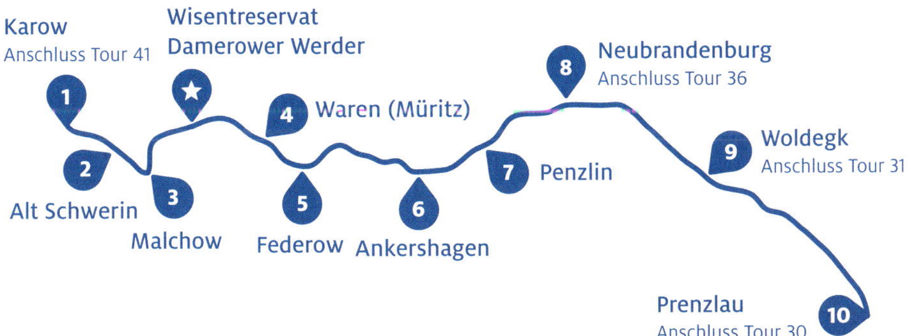

2 ALT SCHWERIN F11

In Alt Schwerin hat sich die Anlage eines Ritterguts mit barockem Herrenhaus (heute ein Seniorenheim) erhalten. Das hier angesiedelte agrarhistorische Museum Agroneum illustriert die Entwicklung der mecklenburgischen Landwirtschaft. Ins Konzept des Freilichtmuseums wurde das ganze Dorf einbezogen. Die umfassende Sammlung reicht vom selbstgebauten Traktor und Rasenmäher bis zum Düngeflugzeug. In den Landarbeiterhäusern ist die originale Wohnung eines LPG-Bauern erhalten. Am Heiligabend 1970 verschloss Alfred Greve die Tür. Die Familie verkaufte auch das komplette Inventar an das Museum.

Auf dem Campingplatz am See gibt es auf einem langen, schmalen Wiesenstreifen Standplätze unmittelbar am Wasser.

WISENTRESERVAT DAMEROWER WERDER

Auf einem großen Freigelände auf einer Halbinsel im Kölpinsee südlich von Jabel lebt eine große Wisentherde unter fast natürlichen Bedingungen. Ganz aus der Nähe erleben Besucher die mächtigen Tiere während der Fütterungen, die zweimal am Tag stattfinden. Das Reservat eignet sich gut als Stopp für Familien zwischen Malchow und Waren. Von den Aussichtsplattformen können auch Kinder alles überblicken. Ein Kletterwald und Spielstationen gehören zum Gelände.

Zum Werder 5b, 17194 Jabel/OT Damerow
Tel. 03 99 29/767 11
www.wald-mv.de

3 MALCHOW F11

Die lebendige Kleinstadt Malchow liegt am geichnamigen See, der Teil der Wasserstraße zwischen Plauer See und Müritz ist. Die Stadt ist somit eine wichtige Station für Freizeitboote und Wasserwanderer. Die sehenswerte Altstadtinsel mit ihren kleinen Häusern ist durch eine Drehbrücke mit dem Festland verbunden. Sie öffnet sich stündlich, Verkehrsstau inklusive. Auf der anderen Seite bildet ein 250 Meter langer künstlicher Damm die Verbindung. Dort befindet sich das ehemalige Kloster der Magdalenerinnen, die später zum Zisterzienserorden übertraten; von der Säkularisation bis 1972 diente es als Damenstift. Vom Klosterkomplex sind Teile des Kreuzganges sowie Klausurgebäude erhalten. Die neogotische Klosterkirche beherbergt heute das Mecklenburgische Orgelmuseum. Wer hier auf den Kirchturm steigt, hat einen fantastischen Blick auf Stadt und Umland.

Achtung: Die Drehbrücke im Zentrum ist nur mit Fahrzeugen bis zu 2,8 Tonnen passierbar. Wer über die B192 weiterfährt, parkt am besten auf dem kostenfreien Parkplatz oberhalb des Klosters.

WAREN (MÜRITZ) F12

Die lebendige Stadt Waren, am größten See innerhalb Deutschlands gelegen, besitzt mit ihrer liebevoll restaurierten Altstadt einen besonderen Reiz. Sehenswert sind die Kirchen, das Alte und das Neue Rathaus und die beiden Markplätze mit ihren Fachwerkbauten. Im Stadthafen mit vielen angrenzenden Restaurants und Cafés, Ausflugsschiffen und Booten ist viel los. Am Müritzeum (↗ Kasten) parken Wohnmobile in einem eigenen Bereich.

Im Warener Stadthafen herrscht reger Verkehr

MÜRITZEUM

Das Müritzeum am Rand der Warener Altstadt fällt durch seinen modernen Bau, der an ein Schiff erinnert, ins Auge. Hier dreht sich, multimedial aufbereitet, alles um die Natur der Mecklenburgischen Seenplatte. Die Aquarienlandschaft mit dem größten Becken für heimische Süßwasserfische in Deutschland ist eine der Hauptattraktionen. Auch die Naturhistorischen Landessammlungen von Mecklenburg-Vorpommern mit 295.000 Ausstellungsstücken – von der fossilen Wasserwanze bis zum Blauschwanz – haben hier ihre Heimat.

Zur Steinmole 1, 17192 Waren (Müritz)
Tel. 039 91/63 36 80
www.mueritzeum.de

FEDEROW F12

Über schmale Straßen geht es nach Federow. Schon die Fahrt durch Wald und Feld und die Straße selbst sind ein Erlebnis. Dabei sollte man aber nicht nur nach Gegenverkehr Ausschau halten, sondern auch die Umgebung beobachten. Federow ist eines der Tore zum Müritz-Nationalpark, der berühmt ist für seine See- und Fischadlerbestände und für Tausende von Kranichen, die hier im Frühjahr und Herbst rasten. So fliegen die eindrucksvollen Vögel auch schon mal ganz nah am Fahrzeug vorbei. Informationen und geführte Touren bietet die Nationalpark-Information im Ort an. Das

Highlight ist die Kamera, die das Brutgeschehen am nahe gelegenen Fischadlerhorst live überträgt. Warum also nicht ein paar Tage bleiben und gemeinsam mit den Rangern die Gegend erkunden oder den ausgeschilderten Rad- und Wanderwegen folgen? Ein Teil des Parkplatzes wurde als offizieller Wohnmobilstellplatz angelegt (Keile erforderlich).

ANKERSHAGEN F12

In Ankershagen verbrachte Heinrich Schliemann (1822–1891), der Entdecker von Troja, seine Kindheit. Ein Museum im ehemaligen Pfarrhaus pflegt sein Andenken. Das Trojanische Pferd mit integrierter Rutsche nebenan ist bei Kindern sehr beliebt. Hier können sie ausgiebig Archäologe spielen und in einem Sandkasten nach Schätzen graben, während die Eltern im Museumscafé eine Pause einlegen.

Die Landschaft um Ankershagen schwingt in sanften Hügeln. Unweit vom Ort entspringt die Havel, um nach mehr als 300 Kilometern in die Elbe zu münden. Ein Wanderweg führt zur Quelle und an Hügel- und Megalithgräbern vorbei.

PENZLIN F13

Nördlich des Stadtkerns liegt auf einer kleinen Anhöhe die Alte Burg aus dem 16. Jahrhundert. Bekannt wurde Penzlin durch den dortigen Hexenkeller. Die ernste Thematik der Hexenverfolgung wird im Hexenmuseum interessant aufbereitet. Es ist auch für Kinder und Jugendliche geeignet, die Führungen sind ein echtes Erlebnis. Der Spielplatz neben der Burgmauer ist thematisch passend gestaltet, Gruseln inklusive. Zur Walpurgisnacht am 30. April gibt es zahlreiche Aktionen rund um die alte Burganlage. Kleine und große Hexen sorgen für zauberhafte Stimmung.

Nicht weit entfernt liegt oberhalb des Sees inmitten von Grün ein schöner Campingplatz.

NEUBRANDENBURG F13

↗ Tour 36 (Seite 190)

WOLDEGK F14

↗ Tour 31 (Seite 168)

PRENZLAU F14

↗ Tour 30 (Seite 165)

CAMPINGPLÄTZE

Camping am See ★★★½☆

Auf einem mehrere hundert Meter langen, schmalen Wiesenstreifen bietet die gepflegte Anlage fast nur Standplätze direkt am See. Mit einzelnen Bäumen und Hecken bewachsen. Ein öffentlicher Radweg führt durch den Platz. Von der verkehrsreichen Straße und Bahnlinie durch einen bewaldeten Hang abgeschirmt. Anfang April bis Anfang November geöffnet.

▶ An den Schaftannen 1, 17214 Alt Schwerin
GPS: 53.52313333, 12.31828333
Tel. 03 99 32/420 73
■ pincamp.de/MK5900

Seeweide – Naturcamping Penzlin ★★★½☆

Gepflegter, freundlich geführter Platz am Großen Penzliner Stadtsee, von Feldern umgeben. Ebenes Wiesengelände mit wenigen jungen Bäumen. Separater Platzteil für Gäste mit Hund.
Anfang April bis Ende Oktober geöffnet.

▶ Halbinsel Werder 33, 17217 Penzlin
GPS: 53.48801, 13.09492
Tel. 039 62/25 782 90
■ pincamp.de/MK8430

STELLPLÄTZE

Wohnmobilstellplatz Nationalpark-Information Federow

Ver- und Entsorgung, Strom, WC
Ganzjährig geöffnet.

▶ Damerower Straße 6,
17192 Kargow/OT Federow
GPS: 53.484176, 12.759448

Der Strand von Ueckermünde am Stettiner Haff

34 VON ALTWARP NACH GRIMMEN

UNTERWEGS AN BODDEN, HAFF UND PEENE

Auf dieser Tour erleben wir traumhafte Sonnenaufgänge am Stettiner Haff, erkunden kleine Orte mit beschaulichen Häfen und zwei Hansestädte. Sanft gewellt und dünn besiedelt zeigt sich der Landstrich am Haff – Weitblick und Wälder wechseln hier ab. Moore, Seen, Binnendünen, Wiesen und Ackerland ziehen vorbei. Die Peene als einer der letzten naturbelassenen Flüsse Deutschlands ist ein wichtiges Rückzugsgebiet für bedrohte Tiere und ein Paradies für Paddler. Mit Wohnmobilstellplätzen am Hafen und Campingplätzen am Strand bietet die Region attraktive Übernachtungsmöglichkeiten für Camper. So schaut man vor dem Wohnmobil dem Spiel der Sonne oder den Bewegungen auf dem Wasser zu, träumt in den Tag oder wird aktiv.

ALTWARP E18

Das Fischerdorf Altwarp liegt abgeschieden auf einer Halbinsel zwischen Stettiner Haff und Neuwarper See. Der Kutter „Lütt Matten" bringt Besucher ins polnische Nowe Warpno am anderen Seeufer und bietet auch Ausflugsfahrten an. Sehenswert sind die alten Fischerhäuser und die Holländerwindmühle auf dem Mühlenberg. Am südlichen Ortsrand beginnt das

ROUTE 125 KM

Altwarp → 16 km bis **Ueckermünde** → 8 km bis **Mönkebude** → 26 km bis **Anklam** → 9 km bis **Menzlin** → 16 km bis **Gützkow** → 22 km bis **Greifswald** → 28 km bis **Grimmen**

Naturschutzgebiet Altwarper Binnendünen, Neuwarper See und Riether Werder. Infolge der Weichseleiszeit bildeten sich hier ein zwei Kilometer langer und bis zu 15 Meter hoher Dünenzug und wertvolle Feuchtgebiete. Viele Kilometer Wander- und Radwege schlängeln sich durch Wälder und Wiesen in der Umgebung.

Der Wohnmobilstellplatz liegt am Ortsrand beim Hafen und nutzt dessen Sanitärgebäude mit. Wer einen Platz in direkter Nachbarschaft der Boote bekommt, den begleitet das Klappern der Leinen am Mast in den Schlaf. Nebenan gibt es fangfrischen Fisch oder im Ort drei Fischgaststätten.

2 UECKERMÜNDE E14

Ueckermünde, das touristische Zentrum am Stettiner Haff, ist eine gute Anlaufstelle für Wohnmobilfahrer. Direkt im Zentrum befindet sich der Stadthafen. Mehrmals am Tag öffnet sich die Brücke über der Uecker, um Booten die Durchfahrt zu ermöglichen. In der Altstadt sind viele Backstein- und Fachwerkbauten erhalten, Wohnhäuser ebenso wie Wirtschaftsgebäude. Das einstige Schloss der pommerschen Herzöge beherbergt neben dem Rathaus auch das Haffmu-

Der Ueckermünder Marktplatz

seum zur Stadt- und Regionalgeschichte. Vom Schlossturm haben Besucher weite Aussicht über die Stadt und das Haff. Am langen Sandstrand gibt es Spielplätze, einen Hundestrand und einen FKK-Bereich.

Alles ist gut vom kleinen Caravanstellplatz aus erreichbar, der neben dem Stadthafen liegt. Wer lieber am Strand unter Bäumen stehen möchte, hat auch dazu Möglichkeiten. Auf dem Weg nach Mönkebude gibt es in Grambin den Campingpark Oderhaff mit einem gepflegten Sandstrand.

3 MÖNKEBUDE E14

Mönkebude gilt mit seinen Fischerhäusern als Perle der Haffdörfer. In dem hufeisenförmig angelegten Ort gibt es zwei Häfen und einen flach abfallenden feinen Sandstrand mit FKK-Bereich und Abenteuerspielplatz. Über ein gut ausgebautes Rad- und Wanderwegenetz kann man von hier aus die abwechlungsreiche Landschaft des Naturparks Am Stettiner Haff erkunden.

Im Ort befindet sich ein sehr beliebter, gut ausgestatteter Wohnmobilstellplatz. Hier lässt es sich mit Blick auf Schiffe und Strand gut aushalten. Also beim Bäcker frische Brötchen oder Kuchen kaufen und einfach Wasser, Wind und frische Luft genießen.

Die Marienkirche in Anklam

ANKLAM E14

Anklam ist nicht nur aufgrund seiner Nähe zum Meer und zu Usedom ein attraktives Ziel. Als Standort eines Flugzeugwerkes wurde Anklam im Zweiten Weltkrieg weitestgehend zerstört, sodass Nachkriegsarchitektur dominiert. Aber dennoch zeugen einige historische Gebäude von der bewegten Geschichte der Hansestadt an der Peene. Sie war vor allem durch die Heringsfischerei zu Wohlstand gelangt. Vorbei an der Nikolai- und der Marienkirche führt der Bummel zum imposanten Steintor, dem einzig erhaltenen von ursprünglich vier Stadttoren. Dem Luftfahrtpionier Otto Lilienthal, der aus Anklam stammte, ist ein interessantes Museum (↗ Kasten) gewidmet.

Wohnmobile stehen in Zentrumsnähe auf einem einfachen kleinen Platz am Hafen direkt an der Peene. Wer Ruhe in der Natur sucht, der steuert den Campingplatz in Lassan an: Mitten in der Peenelandschaft haben Jürgen und Sabine hier ein echtes Camperparadies geschaffen.

OTTO-LILIENTHAL-MUSEUM

Flugpionier Otto Lilienthal (1848–1896) verbrachte seine Kindheit in Anklam. Ihm und seinem Bruder Gustav hat die Stadt ein Museum gewidmet, das für die ganze Familie spannend ist. Gezeigt werden Nachbauten der Flugapparate, funktionsfähige Nachbildungen der aerodynamischen Versuchseinrichtungen, die einzige erhaltene Dampfmaschine aus Lilienthalscher Produktion sowie die Vorläufer der Stein- und Modellbaukästen. Für Familien gibt es noch ein weiteres Highlight: Allem, was fliegt, ist das „Aeronauticon" gewidmet, ein Museumspark zum Schauen und Spielen auf dem Flugplatz Anklam. Dort können Kinder im Cockpit probesitzen, selbst Flugzeuge basteln oder auf dem Spielplatz eine Runde drehen.

Ellbogenstraße 1, 17389 Anklam
Tel. 039 71/24 55 00
www.lilienthal-museum.de

MENZLIN D14

Das Örtchen Menzlin war einst ein Handelsplatz der Wikinger. Ihre südlich des Dorfes entdeckten Gräber sind einmalig an der südlichen Ostseeküste. Acht Schiffssetzungen und elf Steinkreise wurden freigelegt. Für die Besichtigung folgt man in Menzlin der Ausschilderung „Wikingergräber", „Altes Lager" oder „Kanuverleih". An der Kanustation befindet sich ein Parkplatz. Von dort sind es etwa 600 Meter bis zu den Gräbern im Kiefernwäldchen (GPS: 53.870622, 13.627622).

GÜTZKOW D13

Das untere Peenetal ist das letzte weitgehend unverbaute Flusstal in Deutschland. Bei Gützkow gibt es einen Bestand an seltenen Orchideen und große Flächen mit Trollblumen. Auch Fischotter und Biber leben hier. Das Naturschutzgebiet Peenewiesen ist ein Talmoor und liegt in einem der größten zusammenhängenden Moorgebiete Europas in der Nähe des Städtchens. Rund um die in ihren Grundmauern frühgotische Nikolaikirche gruppieren sich das Rathaus von 1871 und mehrere Fachwerkhäuser aus dem 18. Jahrhundert.

GREIFSWALD D13

↗ Tour 38 (Seite 199)

GRIMMEN D12/13

Die Altstadt von Grimmen zeigt mit ihrer ovalen Anlage und dem Rastergrundriss noch heute die einstige mittelalterliche Struktur. Dabei haben diverse Kriege, Brände und Belagerungen dem Städtchen immer wieder zugesetzt. Drei backsteinerne Stadttore aus dem 14. Jahrhundert sind von der einstigen Stadtbefestigung noch erhalten. Und auch das um 1400 erbaute Rathaus ist mit seinem Staffelgiebel und dem Türmchen ein schönes Beispiel norddeutscher Backsteingotik. In der frühgotischen Marienkirche sind noch Teile der Chorausmalung aus dem 15. Jahrhundert zu sehen.

CAMPINGPLÄTZE

Campingpark Oderhaff ★★★

Naturbelassener, direkt am Haff gelegener Platz mit sehr gepflegtem Sandstrand. Ebenes, dünenartiges Gelände, stellenweise mit hohen Kiefern und Birken bewachsen.
Anfang April bis Mitte Oktober geöffnet.
▶ Dorfstraße 66a, 17375 Grambin
GPS: 53.760784, 14.010799
Tel. 03 97 74/204 20
■ pincamp.de/MK3700

Campingplatz Lassan ★★★★

Der naturnah gestaltete Platz ist durch einen Stichkanal mit dem Achterwasser verbunden. Ebenes Wiesengelände mit einzelnen Baumgruppen. Restaurant und Laden. Lassan ist bequem zu Fuß erreichbar.
Anfang April bis Ende Oktober geöffnet.
▶ Garthof 5, 17440 Lassan
GPS: 53.947648, 13.857149
Tel. 03 83 74/55 99 51
■ pincamp.de/MK3500

STELLPLÄTZE

Wohnmobilstellplatz Yachthafen Mönkebude

Ver- und Entsorgung, Strom, WC, Dusche
Ganzjährig geöffnet.
▶ Am Hafen 26, 17375 Mönkebude
GPS: 53.772086, 13.969038
Tel. 03 97 74/290 71
www.tourismusverein-moenkebude.de

Wohnwagen- und Wohnmobilstellplatz Anklam

Ver- und Entsorgung, Strom, WC, Dusche
Anfang Mai bis Ende Oktober geöffnet.
▶ Entensteig 1a, 17389 Anklam
GPS: 53.856088, 13.678571
Tel. 0162/520 22 06
www.caravan-anklam.de

Abseits der berühmten Seebäder findet man auf Usedom auch stille Plätzchen

VON ANKLAM NACH PEENEMÜNDE

KAISERBÄDER UND SANDSTRÄNDE AUF USEDOM

Traditionsreiche Seebäder und endlose Sandstrände, dazu zauberhafte Dörfer und das romantische Hinterland – das ist die reizvolle Usedomer Mischung. Mit rund 2000 Sonnenstunden im Jahr zählt die Insel zu den sonnenreichsten Gegenden der Republik. Je nach Geschmack gibt es quirlige Campingplätze hinter den Dünen, ruhige Stellplätze am Hafen oder einfache Naturcampingplätze: ein menschenleerer Strand früh am Morgen, den Tag vor dem Camper vertrödeln oder luxuriös essen gehen – alles ist möglich. In der Hauptsaison sind die Plätze allerdings oft mehr als ausgelastet. Wer kann, sollte die Insel daher lieber in der ruhigeren Vor- oder Nachsaison besuchen.

ANKLAM E14

↗ Tour 34 (Seite 180)

USEDOM STADT D/E14

Am Ort Usedom, von dem die Insel ihren Namen hat, fahren viele Urlauber einfach vorbei. Das ist schade. Das beschauliche Städtchen mit alten Fischerhäuschen, Kopfsteinpflasterstraßen und der riesigen Kirche lässt sich bei einem gemütlichen Spaziergang entdecken.

Wohnmobile stehen auf einem einfachen

Peenemünde
11
Zinnowitz
Anschluss Tour 36
9
Trassenheide
10
8
Koserow
Halbinsel Gnitz/Lütow
7
Ückeritz
6 Bansin
5 Heringsdorf
4 Ahlbeck
DDR-Museum Dargen
Usedom Stadt
2
3
Stolpe auf Usedom
1
Anklam
Anschluss Tour 34, 36 und 38

ROUTE 103 KM

Anklam → 22 km bis **Usedom Stadt** → 6 km bis **Stolpe** → 5 km bis **DDR-Museum Dargen** → 13 km bis **Ahlbeck** → 3 km bis **Heringsdorf** → 3 km bis **Bansin** → 9 km bis **Ückeritz** → 5 km bis **Koserow** → 7 km bis **Zinnowitz** → 7 km bis **Halbinsel Gnitz/Lütow** → 12 km bis **Trassenheide** → 11 km bis **Peenemünde**

Schotterparkplatz am neu angelegten Hafen mit Blick auf eine Bucht des Stettiner Haffs.

STOLPE AUF USEDOM D/E14

Der Abstecher von der Hauptstraße hat es in sich. Stolpe erreichen wir über grüne Alleen. Die Dorfstraße des idyllischen Ortes unter mächtigen Bäumen besteht aus Kopfsteinpflaster. Bei der Fahrt werden Besatzung und Ladung also ordentlich durchgerüttelt. Spätestens jetzt zeigt sich, ob alles gut verstaut ist. Das renovierte Schloss von Stolpe kann besichtigt werden. Gegenüber gibt es eine Bäckerei mit Kaffeegarten. Kuchen und Torten verzehren Gäste mit Blick aufs Schloss.

DDR-MUSEUM DARGEN

Das DDR-Museum Dargen gibt einen Einblick in das Leben der Menschen der ehemaligen DDR. Ausgestellt sind neben Motorrädern jede Menge weitere Fahrzeuge. Passend serviert die angeschlossene Gaststätte mit Biergarten DDR-typische Gerichte.

Bahnhofstraße 7, 17419 Dargen,
Tel. 03 83 76/202 90
www.museumdargen.de

USEDOMER KAISERBÄDER

Die drei Seebäder Ahlbeck, Heringsdorf und Bansin sind eng zusammengewachsen und über eine zwölf Kilometer lange Promenade untereinander und seit 2007 auch mit dem polnischen Świnoujście verbunden. So spaziert man gemütlich von Ort zu Ort und genießt das bunte Treiben und die Seeluft. Schneller geht es mit dem Fahrrad. Der endlose Sandstrand ist gespickt mit Strandkörben, und auf den Seebrücken flaniert man wie zu Kaisers Zeiten. Über 200 herrschaftliche Villen der Gründerzeit sind erhalten, alle individuell gestaltet und fast alle aufwändig renoviert.

Vor dem Besuch gilt es zunächst allerdings, einen sicheren Platz für das Reisemobil zu finden. Parken mit dem Wohnmobil ist nicht einfach, und die wenigen Plätze zum Übernachten in den drei Seebädern sind schnell belegt. Eine gute Alternative sind dann die schön gelegenen Campingplätze zwischen Karlshagen und Ückeritz, die sich fast alle direkt am Strand befinden.

Ahlbecks Seebrücke ist ein echtes Schmuckstück

AHLBECK D15

Mit dem Eisenbahnanschluss an Berlin im Jahr 1894 wurde Ahlbeck zu einem der größten Seebäder an der Ostsee. Hier verbrachten die nicht ganz so betuchten Urlauber ihre Sommer. Die Eröffnung der Seebrücke vier Jahre später sorgte für weiteren Aufschwung. Sie gilt heute als eine der schönsten der ganzen Ostseeküste.

Auf dem Parkplatz an der Tankstelle am Ortseingang von Ahlbeck in der Ferdinand-Egelinski-Straße dürfen Wohnmobile zwischen 8 und 20 Uhr parken. Von hier sind es rund zehn Minuten bis zur Promenade. Dazu den Schildern „Strand“ folgen.

HERINGSDORF D15

Heringsdorf ist das größte und berühmteste der Kaiserbäder und war auch das weitaus mondänste. Viele bekannte Persönlichkeiten kamen hierher zum Kuren, darunter der Komponist Johann Strauss, die Schriftsteller Heinrich Mann und Maxim Gorki, an dessen Aufenthalt in der Villa Irmgard eine Ausstellung erinnert. Vor allem die ausgiebigen Besuche Kaiser Wilhems II. trugen zum Nobelimage bei. Prachtvolle Beispiele der Bäderarchitektur, wie die Villen Oechsler, Staudt und Oppenheim, schmücken die grüne Kurpromenade. In der Nähe der Seebrücke, die über 500 Meter weit ins Meer hinausragt, stehen einige nicht sehr schöne Neubauten, die Besucher einfach übersehen sollten. Hier gibt es auch den größten Strandkorb der Welt.

Heringsdorf ist auch bei Wohnmobilfahrern beliebt. Und so ist das kleine Mobilcamp Heringsdorf am Ortsrand schnell voll.

BANSIN D15

Das jüngste und kleinste der drei Kaiserbäder wurde 1897 planvoll angelegt, während sich Ahlbeck und Heringsdorf aus Fischerdörfern entwickelt hatten. Das Klientel entstammte dem Adel und Großbürgertum. Und so reihen sich besonders an der Strandpromenade und in der parallel verlaufenden Bergstraße prächtige Villen und hübsche Pensionen wie Perlen an einer Schnur.

Hier geht es etwas gemütlicher zu, sodass es manchmal mit etwas Glück gelingt, auch mit dem Wohnmobil in Laufnähe zum Strand einen Parkplatz zu finden.

ÜCKERITZ D14

Auf einer sehr schmalen Landenge liegt am Achterwasser Ückeritz, eines der vier Bernsteinbäder. Im Sportboothafen ist immer etwas los. Die rohrgedeckten Häuser erzählen vom Ursprung als kleines Fischer- und Bauerndorf, das sich mit Zunahme der Badegäste immer mehr in Richtung Ostsee ausbreitete.

Ein großer Naturcampingplatz liegt nur wenige Meter vom fast unberührten Ostseestrand entfernt. Zu DDR-Zeiten erstreckte sich der Platz über fünf Kilometer weit bis Bansin und bot 20.000 Campern Platz. Nach 1990 wurde das Gelände wieder verkleinert.

KOSEROW D14

Das Ostseebad Koserow liegt an der schmalsten Stelle der Insel, eingerahmt von der Ostsee und dem ruhigen Achterwasser. In Strandnähe sind noch immer die alten Salzhütten zu sehen, wo die Fischer früher ihren Fang einlegten.

Wer einmal in einem Kino schlafen möchte – in Koserow ist dies möglich. Das Autokino ist gleichzeitig ein einfacher Stellplatz, und der Film ist im Preis inbegriffen. Über die Straße und den Deich ist von hieraus auch der schöne Strand schnell erreicht.

ZINNOWITZ D14

Das Ostseebad Zinnowitz ist das zweitgrößte der Insel und ebenfalls für seine Bäderarchitektur bekannt, die man besonders an der Strandpromenade bewundern kann. Auf der anderen Seite liegt der kilometerlange feine Sandstrand mit der Seebrücke. Eine Allee aus Kopfsteinpflaster führt zum kleinen Hafen am Achterwasser. Bei schlechtem Wetter lockt die Bernsteintherme mit Saunen und Ostseezugang.

Am Westrand von Zinnowitz liegt der gepflegte, bewaldete Campingplatz Pommernland. Zum Strand führt der Weg durch einen Wald. Die Lage ist ideal für einen Sprung ins Meer, lange Spaziergänge, Einkaufen im Ort oder für Ausflüge über die Insel.

Die Halbinsel Gnitz liegt jenseits des Trubels

HALBINSEL GNITZ

Einer der idyllischsten Orte auf Usedom ist die Südspitze der Halbinsel Gnitz. Eine wunderbare Wanderung führt durchs Naturschutzgebiet mit schönen Aussichten über das Achterwasser. Guter Ausgangspunkt ist das Ortsende von Lütow. Hier liegt auch ein sehr einfacher Naturcampingplatz.

TRASSENHEIDE D14

Ziemlich abgeschieden vom Trubel liegt das Ostseebad Trassenheide. Neben dem Flachwasserbereich am schönen langen Strand richten sich noch andere Angebote speziell an Familien: „Die Welt steht Kopf“ ist ein komplett eingerichtetes Einfamilienhaus, das wirklich auf dem Kopf steht. Die daneben angesiedelte Farm beherbergt bis zu 60 verschiedene Arten tropischer Schmetterlinge. In einer Halle mit exotischen Pflanzen fliegen rund 2000 dieser farbenprächtigen Falter frei umher. Ein beeindruckendes Naturschauspiel ist das Schlüpfen der Puppen, das man immer vormittags verfolgen kann.

Wer länger in Trassenheide bleiben möchte, kommt gleich hinter der Düne auf dem Campingplatz Ostseeblick unter. Im Nachbarort liegt das Dünencamp Karlshagen ebenfalls am Strand. Die Plätze sind ideal für einen längeren Urlaub, als Basis für die Entdeckung der Insel oder Zwischenstopp unterwegs.

Origineller Stellplatz in Peenemünde

PEENEMÜNDE D14

Durch den Wald geht es zum nächsten Ziel. Von mehreren Parkplätzen aus ist der lange Strand schnell erreicht, ideal für einen Sprung ins Meer. Am nördlichsten Zipfel von Usedom, wo der Peenestrom in die Ostsee fließt, liegt Peenemünde. Das einstige Fischerdorf hat eine dunkle Geschichte, die im Historisch-Technischen Museum (↗ Kasten) anschaulich gemacht wird. Das Gebiet nördlich von Karlshagen wurde zur Sperrzone erklärt. Und das blieb auch so, als hier nach dem Zweiten Weltkrieg erst die Rote Armee und dann die NVA Stützpunkte unterhielten. Ein Stück weiter ist im Hafen ein U-Boot zu besichtigen. Der Koloss war Teil der russischen Flotte. Die interaktive Ausstellung Phänomenta mit physikalischen Experimenten ist für Kinder spannend.

In Peenemünde gibt es auf der urigen Halbinsel am Hafen immer einen Platz zum Übernachten. Der Stellplatz ist sehr speziell. Wohnmobile stehen hier zwischen Booten und mit Blick auf die Schiffe, die auch besichtigt werden können. Unbedingt sollte man in dem Bootsrestaurant neben dem Platz einkehren, ein echtes Erlebnis. Dort befindet sich auch die Rezeption.

HISTORISCH-TECHNISCHES MUSEUM PEENEMÜNDE

Die Heeresversuchsanstalt Peenemünde (HVA) war von 1936 bis 1945 das größte militärische Forschungszentrum Europas. Bis zu 12.000 Menschen, darunter viele KZ-Häftlinge und ausländische Zwangsarbeiter, arbeiteten auf dem riesigen Gelände an neuartigen Waffensystemen. Der hier entwickelte erste Marschflugkörper und die erste Großrakete – in der NS-Propaganda als „Vergeltungswaffe 2 (V2)" bezeichnet – kamen ab 1944 bei Angriffen auf Paris, London und Antwerpen zum Einsatz und forderten Tausende ziviler Opfer. Das Kraftwerk, das letzte vollständig erhaltene Gebäude, ist heute ein begehbares Denkmal mit interaktiven Stationen und einer Dauerausstellung. Eine Aussichtsplattform in 30 Metern Höhe vermittelt einen Eindruck von den ungeheuren Ausmaßen der Anlage. Der Rundweg „Denkmal-Landschaft" führt, ausgehend vom Museum, auf 25 Kilometern zu 23 Stationen der HVA, zum Beispiel zur Raketenabschussrampe.

Im Kraftwerk, 17449 Peenemünde
Tel. 03 83 71/50 50
www.museum-peenemuende.de

CAMPINGPLÄTZE

Mobilcamp Heringsdorf ★★★½

Überwiegend ebenes Wiesengelände mit jungen Hecken, stellenweise umgeben von älteren Bäumen. Am Ortsrand gelegen.
Ganzjährig geöffnet.
▶ Triftstraße 10a, 17424 Heringsdorf
GPS: 53.96166667, 14.15416667
Tel. 03 83 78/303 73
pincamp.de/MK3450

Naturcampingplatz Am Strand Ückeritz (Foto) ★★★½

Rund vier Kilometer langer, schmaler Geländestreifen im Küstenwald hinter den Dünen. Rund 20 Stichwege führen zum ausgedehnten Strand. Standplätze größtenteils naturbelassen im Wald, im vorderen Bereich große Wiese für Caravans und Wohnmobile. Das Gelände ist von einer asphaltierten Campingstraße (gleichzeitig Radfernweg) durchzogen.
Anfang April bis Ende Oktober geöffnet.
▶ Auf dem Campingplatz 1, 17459 Ückeritz
GPS: 54.016216, 14.069657
Tel. 03 83 75/209 23
pincamp.de/MK3400

Campingplatz Pommernland ★★★½

Naturbelassenes, hügeliges Gelände im lichten Wald mit hochstämmigen Kiefern. Standplätze überwiegend geebnet. Am Ortsrand bei einem Freizeitzentrum gelegen.
Anfang März bis Ende Dezember geöffnet.
▶ Dr.-Wachsmann-Straße 40, 17454 Zinnowitz
GPS: 54.082534, 13.898782
Tel. 03 83 77/403 48
pincamp.de/MK3170

Campingplatz Ostseeblick ★★★

Platz der Kurverwaltung. Teils gestuftes, welliges, naturbelassenes Gelände im Kiefernwald hinter den Dünen. Zwischen einer schmalen Straße und Radwanderweg gelegen.
Anfang April bis Ende Oktober geöffnet.
▶ Zeltplatzstraße, 17449 Trassenheide
GPS: 54.090635, 13.886187
Tel. 03 83 71/209 49
pincamp.de/MK3160

Dünencamp Karlshagen ★★★★

Der Platz hat direkten Zugang zum großen Strand von Karlshagen und zum Sportstrand, der von Kitesurfern und anderen Wassersportlern genutzt wird. Naturbelassenes, teils tiefsandiges, lang gestrecktes und schmales Dünengelände im lichten Kiefernwald am Ortsrand.
Ganzjährig geöffnet.
▶ Zeltplatzstraße 11, 17449 Karlshagen
GPS: 54.116465, 13.847108
Tel. 03 83 71/202 91
pincamp.de/MK3120

STELLPLÄTZE

Wohnmobilstellplatz Autokino Usedom

Ver- und Entsorgung, Strom, WC, Dusche. Im Preis ist das Autokino inbegriffen.
Anfang Juni bis Anfang Oktober geöffnet.
▶ Alte B111 Nr. 1, 17459 Koserow
GPS: 54.063405, 13.981760
Tel. 03 83 75/241 04

Wohnmobilstellplatz Halbinsel Peenemünde

Ver- und Entsorgung, Strom, WC, Dusche
Ganzjährig geöffnet.
▶ Fährstraße 9, 17449 Peenemünde
GPS: 54.135693, 13.762220
Tel. 03 83 71/55 66 23
www.halbinsel-peenemuende.de

Uralte Alleen sind typisch für die Region

VON ZINNOWITZ NACH FÜRSTENBERG/HAVEL

SCHLÖSSER, PARKS UND BURGEN IM SEENLAND

Nach einem Sprung in die Ostsee und dem Besuch des verträumten Dorfes Krummin führt die Fahrt von Usedom über den Peenestrom zurück aufs Festland und mitten hinein ins Mecklenburgische Seenland. Die nördlichste Höhenburg Deutschlands, Burg Stargard, und Schloss Hohenzieritz mit seinem berühmten englischen Landschaftspark sind nur zwei Highlights auf der Tour. An schön gelegenen Häfen finden wir entlang der Route Stellplätze für Wohnmobile, und auch Campingplätze am See stehen zur Wahl.

ZINNOWITZ D14

↗ Tour 35 (Seite 185)

KRUMMIN D14

Usedom hat neben trubeligen Seebädern auch ruhige und verträumte Ecken. Eine der schönsten Lindenalleen der Ostseeregion führt zum idyllischen Krummin mit seinem kleinen Naturhafen am Achterwasser. Vom 1303 gestifteten Zisterzienserinnenkloster ist nur die Kirche St. Michael erhalten. Beim Spaziergang gibt es viel Schönes zu entdecken, und urige Gartencafés locken mit hausgebackenem Kuchen.

ROUTE 173 KM

Zinnowitz → 7 km bis **Krummin** → 8 km bis **Wolgast** → 29 km bis **Anklam** → 23 km bis **Friedland** → 32 km bis **Neubrandenburg** → 9 km bis **Burg Stargard** → 28 km bis **Schloss Hohenzieritz** → 14 km bis **Neustrelitz** → 23 km bis **Fürstenberg/Havel**

Auch Wolgast lohnt einen Zwischenstopp

3 WOLGAST D14

Die wuchtige blaue Peenebrücke in Wolgast verbindet Usedom mit dem Festland. Hier kommt es immer wieder zu Staus, wenn sie mehrmals am Tag geöffnet wird, um Schiffen die Durchfahrt zu ermöglichen. Dabei hebt die gewaltige Hydraulik ein tonnenschweres Brückenteil in wenigen Minuten nahezu lautlos bis auf fast 90 Grad an. Das Tor zur Insel Usedom lassen die meisten Reisenden zwar links liegen, aber der historisch interessante Ort lohnt einen Besuch. Vom Parkplatz „Am Speicher" beim Hafenkai ist das Zentrum nur ein paar Schritte entfernt. Direkt nebenan gibt es im Restaurant Fischer Klaus mit Blick auf die Altstadt richtig guten Fisch. Die Schlossinsel im Peenestrom war 330 Jahre lang Sitz der Herzöge von Pommern-Wolgast. Das Schloss gibt es zwar nicht mehr, aber beim Bummel durch die Altstadt lassen sich noch viele historische Speicher und Kaufmannshäuser entdecken. Als Mitglied der Hanse und Werftenstandort besaß Wolgast überregionale Bedeutung. In der gotischen Petrikirche befindet sich die Gruft mit den Särgen der Angehörigen der Herzogsfamilie. Wer den trutzigen Kirchturm besteigt, wird mit einem weiten Blick über den Ort und in Richtung Usedom belohnt.

4 ANKLAM E14

↗ Tour 34 (Seite 180)

SCHLOSS HOHENZIERITZ

Herzog Karl II. zu Mecklenburg ließ das Gutshaus Hohenzieritz, 1751 errichtet, ab 1770 stückweise zur barocken Schlossanlage ausbauen. Das am Südende des Tollensesees gelegene Anwesen ist vor allem wegen seines englischen Landschaftsgartens ein Schmuckstück. Der 25 Hektar große Park ist zudem für seine Rosen bekannt. Berühmtheit erlangte das Schloss, weil Königin Luise von Preußen, die Tochter Karls II., 1810 hier während eines Besuchs im Alter von 34 Jahren verstarb. Das Sterbezimmer wurde bereits 1813 als Gedenkstätte eingerichtet und kann heute wieder besichtigt werden. Nach dem Zweiten Weltkrieg kam es zu Plünderungen und Zerstörung, zu DDR-Zeiten erfuhr das Schloss unterschiedliche Nutzungen, sodass heute nur noch Fotos und Tapetenreste von seiner einstigen Schönheit zeugen.
Schloßplatz 3, 17237 Hohenzieritz
Tel. 03 98 24/21 91 98 76 31
www.mv-schloesser.de

FRIEDLAND E13/14

Friedland ist ein guter Stopp unterwegs, um sich die Füße zu vertreten oder einen Kaffee zu trinken. Teile der Stadtbefestigung aus dem Mittelalter sind erhalten. Am Neubrandenburger Tor, das mächtig die Stadt überragt, finden sich noch zwei Straßenzüge mit historischen Häuschen.

NEUBRANDENBURG F13

Neubrandenburg liegt inmitten der Mecklenburgischen Seenplatte am Nordufer des Tollensesees und ist daher der ideale Ausgangspunkt für die Erkundung der Region. Der unverbaute See lässt sich mit dem Kanu, Ausflugsschiff oder auf dem Rundweg mit dem Rad oder zu Fuß entdecken. Das Stadtbild ist geprägt von Nachkriegsbauten, doch hat sich die rund zwei Kilometer lange, bis zu sieben Meter hohe Stadtmauer aus Feldsteinen erhalten. Ihre vier prächtig gestalteten backsteingotischen Tore, die Hälfte der ursprünglich 50 Wiekhäuser sowie ein Wehrturm haben die Wechselfälle der Geschichte überdauert. Am Marktplatz ragt das 1965 erbaute Haus der Kultur und Bildung empor. Vom 15. Stock und vom Café eine Etage tiefer bietet sich ein herrlicher Blick über die Umgebung. Einen ebenfalls fantastischen Ausblick hat man vom Turm der Marienkirche, die, 1298 geweiht, nach dem Stadtbrand 1945 als Ruine brach lag. Erst 2001 wurde sie als moderner Konzertsaal und Stammhaus der Neubrandenburger Philharmonie wiedereröffnet.

Für den Stadtbesuch nutzt man den großen Parkplatz am Kulturpark. Übernachten mit dem Wohnmobil ist am Jachthafen möglich, in dessen Nähe sich auch das Strandbad befindet. Am Westufer des Tollensesees liegt der Campingplatz Gatsch Eck abgeschieden im Wald. Die abenteuerliche Zufahrt ist nur über Neuenburg möglich.

BURG STARGARD F13

Sanfte Hügel prägen das Land südlich von Neubrandenburg, und so ist die imposante Burg Stargard schon von Weitem zu sehen. Auf einer markanten Anhöhe ließ der Markgraf von Brandenburg 1236 bis 1260 eine gewaltige Backsteinburg erbauen, die im Kern noch erhalten ist. Anfang des 16. Jahrhunderts wurde sie aus- und umgebaut und thront noch heute 50 Meter über der gleichnamigen Stadt. Besucher betreten die einzige in Norddeutschland erhaltene Höhenburg über eine eindrucksvolle Toranlage. Direkt dahinter in der Vorburg beherbergt der mittelalterliche Marstall ein sehenswertes Hei-

Burg Stargard thront eindrucksvoll gut erhalten auf einer Anhöhe über dem gleichnamigen Ort

matmuseum. Vom Bergfried schweift der Blick weit übers Land. Besonders schön ist es hier, wenn sich die große Streuobstwiese an den Hängen des Burgbergs im Frühjahr in ein weiß-rosa Blütenmeer verwandelt. Trubelig wird es im August, wenn tausende Besucher zum mittelalterlichen Burgfest anreisen.

Mit dem Wohnmobil geht es über holpriges Kopfsteinpflaster rund um den Burgberg bis fast vors Burgtor. Hier gibt es großzügige Parkplätze, einen Spielplatz und einen kleinen Park. Keine Sorge, auch Busse fahren hier hinauf. Vorsicht ist allerdings bei der Abfahrt geboten: Der ausgeschilderte direkte Weg eignet sich nur für Fahrzeuge bis Kastenwagengröße.

NEUSTRELITZ F13

↗ Tour 31 (Seite 166)

FÜRSTENBERG/ HAVEL G13

↗ Tour 30 (Seite 163)

CAMPINGPLÄTZE

Campingplatz Gatsch Eck am Tollensesee
Familiärer, gepflegter Platz, von Wald umgeben mit altem Baumbestand und Badestrand. Am Tollenseseerundweg, Fährverbindung nach Neubrandenburg.
Anfang April bis Ende September geöffnet.
▶ 17039 Wulkenzin, Zufahrt nur über Neuenburg
Tel. 03 95/566 51 52
GPS: 53.515211, 13.205947
pincamp.de/Pin_234162

STELLPLÄTZE

Stellplatz beim Wassersportzentrum Neubrandenburg
Ver- und Entsorgung, Strom, WC, Dusche
Anfang April bis Ende Oktober geöffnet.
▶ Augustastraße 7, 17033 Neubrandenburg
Tel. 01 71/401 34 88
GPS: 53.538216, 13.255900
www.yachthafen-nb.de

Kunst und Natur in schönster Symbiose im Skulpturenpark Katzow

VON WOLGAST NACH KRAKOW AM SEE

TRAUMHAFTE PEENE: NATUR PUR AN FLUSS UND SEEN

Mit dem Wohnmobil geht es gemütlich über Land von Ort zu Ort. An der Strecke liegen kleine Städte, schöne Häfen und eine malerische Schlossruine. Hinter Gützkow erreichen wir das Tal der wildromantischen Peene mit seiner einzigartigen Arten- und Biotopvielfalt. Immer wieder bieten sich Möglichkeiten, ein paar Stunden am oder auf dem Wasser zu verbringen. Auf kleinen Camping- und Stellplätzen oder während einer Bootstour lässt sich die Natur hautnah erleben. Ausruhen und Genießen stehen jetzt auf dem Programm.

WOLGAST D14

↗ Tour 36 (Seite 189)

KATZOW D14

In Katzow machen Kunstfreunde gerne Pause. Auf einem großen Wiesenareal stehen riesige Werke in Holz und Stahl von Künstlern aus 23 Ländern. Bildhauer Thomas Radeloff hat hier mehr als 100 Kunstwerke versammelt. Bis zu 18 Meter ragen die Skulpturen in die Höhe. Daneben sieht selbst ein großes Wohnmobil klein aus.

ROUTE 144 KM

Wolgast → 7 km bis **Katzow** → 32 km bis **Gützkow** → 22 km bis **Loitz** → 11 km bis **Demmin** → 14 km bis **Dargun** → 9 km bis **Neukalen** → 19 km bis **Teterow** → 30 km bis **Krakow am See**

Der Skulpturenpark kann ganzjährig kostenfrei besichtigt werden. Vom kleinen Parkplatz an der Straße gibt es einen guten Blick auf die Skulpturen. So lässt sich vom Camper aus das Zusammenspiel von Kunst und Landschaft ausgiebig genießen.

GÜTZKOW D13

↗ Tour 34 (Seite 181)

LOITZ D13

Beschaulich und historisch gewachsen liegt die Kleinstadt Loitz mit ihren Fachwerkhäusern abseits von Hektik und Unruhe. Die Zufahrt zur Marina mit Wasserwanderrastplatz erfolgt über holpriges Pflaster. Loitz ist nicht nur wegen seiner traumhaften Lage an der Peene ein echter Geheimtipp und ein ideales Ziel mit dem Camper. Im schön angelegten Hafenbereich gibt es einen einfachen Campingplatz. Direkt gegenüber liegt ein kleiner Stellplatz mit Blick auf das imposante Speichergebäude. Es ist alles da, was man für ein paar entspannte

An der Peene, dem „Amazonas des Nordens"

Tage braucht. Gleich nebenan befindet sich im historischen Bahnhofsgebäude eine Gaststätte mit Terrasse. Auch Kanus und Kajaks können ausgeliehen werden. Hier sollte man einfach verweilen und dem Treiben im Hafen zuschauen: Hausboote werden beladen, Bootsbesatzungen sitzen ganz ähnlich wie die Camper in der Sonne, und Angler sind miteinander ins Gespräch vertieft. Bei aller Geschäftigkeit am Tag, nachts herrscht absolute Ruhe. In Loitz scheint die Zeit fast stillzustehen.

Schloss Dargun war ursprünglich ein Kloster

5 DEMMIN D12/13

In Demmin münden Tollense und Trebel in die Peene. Die Stadt liegt auf einer Anhöhe und gelangte dank ihrer Zugehörigkeit zur Hanse im Mittelalter zu einigem Reichtum. Entlang von ausgeschilderten Stadtwanderwegen weisen Tafeln auf besondere historische Gebäude und Plätze hin. Allerdings sind davon nicht viele erhalten geblieben. Als am Ende des Zweiten Weltkriegs die Stadt fast vollständig niederbrannte und eine Flucht wegen gesprengter Brücken nicht möglich war, begingen hunderte Menschen, vor allem Alte und Frauen mit ihren Kindern, Selbstmord. Auf dem Stadtfriedhof erinnert ein Findling mit Inschrift an sie. Von der ab 1236 planmäßig angelegten Altstadt ist die Hallenkirche St. Bartholomäi erhalten. Nach wiederholten Zerstörungen wurde sie im 19. Jahrhundert nach Plänen von Schinkel durch Friedrich August Stüler umgestaltet. Von der Stadtbefestigung haben nur das Luisentor und der benachbarte Pulverturm den Wandel der Zeiten überstanden. Das Hanseviertel gewährt auf der Fischerinsel in einer Mittelalterkulisse Einblicke in das Leben und Arbeiten unserer Vorfahren.

Am Sportboothafen am Ortsrand befindet sich ein kleiner Campingplatz. Hier stehen Camper idyllisch auf einer grünen Wiese direkt am Fluss, der langsam vorbeizieht. Ab und an fahren Boote mit einem freundlichen Gruß vorbei.

6 DARGUN D/E12

Die mächtigen Ruinen der Kloster- und Schlossanlage in Dargun sind unbedingt sehenswert. 1172 von Zisterziensermönchen gegründet, wurde das Kloster infolge der Reformation aufgehoben und von den Herzögen von Mecklenburg-Schwerin zu einem eindrucksvollen Renaissanceschloss umgebaut, das später als Wohnsitz für fürstliche Beamten und Verwaltungsgebäude diente. Am Ende des Zweiten Weltkriegs wurde es von der Roten Armee in Brand gesetzt und lag danach als Ruine brach. Erst seit 1991 werden die übrig gebliebenen Außenmauern gesichert und dienen im Sommer als Kulisse für Freilichtkonzerte. Während der Öffnungszeiten der Stadtinformation dürfen Besucher in den imposanten Ruinen auf Entdeckung gehen, in alle Winkel schauen und auf den Turm steigen. Besonders eindrucksvoll ist die gewaltige Klosterkirche.

An der Zufahrt zum Strandbad des Ortes (kleiner Abzweig gegenüber dem Schloss) hat die Gemeinde auf einer großen Wiese einen Stellplatz eingerichtet. Nach der Schlossbesichtigung ist der Sprung in den kühlen See eine wahre Wohltat. Auch Tische und Stühle dürfen hier ausgepackt werden. Gegenüber liegt ein Irrgarten aus übermannshohen Hainbuchenhecken, eine große Grünanlage mit kunstvoll konzipierten Wegen.

AMAZONAS DES NORDENS – WASSERWANDERN AUF DER PEENE

Die Peene ist ein Paradies für Paddler und Kanufahrer. Wild, romantisch und größtenteils unberührt, wird der Fluss auch „Amazonas des Nordens" genannt. Hier bietet sich die perfekte Gelegenheit, das Wohnmobil für einen Tag oder auch länger gegen ein Boot zu tauschen. Gemächlich schlängelt sich die Peene durch einen fantastischen Naturpark, vom Kummerower See bei Verchen an einigen wenigen Orten vorbei bis in den Peenestrom bei Anklam. Rund 85 Kilometer führen dabei durch Flussauen, Bruchwälder, Niedermoore und Wiesen. Seeadler, Eisvögel, Fischotter, Biber und viele andere Tiere lassen sich entdecken. Urige Rastplätze und Badestellen laden zu gemütlichen Pausen ein. Spannend sind auch Abstecher in die Nebenarme. Wegen des ruhigen Wassers und geringen Gefälles kann die Peene auch flussaufwärts befahren werden. Da es keine Wehre gibt, ist auch kein lästiges Umtragen nötig. Informationen, geführte Touren, Kanu- und Kajakvermietung bei folgenden Anbietern:

▸ *Abenteuer Peenetal – Kanustation & Naturparkinfo: Seestraße 7, 17111 Verchen, Tel. 03 99 94/74 99 37, www.abenteuer-peenetal.com*

▸ *kanuhaus: Meyenkrebs 15, 17109 Demmin, Tel. 01 72/762 18 24, www.kanuhaus.de*

▸ *Abenteuer Flusslandschaft – Erlebnisreisen Carsten Enke: Werftstraße 6, 17389 Anklam, Tel. 039 71/24 28 39, www.abenteuer-flusslandschaft.de*

7 NEUKALEN E12

Im Land der sanften Hügel liegt Neukalen an Peene und Peenekanal etwa zwei Kilometer westlich des Kummerower Sees. Schmale Gassen und Fachwerkbauten prägen die sympathische Kleinstadt, die 1281 über konzentrischem Grundriss angelegt wurde. Mittendrin auf dem Markt steht

An die Teterower Hechtsage erinnert seit 1914 der Brunnen auf dem Marktplatz

die spätgotische Backsteinkirche St. Johannes. Neukalen ist ein guter Ausgangspunkt zum Wandern, Radeln oder Paddeln (↗ Seite 195). Mit dem Rad durchquert man zum Beispiel das Renaturierungsgebiet „Große Rosin" – die riesige geflutete Fläche bietet unzähligen Tier- und Pflanzenarten Lebensraum – und erreicht so Aalbude, wo die Peene aus dem Kummerower See tritt. Vom Holzturm aus kann man im Frühjahr und Herbst rastende Zugvögel beobachten.

Camper wählen zwischen zwei Übernachtungsmöglichkeiten: Ein sehr gepflegter, ruhiger Stellplatz befindet sich am Hafen. Der Campingplatz Peenecamp Neukalen liegt am Fluss, hat eine Badestelle und ist ebenfalls nicht weit vom Zentrum entfernt. Vor dem Eingang gibt es zusätzliche Stellplätze. Wer sich Entspannung mit ein wenig Komfort wünscht, ist hier gut aufgehoben.

TETEROW E12

Teterow liegt inmitten der reizvollen Mecklenburgischen Schweiz am Südufer des gleichnamigen Sees. Mit der Seilfähre geht es zur Burgwallinsel, wo man noch die Reste des slawischen Burgwalls erkennt. Über eine Brücke einst mit dem Festland verbunden, war er die Keimzelle des Marktfleckens. Heute befindet sich hier ein Hotel mit Ausflugsgaststätte.

In früheren Jahrhunderten von mehreren Feuersbrünsten heimgesucht, überstand Teterow den Zweiten Weltkrieg weitgehend unbeschadet. Die backsteingotische Kirche St. Peter und Paul entstand ab 1280. Sie besitzt einen schönen gotischen Schnitzaltar und mittelalterliche Wandmalereien. Auch zwei Stadttore aus dem 14. Jahrhundert sind erhalten.

Auf dem Marktplatz markiert eine Bodenplatte den geografischen Mittelpunkt von Mecklenburg-Vorpommern. Hier erinnert auch der Hechtbrunnen an einen Schildbürgerstreich, der sich in Teterow zugetragen haben soll: Um einen riesigen gefangenen Hecht bis zum Festmahl zu Ehren des Landesherren frischzuhalten, wurde er mit einer

Glocke versehen wieder im See ausgesetzt und das Boot an jener Stelle mit einer Kerbe versehen. Da ist es doch wirklich verwunderlich, dass der Fisch nie wiedergesehen wurde.

KRAKOW AM SEE E11

Der ruhige Ort liegt reizvoll am Ufer des Krakower Sees mit seinen vielen Inseln. Zahlreiche zum Teil bewaldete Hügel umgeben die buchtenreichen und zergliederten Ufer. Neben einer verträumten Seepromenade mit den reetgedeckten Bootshäusern und dem historischem Fischereihof gibt es hier die älteste Badeanstalt in Mecklenburg von 1900. Im Zentrum sind die Stadtkirche aus dem 13. Jahrhundert, der Marktplatz, das neogotische Rathaus und Bürgerhäuser aus dem 18. und 19. Jahrhundert sehenswert. Auch der jüdische Friedhof und die Synagoge von 1866, die heute als Kulturhaus genutzt wird, sind erhalten. Vom Aussichtsturm auf dem Jörnberg oberhalb des Ortes bietet sich ein eindrucksvoller Rundblick über die 15 Seen um Krakow.

Auf dem idyllischen Campingplatz am bewaldeten Nordufer finden Camper echte Traumplätze, nur wenige Schritte vom Wasser entfernt.

CAMPINGPLÄTZE

Campingplatz Amazonas-Camp
Kleiner, einfacher Platz am schönen Loitzer Peenehafen. Camper stehen auf einer Wiese. Feuerstelle und überdachte Sitzgelegenheiten. Ganzjährig geöffnet.
▶ Mühlentorvorstadt 12, 17121 Loitz
GPS: 53.970638, 13.137082
Tel. 03 99 98/41 90 01
■ pincamp.de/Pin_234158

Campingplatz Peene Marina
Sehr kleiner und familiärer Campingplatz direkt an der Peene mit eigenem Hafen und Bootsverleih. Große Freiflächen und Spielplatz. Ganzjährig geöffnet.
▶ Loitzer Straße 48, 17109 Demmin
GPS: 53.910942, 13.023206
Tel. 01 70/295 38 58
■ pincamp.de/Pin_234160

Peenecamp Neukalen 
Ebenes Wiesengelände mit jungen Laubbäumen, an der Peene. Umgeben von mittelhohen Baumreihen, am Ortsrand gelegen.
Ganzjährig geöffnet.
▶ Schulstraße 3, 17154 Neukalen
GPS: 53.823772, 12.786184
Tel. 03 99 56/29 64 08
■ pincamp.de/MK6950

Camping am Krakower Seen (Foto)
Leicht geneigtes Wiesengelände mit lockerem jüngerem Baumbestand. Am Rand Baum- und Buschgruppen. Große Badestelle und Liegewiese. Ganzjährig geöffnet.
▶ Windfang 1, 18292 Krakow am See
GPS: 53.669718, 12.275832
Tel. 03 84 57/507 74
■ pincamp.de/MK5830

STELLPLÄTZE

Wohnmobilstellplatz Dargun
Keine Ausstattung
Ganzjährig geöffnet.
▶ Am Waldeck, 17159 Dargun
GPS: 53.892406, 12.851513

An der Holzklappbrücke in Wieck fühlt man sich in die Niederlande versetzt

38 VON PASEWALK NACH BINZ

ÜBER GREIFSWALD AUF DIE INSEL RÜGEN

Auf der Strecke liegen die lebendigen Hansestädte Anklam und Greifswald, die stark von ihrer Küstenlage geprägt sind. Ob kurz und intensiv oder lang und ausgedehnt mit Bummel und Restaurantbesuch – Wohnmobilstellplätze vor Ort machen Stadtbesuche ganz nach Geschmack möglich. Alternativ geht es zum Ausspannen auf einen mitten in der Natur gelegenen Campingplatz. Die Landschaft hat schon den Maler Caspar David Friedrich inspiriert, der aus Greifswald stammte. Mit der Fähre geht es auf die Insel Rügen, wo die abwechslungsreiche Tour im berühmten Seebad Binz endet. Frühes Aufstehen lohnt sich: Nichts ist schöner, als bei einer leichten Meeresbrise am noch menschenleeren Strand den Sonnenaufgang zu genießen.

PASEWALK F14

↗ Tour 31 (Seite 169)

ANKLAM E14

↗ Tour 34 (Seite 180)

3 WIECK D13

Direkt am Greifswalder Bodden und am Nordufer des Ryck liegt das denkmalgeschützte Fischerdorf Wieck. Der Wohnmobilparkplatz liegt südlich des Ryck

ROUTE 143 KM

Pasewalk → 47 km bis **Anklam** → 37 km bis **Wieck** → 4 km bis **Greifswald** → 21 km bis **Stahlbrode** → Rügen-Fähre nach **Glewitz** → 10 km bis **Garz** → 9 km bis **Putbus** → 15 km bis **Binz**

CASPAR-DAVID-FRIEDRICH-BILDWEG

Die Stadt mit den Augen Caspar David Friedrichs sehen: Bildmotive, wie die „Wiesen bei Greifswald“, Aussichtspunkte und wichtige Lebensorte des Malers der Romantik sind Stationen des Bildwegs. Drei verschiedene Routen – 1,5, 8 oder 18 Kilometer lang – führen zu Fuß oder mit dem Rad von der Altstadt über den Museumshafen bis zur Klosterruine nach Eldena. Von den Wiesen bietet sich dabei eine herrliche Aussicht auf die drei Kirchen der Greifswalder Altstadt.
www.caspar-david-friedrich-greifswald.de

im Ortsteil Eldena. Er ist bei der Zufahrt nach Greifswald ausgeschildert. Von diesem sind es nur 250 Meter bis zur Holzzugbrücke. 1887 nach holländischem Vorbild gebaut, ist sie noch heute voll funktionstüchtig. Im idyllischen Hafen ist Platz für zahlreiche Schiffe und viel maritimes Flair. Lauschige Cafés und Restaurants bieten regionale Köstlichkeiten. Auch wer nicht so viel Zeit hat: Ein Spaziergang vorbei an den vielen reetgedeckten Häusern mit Blick auf den Greifswalder Bodden lohnt sich in jedem Fall.

4 GREIFSWALD D13

Mit historischem Flair und dennoch modern und voller Leben präsentiert sich die Universitäts- und Hansestadt Greifswald. Sie liegt am Ryck, der rund fünf Kilometer östlich der Altstadt in eine Bucht des Greifswalder Boddens, die Dänische Wiek, mündet. Im dortigen Stadtteil Eldena steht in einem kleinen Park die verwunschene Ruine des 1199 gegründeten Zisterzienserklosters, die Caspar David Friedrich (1774–1840) in vielen seiner Gemälde verewigt hat. Kunstinteressierte können den Spuren des berühmtesten Sohnes der Stadt folgen (↗ Kasten). Im Geburtshaus des Malers befindet sich das Casper-David-Friedrich-Zentrum. Viele seiner Werke sind in der Gemäldegalerie des auch sonst sehenswerten Pommerschen Landesmuseums ausgestellt. Bedeutende Bauwerke der Stadt gehören wegen ihrer detailreichen Ausgestaltung zur Europäischen Route der

Die Straßen von Putbus verdanken ihre Rosenpracht einem fürstlichen Erlass

Backsteingotik. Darunter sind die drei Stadtkirchen: St. Jacobi, die kleinste, St. Marien, die älteste, und der Dom St. Nikolai, Wahrzeichen der Stadt, mit seinem 100 Meter hohen Turm mit barocker Haube. Die Besichtigung der Altstadt könnte am Marktplatz beginnen, der von der roten Fassade des ab 1250 errichteten Rathauses dominiert wird. Schöne Giebelhäuser verschiedenster Epochen umstehen den großen Platz. Rundherum laden attraktive Geschäfte und Straßencafés zu einem ausgiebigen Einkaufsbummel ein. Beliebter Treffpunkt ist auch der gemütliche Museumshafen am Ryck mit Fischkuttern, Booten und Schleppern.

Etwas eng, aber sehr gepflegt und durch die Nähe zur Stadt und zum Museumshafen ideal ist der Wohnmobilstellplatz.

STAHLBRODE C13

In den Sommermonaten und im Herbst ist man von Stahlbrode aus mit der Rügen-Fähre schnell in Glewitz auf Rügen und erspart sich so den Verkehr um Stralsund herum. Wenn die Fähre nicht fährt, ist dies am Abzweig der Bundesstraße schon angekündigt. Zugelassen sind Fahrzeuge bis zu fünf Tonnen. Nach der rund 15-minütigen Überfahrt geht es über die beschauliche Halbinsel Zudar weiter nach Garz.

In unmittelbarer Nähe zum Stahlbroder Fähranleger liegt ein gemütlicher Campingplatz. Mit direktem Ostseezugang und herrlichem Blick auf Rügen lässt es sich hier eine Weile aushalten. Allerdings sollte man vorher den Kühlschrank füllen, denn rundum gibt es nur Wald und Natur. Am frühen Morgen von den Vögeln geweckt, erlebt man hier einen atemberaubenden Sonnenaufgang.

GARZ C13

Im Südosten von Rügen liegt abseits vom Trubel der Seebäder und Touristenorte die älteste und kleinste Stadt der

Insel, Garz. Ein großer slawischer Burgwall zeugt von der Bedeutung, die sie vor rund 850 Jahren hatte. Der Wall erhebt sich bis zu 15 Meter hoch über den Ort. Er ist frei zugänglich und lässt sich gut zu Fuß erkunden.

PUTBUS C13

Putbus, die „Weiße Stadt", ist ein städtebauliches Schmuckstück: Ab 1810 ließ Fürst Wilhelm Malte I. zu Putbus sie in der Nähe seines Schlosses planmäßig anlegen. Seine Order, dass vor jedem Haus Rosen gepflanzt werden sollen, wird noch heute befolgt. Klassizistische weiße Villen umstehen den Circus, einen großen runden Platz. Von hier führt eine Allee – ebenfalls gesäumt von weißen Häusern – zum langgestreckten Marktplatz. Circus wie Markt grenzen an den weitläufigen englischen Schlosspark mit vielen botanischen Raritäten und einem Wildgehege. Von dem einst herrschaftlichen Schloss, das 1962 infolge der Kriegszerstörunen abgerissen wurde, ist nur noch die Seeterrasse erhalten. Marstall und Orangerie sind allerdings liebevoll hergerichtet und beliebt für Veranstaltungen und Hochzeiten. Die heutige Schlosskirche entstand 1892 durch den Umbau des ehemaligen Kurhauses.

Zeitgleich mit der Anlage von Schloss und Park entwickelte sich im zwei Kilometer entfernten Lauterbach das erste Seebad der Insel Rügen. Dort erwartet Besucher ein Hafen mit Jachten und Bootshäusern. Sehr gute Fischbrötchen und andere Kleinigkeiten gibt es in den Verkaufswagen am Hafenbecken.

BINZ C14

Binz, die größte Stadt auf Rügen, zieht auch die meisten Urlauber an. Ursprünglich ein Fischerdorf, begann Ende des 19. Jahrhunderts ihr Aufstieg zum beliebten Seebad. Binz liegt perfekt geschützt an der Prorer Wiek. Der Strand mit äußerst feinem Sand und klarem Wasser ist einer der schönsten der gesamten Ostseeküste. Wer nicht schwimmen geht, genießt das bunte Treiben auf der Seebrücke, die direkt an der Fußgängerzone beginnt und 370 Meter aufs Wasser hinausgeht. Sie wurde erst 1994 eröffnet; der Vorgängerbau war 1942 eingestürzt. Auch die Insel Rügen ist berühmt für ihre Bäderarchitektur aus den Anfangstagen des Fremdenverkehrs an der Ostsee. Vor allem in Binz stehen zahlreiche historische Villen verschiedener Stilrichtungen: weiß, mit Loggien und Balkonen und oft mit aufwändigen Schnitzereien verziert. An der Strandpromenade und in der Fußgängerzone liegen etliche Cafés, Restaurants und Geschäfte.

In Binz stehen Wohnmobile auf dem großen öffentlichen Parkplatz P1 in der Proraer Chaussee. Es gibt kaum Alternativen, aber im hinteren Bereich unter den Bäumen kommt sogar ein wenig Campingfeeling auf. Das Zentrum ist von hier gut zu Fuß erreichbar.

CAMPINGPLÄTZE

Campingplatz Stahlbrode
Einfacher Campingplatz mitten in der Natur mit Bademöglichkeit (kein Sandstrand) und Blick zur Insel Rügen.
Mitte Mai bis Mitte Oktober geöffnet.
▶ Küstenweg 8, 18519 Sundhagen/OT Stahlbrode
GPS: 54.234788, 13.281891
Tel. 03 83 28/48 99 08
■ pincamp.de/Pin_234168

STELLPLÄTZE

Wohnmobilstellplatz Caravan-Camping am Museumshafen
Ver- und Entsorgung, Strom, WC, Dusche
Ganzjährig geöffnet.
▶ Marienstraße 9, 17489 Greifswald
Tel. 038 34/51 21 01
GPS: 54.098335, 13.390005
www.ferien-fasten.de

Der Thiessower Naturstrand liegt fernab aller Hektik und Geschäftigkeit

39 VON THIESSOW NACH STRALSUND

RÜGEN UND HIDDENSEE ERLEBEN – STEILKLIPPEN UND SANDSTRÄNDE, LEUCHTTÜRME UND SEEBÄDER

Rügen vereint viele Gegensätze, Luxus und Gemütlichkeit liegen hier eng beieinander: traditionsreiche Seebäder wie Binz und Sellin, Fischerdörfer wie Vitt, Gutshäuser und Schlösser, aber auch die Ferienanlage Prora, monströses Relikt der Nazizeit. Die buchtenreiche Insel lockt mit feinen Sandstränden, eindrucksvollen Steilklippen und schilfbewachsenen Boddenufern. Ein Ausflug zur Nachbarinsel Hiddensee gehört zu den Highlights an der Ostseeküste. Camper finden versteckte Parkmöglichkeiten, gut ausgestattete Stellplätze und idyllische Campinggelände. Wer Rügen intensiv erleben möchte, muss länger bleiben, bevor die Tour in der Hansestadt Stralsund ausklingt.

THIESSOW C14

Am südöstlichsten Zipfel von Rügen, auf der Halbinsel Mönchgut, liegt das gemütliche Örtchen Thiessow. Auf der einen Seite die offene Ostsee, auf der anderen der Greifswalder Bodden, ist die Landschaft mit ihren weiten Wiesen, Hügeln und kleinen Wäldern überaus reizvoll. Über Jahrhunderte hinweg gehörte sie dem Zisterzienserkloster Eldena (↗ Seite 199), daher der Name. Der

ROUTE 153 KM

Thiessow → 12 km bis **Sellin** → 9 km bis **Jagdschloss Granitz** → 3 km bis **Binz** → 5 km bis **Prora** → 11 km bis **Sassnitz** → 6 km bis **Halbinsel Jasmund und Königsstuhl** → 30 km bis **Kap Arkona und Vitt** → 24 km bis **Wittower Fähre** → 10 km bis **Schaprode** → Fähre nach **Hiddensee** und retour → 43 km bis **Stralsund**

Ort ist heute besonders bei Wassersportlern beliebt. Über dem Südperd genannten Kap erhebt sich der Nachbau des historischen Lotsenturms, der eine weite Rundumsicht bietet. Mehrere Wanderwege durchziehen das abwechlungsreiche Naturschutzgebiet Mönchgut mit Magerrasen, Bruchwäldern, Kliffs, Salzwiesen und Moorgebieten.

Auch der Campingplatz in Thiessow besticht durch seine einzigartige Lage auf einem schmalen Küstenstreifen zwischen Ostsee und Zicker-See: Wasser zu allen Seiten und wunderbare Ausblicke. Bei der Anfahrt über schmale Straßen, abwechselnd an der Ostsee oder dem Bodden entlang, unbedingt auf Fischotter achten.

SELLIN C14

Rund 30 Meter über dem Meer thront das Seebad Sellin auf einem Hochufer im Osten der Insel Rügen. Wer an den Strand möchte, erreicht sein Ziel über eine breite Holztreppe oder nutzt einen Aufzug. Die knapp 400 Meter lange Seebrücke mit ihrem Pavillon ist das Wahrzeichen des Seebads. Sie wurde Ende der 1990er-Jahre in Anlehnung an den Vorgänger neu aufgebaut, nachdem erst die Brücke und 1978 auch das Brückenhaus abgerissen werden mussten. In der Wilhelmstraße befinden sich Restaurants, Geschäfte und restaurierte Villen.

Der gut ausgestattete Wohnmobilstellplatz liegt am Ortsrand im Kiefernweg. Nach einem kleinen Spaziergang durch den Wald ist der Strand erreicht, und auch in den Ort ist es nicht zu weit. Tagsüber kann man auf dem großen Parkplatz an der B196 am Ortseingang stehen. Hier bietet sich die Gelegenheit, für eine gemütliche Fahrt über die Insel in den „Rasenden Roland" umzusteigen, der mehrmals am Tag vorbeischnauft (↗ Kasten).

JAGDSCHLOSS GRANITZ C14

Ab 1837 ließen die Fürsten von Putbus auf dem 106 Meter hohen Tempelberg das Jagdschloss Granitz errichten. Der Bau mit seinen vier runden Ecktürmen im Stil der norditalienischen Renaissancekastelle basiert auf Entwürfen des Berliner Architekten Johann Gottfried Steinmeyer, der schon Putbus (↗ Seite 201) maßgeblich gestaltet hatte. In der Mitte des Schlosses wurde ein 38 Meter hoher Turm nach den Plänen von Karl Friedrich Schinkel gebaut, der das Anwesen und den Wald überragt. Eine imposante gusseiserne Wendeltreppe führt über 154 Stufen auf eine Aussichtsplattform. Allerdings ist der Aufstieg nur etwas für Schwindelfreie, denn die Ornamente in den Stufen der freitragenden Treppe sind durchbrochen. Mit einem großartigen Panoramablick werden dann diejenigen belohnt, die sich dennoch trauen. Die sehenswerte Ausstellung im Schloss wurde kürzlich überarbeitet, auch originale Einrichtungsgegenstände fanden den Weg zurück ins Schloss. Autofahrer kommen nicht direkt auf das Gelände. Sie müssen auf dem Parkplatz außerhalb parken und die letzten Kilometer zu Fuß gehen oder mit der Kutsche fahren. Alternativ hält der Rasende Roland (↗ Kasten) etwa einen Kilometer vom Schloss entfernt.

RASENDER ROLAND

Fester Bestandteil des Verkehrsnetzes und gleichzeitig Touristenattraktion ist die historische Eisenbahn, die von Putbus über Binz, Sellin und Baabe nach Göhren fährt und von den Einheimischen liebevoll „Rasender Roland" genannt wird. An rund 100 Tagen im Jahr steuert die dampflokbetriebene Schmalspurbahn zusätzlich die Mole in Lauterbach an. Es geht in gemächlichem Tempo vorbei an Alleen, Feldern, verträumten Dörfern und verwunschenen Wäldern. Eisenbahnliebhaber können auf der Dampflokomotive im Führerstand mitfahren. Wer eine Rundfahrt machen möchte, löst das Kombiticket „Wasser-Dampf". Nach der Fahrt von Sellin nach Lauterbach steigt man dort auf die Fähre nach Baabe. Von dem kleinen Seebad geht es dann mit der Bahn zurück nach Sellin.

www.ruegensche-baederbahn.de

BINZ C14

↗ Tour 38 (Seite 201)

PRORA C13

Prora war ein unbedeutendes Fleckchen Erde zwischen Kleinem Jasmunder Bodden und Prorer Wiek, bis die Nationalsozialisten hier ab 1936 das „KdF-Seebad Rügen" („Kraft durch Freude") errichteten. Das riesige Ferienobjekt sollte 20.000 Menschen gleichzeitig beherbergen, wurde jedoch nie fertiggestellt. Mit Beginn des Zweiten Weltkriegs wurden die Arbeiten am Rohbau eingestellt. Von den ursprünglich acht Blöcken auf einer Länge von viereinhalb Kilometern wurden drei nach dem Krieg zerstört und fünf Anfang der 1950er-Jahre zu Kasernen ausgebaut und 1992 wieder verlassen. Seit 2004 wird der „Koloss von Rügen" zu Wohnungen und Ferienunterkünften umgebaut, große Teile sind bereits saniert. Auch Cafés und Restaurants haben sich angesiedelt. Zusätzlich entstanden touristische Angebote, ein Technikmuseum und das das Naturerbe-Zentrum mit Baumwipfelpfad und 40 Meter hohem Aussichtsturm. Ein Dokumentationszentrum illustriert die wechselvolle Geschichte des Geländes. Die größte Attraktion ist jedoch nach wie vor der lange Strand mit hellem und feinen Sand.

In Prora gibt es einen Wohnmobilstellplatz an der Durchgangsstraße, und Camper dürfen auf mehreren einfachen Parkplätzen übernachten – ideale Voraussetzungen für entspannte Tage am Strand.

SASSNITZ B14

Die Hauptsehenswürdigkeit von Sassnitz ist der Hafen mit seiner fast 1500 Meter langen Mole, der längsten Außenmole Europas. Fischerboote, kleine und große Jachten, Ausflugsschiffe zu den Kreideklippen und die Fähren nach Schweden und Bornholm sorgen für ein buntes Treiben. Ein schönes Fotomotiv ist der Leuchtturm. Alle paar Jahre friert dieser im Winter nach einem Oststurm, der ihm ein märchenhaftes Kleid aus Eis beschert, komplett ein. Ein Hingucker ist auch die Fußgängerhängebrücke, die den oberhalb gelegenen Ort mit prachtvollen Villen und urigen Bäderarchitekturfassaden aus Holz seit 2007 mit dem Hafen verbindet.

HALBINSEL JASMUND UND KÖNIGSSTUHL B14

Dichte Buchenwälder und weiße Klippen sind die Hauptattraktionen der Halbinsel Jasmund im Nordosten. Die berühmten Kreidefelsen erstrecken sich zwischen Sassnitz und Lohme. Im kleinsten Nationalpark Deutschlands liegt mit dem 118 Meter hohen Königsstuhl der berühmteste Vorsprung der Rügener Kreidefelsen und das Wahrzeichen der Insel. Das eigene Reisemobil muss auf dem Großparkplatz in Hagen abgestellt werden. Von dort führt ein rund drei Kilometer langer Wanderweg durch den Wald zum Nationalparkzentrum und zur Aussichtsplattform, alternativ fahren Shuttlebusse. Ein besonderes Erlebnis ist der Besuch des Königsstuhls und der mächtigen Buchenwälder am späten Abend oder frühen Morgen, wenn fast niemand unterwegs ist und man den Wald, der zum UNESCO-Welterbe gehört, und die Aussicht fast für sich hat. Man sollte unbedingt auch die Victoria-Sicht nur ein paar hundert Meter südlich vom Königsstuhl ansteuern. Der Blick ist fast noch spektakulärer. Caspar David Friedrich hat dieser einzigartigen Landschaft mit den „Kreidefelsen auf Rügen“ 1818 ein künstlerisches Denkmal gesetzt. Den genauen Standpunkt des Malers wird man jedoch vergeblich suchen, hat er für das Gemälde doch Elemente der Kleinen und der Großen Stubbenkammer kombiniert.

Blick von der Victoria-Sicht zum Königsstuhl

Der Parkplatz in Hagen fungiert auch als Wohnmobilstellplatz. Camper stehen auf einem eigenen Bereich zwischen Wiese und Wald – beste Voraussetzungen für den Besuch. Auch wer sonst keinen Platz zur Übernachtung auf Rügen entdeckt, findet hier in der Regel immer noch eine ruhige Ecke. Wer gerne Wild isst, sollte unbedingt gegenüber in der Kleinen Försterei einkehren.

Der Wohnmobilstellplatz Kap Arkona

PUTGARTEN, KAP ARKONA UND VITT B13

Ein ehemaliger Peilturm aus der Kaiserzeit und zwei Leuchttürme stehen am Kap Arkona oberhalb der rund 45 Meter hohen Steilküste. Besucher können alle Türme besteigen. Den besten Blick über die Ostsee und weit über die Insel bietet der runde, 33 Meter hohe Leuchtturm, der immer noch als wichtiges Leuchtfeuer fungiert. Die exponierte Lage des Kaps war wohl auch der Grund, warum ein slawischer Stamm hier bereits im 6. Jahrhundert eine Kultstätte errichtete, geschützt von einem 25 Meter hohen Burgwall, dessen Reste im Gelände noch zu erkennen sind. Die DDR-Volksarmee nutzte Arkona für militärische Zwecke; neben zwei älteren Bunkern entstand ein großer unterirdischer Marineführungsbunker, der ebenfalls besichtigt werden kann.

Besucher des Kaps müssen das Auto zweieinhalb Kilometer entfernt auf dem Parkplatz in Putgarten abstellen. Nebenan stehen die Wohnmobile dicht an dicht in einem eigenen Bereich. Die Parkgebühr muss für 24 Stunden entrichtet werden, auch wenn der Aufenthalt kürzer ist. Also am besten gleich über Nacht bleiben. Weiter geht es zu Fuß, mit dem Rad oder einer kleinen Bahn.

Auf halber Strecke zweigt der Weg zu einem der schönsten Orte der Insel ab, dem autofreien Museumsdörfchen Vitt. Die urigen Fischerkaten stehen geschützt in einer kleinen Bucht. Ein Hingucker ist die Vitter Uferkapelle mit achteckigem Grundriss und Reetdach. Wir empfehlen den Besuch am Morgen. Dann bieten Fischer ihre Ware an, und es sind erst wenige Touristen unterwegs. Kein Problem für die Wohnmobilbesatzung, denn sie ist nach einer ruhigen Nacht auf dem Parkplatz schon da, wenn andere gerade losfahren. Außerordentlich schön liegt südlich, bei Altenkirchen oberhalb der Steilküste, der Knaus Campingpark Rügen.

WITTOWER FÄHRE B13

Die Fährverbindung südlich des ehemaligen Fischerdorfes Wieck ist eine wichtige Verkehrsader, denn so sparen Reisende einen langen Umweg. Transportiert werden Fahrzeuge bis 30 Tonnen. Der Preis ist nach Gewicht gestaffelt.

INSEL HIDDENSEE B13

Start für den Inselausflug ist das alte Fischerdorf Schaprode. Das Wohnmobil muss hier stehen bleiben, denn Hiddensee ist bis auf wenige Ausnahmen autofrei. Ein großer Parkplatz ist am Ortseingang ausgeschildert. Zusätzlich gibt es einen Campingplatz mit gutem Blick auf die Insel. Von hier sind es nur ein paar Schritte bis zum Anleger. Die Schiffe nach Hiddensee fahren täglich.

Rügens kleine Schwesterinsel wird von den Einheimischen auch liebevoll „Sötes

Länneken" (Süßes Ländchen) genannt. Sie ist knapp 17 Kilometer lang und an der schmalsten Stelle nur 250 Meter breit. Von Schaprode dauert die Überfahrt nicht länger als eine Stunde – ein lohnender Tagesausflug. Man bewegt sich wahlweise per Kutsche, Fahrrad oder in Wanderschuhen fort. So läuft hier alles etwas geruhsamer. Auch die vier Orte sind herrlich urtümlich. So ähnlich müssen die Fischerdörfer früher überall an der Ostsee ausgesehen haben. Kloster, der meistbesuchte Ort der Insel, war ursprünglich Sitz von Zisterziensern. Die weiß getünchte Inselkirche ist das letzte erhaltene Bauwerk aus dieser Zeit. Das einstige Sommerhaus des Schriftstellers Gerhart Hauptmann zeigt die Ausstellung „Die literarische Moderne auf Hiddensee", denn die Insel zog und zieht Künstler jeglicher Couleur in ihren Bann. Die Seebühne Hiddensee, ein charmantes Figurentheater für Groß und Klein, zeigt in Vitte auch seine 200 künstlerischen Puppen in der Homunkulus Figurensammlung. Ganz im Norden thront auf dem Dornbusch der 1888 erbaute und immer noch aktive Leuchtturm, von dem sich ein wunderbarer Blick über Hiddensee, Rügen und das Meer bietet.

11 STRALSUND C13

↗ Tour 40 (Seite 208)

CAMPINGPLÄTZE

Campingplatz Thiessow ★★★½

Landschaftlich reizvoll gelegen, zwischen der Bucht Zicker-See und dem offenen Meer. Nur wenige Schritte sind es bis zum weitläufigen Sandstrand hinter dem vorgelagerten Küstenschutzwald. Lang gestrecktes, überwiegend ebenes, teils auch geneigtes Wiesengelände mit Hecken und Laub- und Nadelbäumen. An der Straße.
Anfang April bis Ende Oktober geöffnet.
▶ Hauptstraße 4, 18586 Thiessow
GPS: 54.280441, 13.713984
Tel. 03 83 08/66 95 85
pincamp.de/MK2650

Knaus Campingpark Rügen ★★★½

Teils ebenes, teils leicht geneigtes, durch niedrige Ligusterhecken gegliedertes Wiesengelände. Am Platzrand einzelne Laubbaumgruppen. Außerordentlich schön oberhalb der Steilküste gelegen. Teilweise Blick auf die Tromper Wiek und die gegenüberliegende Küste.
Ganzjährig geöffnet.
▶ Zittkower Weg 30, 18556 Altenkirchen
GPS: 54.637888, 13.376057
Tel. 03 83 91/43 46 48
pincamp.de/MK2120

Camping am Schaproder Bodden ★★★★

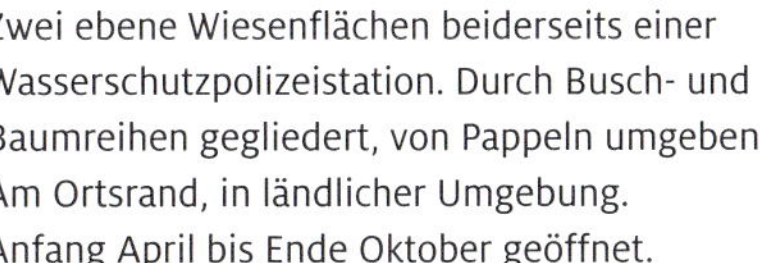

Zwei ebene Wiesenflächen beiderseits einer Wasserschutzpolizeistation. Durch Busch- und Baumreihen gegliedert, von Pappeln umgeben. Am Ortsrand, in ländlicher Umgebung.
Anfang April bis Ende Oktober geöffnet.
▶ Lange Straße 24, 18569 Schaprode
GPS: 54.515759, 13.165218
Tel. 03 83 09/12 34
pincamp.de/MK1750

STELLPLÄTZE

Wohnmobilstellplatz – Parkplatz zum Königsstuhl

Ver- und Entsorgung, Strom, WC, Dusche
Ganzjährig geöffnet.
▶ Stubbenkammerstraße 57, 18551 Lohme/Hagen
GPS: 54.562249, 13.626004
Tel. 03 83 02/94 12

Wohnmobilstellplatz Putgarten – Parkplatz Kap Arkona

Ohne Ausstattung, WC nur tagsüber
Ganzjährig geöffnet.
▶ Dorfstraße 31a, 18556 Putgarten
GPS: 54.671550, 13.407930
Tel. 03 83 91/130 37
www.kap-arkona.de

Rathaus und Nikolaikirche überragen den stimmungsvollen Alten Markt von Stralsund

40 VON STRALSUND NACH WARNEMÜNDE

FISCHLAND, DARSS UND ZINGST ERKUNDEN

Von der lebendigen Hansestadt Stralsund, deren Altstadt zum UNESCO-Welterbe zählt, führt die Tour mitten ins Naturschutzgebiet, wo im Frühjahr und Herbst Zehntausende Kraniche rasten. Danach lockt die sichelförmige Halbinsel Fischland-Darß-Zingst mit endlosen Sandstränden und idyllischen Fischerdörfern zwischen Bodden und Ostsee. Hier gibt es alles, was das Urlauberherz begehrt: gesunde Meerluft, kilometerlange Fahrradwege und ideale Bedingungen zum Drachensteigen. Schließlich geht es weiter in Richtung Warnemünde, das über eine Autofähre erreicht wird.

STRALSUND C13

Stralsund ist das Tor zur Insel Rügen. Früher gab es eine Fährverbindung, heute führen Rügenbrücke und -damm über die Meerenge Strelasund. Auf der einen Seite die Ostsee, auf der anderen mehrere Teiche, ist die Altstadt fast komplett von Wasser umgeben. Aufgrund ihrer einzigartigen historischen Bausubstanz gehört sie gemeinsam mit Wismar zum UNESCO-Welterbe. Ende des 13. Jahrhunderts war Stralsund Gründungsmitglied der deutschen Hanse.

ROUTE 118 KM

Stralsund → 15 km bis **Groß Mohrdorf** → 20 km bis **Barth** → 14 km bis **Zingst** → 7 km bis **Prerow** → 17 km bis **Ahrenshoop** → 4 km bis **Wustrow** → 14 km bis **Freilichtmuseum Klockenhagen** → 9 km bis **Graal-Müritz** → 18 km über Hohe Düne (Fähre) bis **Warnemünde**

Fernhandel und Seefahrt bescherten der Stadt im 15. Jahrhundert enormen wirtschaftlichen Aufschwung. Von diesem zeugen die imposante Schmuckfassade des Rathauses und etliche prächtige Kaufmannshäuser. Auch die Marien- und die reich ausgestattete Jakobikirche wurden in jener Zeit ausgebaut. Der Marienturm war bis zu einem Blitzschlag 1647 das höchste Gebäude der Welt. Weithin sichtbar überragen insgesamt drei mächtige gotische Backsteinkirchen die Altstadt. Der Stadthafen ist neben dem Alten Markt das zweite touristische Zentrum der Stadt. Kanäle trennen die Hafeninsel von der Altstadt. Eine echte Institution sind die Imbissboote auf dem Fährkanal. Am Hafen finden sich imposante Speicher, das moderne Ozeaneum (↗ Kasten) und der Großsegler „Gorch Fock I“, der besichtigt werden kann.

Fußläufig zur Innenstadt und zum Hafen befindet sich ein sehr gut ausgestatteter und beliebter Wohnmobilstellplatz auf dem Gelände eines Caravanhändlers. So kann fehlendes Zubehör ergänzt werden, und auch Reparaturen sind möglich.

OZEANEUM STRALSUND

Das Ozeaneum mit seiner geschwungenen Metallfassade liegt direkt am Hafen. Mehrere Ausstellungen beschäftigen sich mit dem Leben in Nord- und Ostsee sowie dem Nordatlantik. Eindrucksvoll sind die in Originalgröße nachgebildeten Wale, 50 Aquarien entführen in bunte Unterwasserwelten. Herzstück ist das neun Meter tiefe Aquarium „Offener Atlantik“ mit Schiffswrack, in dem Fischschwärme und Rochen vorbeischweben. Auf der liebevoll gestalteten Dachterrasse leben Humboldt-Pinguine. Hier kann man nicht nur ihrem munteren Treiben zusehen, sondern auch die Aussicht über Stadt und Hafen genießen.
Hafenstraße 11, 18439 Stralsund
Tel. 038 31/265 06 10
www.ozeaneum.de

Im Prerower Regenbogen-Camp stehen Zelte und Wohnwagen direkt in den Dünen

GROSS MOHRDORF C12

Jedes Jahr legen Zehntausende Kraniche im Frühjahr und Herbst auf ihrer Reise zwischen Brutplätzen und Überwinterungsgebieten eine Rast in der Vorpommerschen Boddenlandschaft ein. Mit ihrem durchdringenden trompetenähnlichen Rufen brechen die Vögel bei Sonnenaufgang zur Futtersuche auf und kehren abends ebenso geräuschvoll zurück. Das NABU-Kranichzentrum in Groß Mohrdorf zeigt eine vielseitige Ausstellung über ihre Lebensweise. Die Mitarbeiter beantworten Fragen, organisieren Exkursionen und geben Tipps für die Kranichbeobachtung. Das futuristische „Kranorama" am Günzer See liegt direkt neben den Seewiesen, auf denen sich die Tiere sammeln. Auf einem Monitor können sie live beobachtet werden. Besonders interessant ist der Besuch im Herbst.

Wie gut, dass nicht weit weg in Niepars der kleine Naturcampingplatz Zu den zwei Birken mit seinem engagierten Team liegt – neben der Vogelbeobachtung auch ideal zum Ausspannen nach dem Besuch in Stralsund. Aus einer geplanten Übernachtung werden so leicht zwei oder mehr, wenn es Platz gibt.

BARTH C12

Am Bodden gegenüber der Halbinsel Zingst liegt die beschauliche Vinetastadt Barth. Die Hypothese, dass die sagenhafte in einer Sturmflut untergegangene Stadt bei Barth gelegen habe, ist allerdings umstritten. Im Vineta-Museum kann man sich auf die Spuren des Mythos begeben. Im 16. Jahrhundert erlebte Barth als Sitz des Pommernherzogs Bogislaw XIII. eine Blütezeit, in die 1588 auch der Druck der berühmten Barther Bibel fällt. Heute wird eines der

70 erhaltenen Exemplare im Barther Bibelzentrum ausgestellt. Im 18. Jahrhundert florierten in Barth neben dem Fischfang auch der Segelschiffbau und Seehandel. Ein schöner Bummel führt vom Hafen über den Marktplatz und die frühgotische Marienkirche zum Dammtor und zum Fangelturm, den Überresten der einstigen Stadtbefestigung.

Wohnmobile übernachten auf dem Stellplatz am Seglerverein beim Hafen.

ZINGST C12

Mit Seebrücke, feinem Sandstrand und einer lebendigen Fußgängerzone versprüht der kleine Ort zwischen Bodden und Ostsee den Charme eines traditionellen Seebads. Überall kann man in den Cafés und Restaurants gemütlich draußen sitzen. Und als Basis für die Entdeckung der außergewöhnlichen Natur rundherum ist Zingst ebenfalls ideal. Auch hier können im Herbst Tausende von Kranichen beobachtet werden. In jede Richtung erstrecken sich kilometerlange Rad- und Wanderwege, oftmals auf den Deichen entlang der See- und der Boddenseite oder durch den Wald.

Am Ortsrand im Grünen befindet sich der gepflegte Campingplatz Am Freesenbruch mit einem separaten Reisemobilhafen. Abseits lauter Straßen und nur wenige Schritte vom breiten Sandstrand entfernt, will man hier gerne länger bleiben.

PREROW C12

Das Ortsbild von Prerow prägen alte reetgedeckte Kapitänshäuser. Ein echter Blickfang sind ihre typischen bunten Holztüren, die von einheimischen Handwerkern hergestellt werden. Beliebt ist vor allem der fünf Kilometer lange feinsandige Strand. Westlich des Ortes erstreckt sich der Darßwald. Ein etwa einstündiger Weg führt durch das urwüchsige Gebiet zum Darßer Ort mit dem noch immer funktionstüchtigen Leuchtturm von 1848. Bei schönem Wetter geht der Blick von oben bis zur Insel Hiddensee und nach Dänemark. Er beherbergt mit dem Natureum eine Außenstelle des Stralsunder Meeresmuseums. Von hier sind es nur noch ein paar Schritte bis zum naturbelassenen Weststrand. Ein Rundwanderweg führt vom Turm aus zu schönen Aussichtspunkten und auf Bohlenwegen durch ein Sumpfgebiet.

Auch Camper kommen gerne nach Prerow, denn am nördlichen Ende des Ortes liegt das legendäre Regenbogen-Camp. Was gibt es Schöneres, als den Tag vom Sonnenaufgang bis zum Einbruch der Dunkelheit am weißen Ostseestrand zu verbringen? Die Zeit wird nicht lang beim Drachensteigen, Sonnenbaden oder bei ausgiebigen Radtouren.

AHRENSHOOP C11

Einer der schönsten Orte auf der Halbinselkette ist Ahrenshoop, das auf der Grenze zwischen Darß und Fischland liegt. Das Dorf mit liebevoll restaurierten Fischer-

Kraniche machen gerne Rast in Groß Mohrdorf

Schier endlos erscheint der Sandstrand von Graal-Müritz

katen, edlen Strandvillen und reetgedeckten Häusern ist ein Schmuckstück. Hinzu kommen sanft gewellte Dünenlandschaften, weiße Sandstrände, ein Hochufer und vor allem Kunst. Ende des 19. Jahrhunderts entwickelte sich der malerische Fischerort zur Künstlerkolonie. Bis heute zieht er vor allem wegen des außergewöhnlichen Lichts zahlreiche Maler an. Ein herausragendes Museum und etliche Galerien machen das Städtchen zu einem Hotspot für Kunstliebhaber. Aber Achtung beim Parken, es wird regelmäßig streng kontrolliert.

WUSTROW C11

Das ehemalige Fischer- und Seefahrerdorf liegt an einer der schmalsten Stellen von Fischland, weshalb sich hier Bädertourismus und Fischerromantik begegnen. Auf der Seeseite erstreckt sich ein langer Sandstrand, auf der Südseite des Ortes liegt der gemütliche Boddenhafen. Malerisch sind die denkmalgeschützten altehrwürdigen Bauerngehöfte und die rohrgedeckten Katen nahe der imposanten Kirche. Auch üppige Bauerngärten und alte Lindenalleen prägen den Ort. Vom Kirchturm hat man in 18 Metern

FREILICHTMUSEUM KLOCKENHAGEN

Historische Gebäude aus 18 Dörfern Mecklenburg-Vorpommerns wurden sorgsam restauriert und im Freilichtmuseum Klockenhagen wiederaufgebaut. Mit Werkstätten, Feldern, Gärten und Tieren werfen sie Schlaglichter auf 300 Jahre regionaler Kulturgeschichte. Viele Vorführungen und Mitmachmöglichkeiten für Groß und Klein lassen die dörfliche Vergangenheit wiederaufleben.

Mecklenburger Straße 57,
18311 Ribnitz-Damgarten/OT Klockenhagen
Tel. 038 21/27 75
www.freilichtmuseum-klockenhagen.de

Höhe eine Rundumsicht über Wustrow, Bodden und Meer. Aus der Vogelperspektive lässt sich gut erkennen, wie aus den drei ehemaligen Inseln Fischland, Darß und Zingst durch Deichbau und Versandung die heutige Halbinselkette entstanden ist. Auch heute noch ist sie stetiger Veränderung unterworfen.

GRAAL-MÜRITZ C11

Das Seeheilbad erstreckt sich rund fünf Kilometer lang an der Ostsee. Viele kleine mit Schilf gedeckte Häuser und andere Sehenswürdigkeiten verleihen dem ehemaligen Fischerdorf einen besonderen Charme. Bekannt sind die recht neue 300 Meter lange Seebrücke und die reizvolle Bäderarchitektur. Beliebtes Ausflugsziel ist der Rhododendronpark mit über 2000 Azaleen- und Rhododendronstauden. Besonders im Mai und Juni verwandelt sich der Park in ein wahres Farbenmeer. Wer hier etwas länger bleibt, kann auch eine Wanderung ins Müritz-Ribnitzer Hochmoor unternehmen.

WARNEMÜNDE D11

↗ Tour 41 (Seite 214)

CAMPINGPLÄTZE

Naturcamp Zu den zwei Birken ★★★

Hier kann man im Frühjahr und Herbst Kraniche an der nahen Futterstelle beobachten. Leicht geneigte Wiese mit zwei Geländestufen. Am Ortsrand, in ländlicher Umgebung gelegen. Weiter Blick.
März bis Oktober geöffnet.
▶ Kranichblick 11, 18442 Duvendiek
GPS: 54.339071, 12.941811
Tel. 03 83 21/601 28
pincamp.de/MK1500

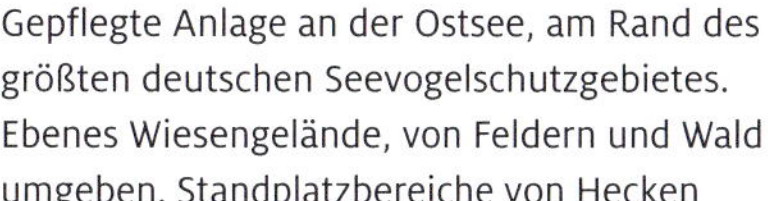

Camping am Freesenbruch ★★★★½

Gepflegte Anlage an der Ostsee, am Rand des größten deutschen Seevogelschutzgebietes. Ebenes Wiesengelände, von Feldern und Wald umgeben. Standplatzbereiche von Hecken umsäumt. Im südlichen Platzteil liegt ein Biotop. Durch einen etwa 30 Meter breiten Busch- und Baumstreifen von der Straße abgeschirmt. Direkt angrenzend liegt ein Wohnmobilplatz.
Ganzjährig geöffnet.
▶ Am Bahndamm 1, 18374 Zingst
GPS: 54.441164, 12.660579
Tel. 03 82 32/157 86
pincamp.de/MK1250

Regenbogen Prerow (Foto) 

Lang gezogenes, naturbelassenes Dünengelände direkt am kilometerlangen Strand der Halbinsel Darß. Auf der Landseite durch Mischwald begrenzt. Für Wohnmobile drei separate, vom übrigen Gelände abgetrennte Platzteile.
Ende März bis Anfang Januar geöffnet.
▶ Bernsteinweg 4–8, 18375 Prerow
GPS: 54.456522, 12.548013
Tel. 04 31/237 23 70
pincamp.de/MK1200

STELLPLÄTZE

Caravanstellplatz An der Rügenbrücke

Ver- und Entsorgung, Strom, WC, Dusche
Ganzjährig geöffnet.
▶ Schwarze Kuppe, Werftstraße 16, 18439 Stralsund
GPS: 54.302536, 13.098848
Tel. 038 31/667 97 77
www.caravanstellplatz-ruegenbruecke.de

Seit seiner Eröffnung 1968 ist der Teepott eine Warnemünder Institution

41 VON WARNEMÜNDE NACH PLAU AM SEE

OSTSEE, WARNOW UND SEENLAND

Eine Tour der Gegensätze – vom geschäftigen Hafen an der Ostsee mit richtig großen Pötten geht die Fahrt über die Hansestadt Rostock weiter ins Inland. Immer wieder kreuzt die romantische Warnow, die mit einem kleinen Boot entdeckt werden kann, unseren Weg. Weitere Stadterkundungen wechseln mit Abenteuern in der Natur ab, bevor die Tour am Plauer See endet. Hier können wir morgens vom Camper aus Schiffe gucken und abends mit Blick auf den Fluss oder See schlafen gehen.

1 WARNEMÜNDE D11

Malerische Fischerhäuschen, ein alter Leuchtturm, der architektonisch auffällige Teepott und der mit 150 Metern breiteste Sandstrand der ganzen Ostseeküste – das ist Warnemünde. Einst lebten Fischer, Seeleute und Lotsen hier in kleinen Giebelhäusern, heute tummeln sich die Urlauber und ziehen die Fähren Richtung Schweden und Dänemark vorbei. Dennoch hat sich der Charme des Fischerdorfes erhalten. Von der Mittelmole hat man einen tollen Blick auf die Flaniermeile Am Strom. Fischkutter, Fahrgastschiffe, große Jachten und

ROUTE 99 KM

Warnemünde → 13 km bis **Rostock** → 21 km bis **Schwaan** → 21 km bis **Güstrow** → 21 km bis **Krakow am See** → 13 km bis **Karow** → 10 km bis **Plau am See**

Der Neue Markt in Rostock mit Marienkirche

kleine Segelboote sind am Alten Strom vertäut. Die schönste Zeit ist der Sonnenuntergang, wenn über dem Rostocker Stadtteil an der Warnowmündung eine besondere Stimmung liegt.

Wohnmobile stehen in Warnemünde auf dem Stellplatz am Kai unmittelbar am Seekanal. Wer einen Logenplatz in der ersten Reihe erwischt, hat einen herrlichen Blick auf die riesigen Frachtschiffe, Fähren und Kreuzfahrer. Dabei wird es einem nicht langweilig. Aber auch in die Altstadt mit zahlreichen Restaurants ist es nicht weit.

2 ROSTOCK D11

Egal, ob nur für ein paar Stunden oder gleich mehrere Tage – Rostock macht Spaß! Die Hanse-, Universitäts- und Hafenstadt ist nicht zu groß und dabei äußerst abwechslungsreich. Trotz erheblicher Zerstörung während des Zweiten Weltkriegs sind mittelalterliche Kirchen und Klöster, gotische Giebelhäuser und das Rathaus erhalten. Die Warnow ist die wichtigste Lebensader. Über fast 20 Kilometer zieht sich der Fluss durch die Stadt. Die Besichtigung beginnt am Stadthafen und führt Richtung Kröpeliner Tor. Zentrum der Altstadt ist der Neue Markt mit prächtigen Bürgerhäusern und dem im Kern mehr als 700 Jahre alten Rathaus. Die barocke Laubengangfassade verdeckt den gotischen Ziegelbau mit den sieben Türmchen. Daneben steht die Marienkirche mit ihrem mächtigen Westwerk. Sie entstand zwischen 1290 und 1454 und besitzt eine prachtvolle barocke Orgel mit Fürstenloge und eine einzigartige astronomische Uhr von 1472. Sehenswert ist auch die Petrikirche am Alten Markt, das älteste Gotteshaus der Stadt. Ein Aufzug und eine Wendeltreppe führen im Turm auf die

Damhirsch im Wildpark-MV – im Freigehege kommt man den Tieren ganz nah

Aussichtsplattform in 45 Metern Höhe. Oben gibt es einen schönen Blick auf die Stadt, das Warnowtal und die Ostsee. Von der Stadtbefestigung sind neben Teilen der Mauer und halbrunden Wiekhäusern, vier Toren und einem Wehrturm auch Reste der Wallanlagen mit einem Teil des hölzernen Wehrganges erhalten. Wer etwas mehr Zeit hat, schaut noch in der Kröpeliner-Tor-Vorstadt vorbei. Mit Street-Art, Cafés, Restaurants und studentischer Bewohnerschaft ist hier immer etwas los.

In Rostock gibt es mehrere sehr einfache Stellplätze. Parkmöglichkeiten finden sich hier und da am Hafen oder Mühlendamm.

SCHWAAN D11

Den historischen Kern des Städtchens Schwaan erkundet man bei einem Spaziergang. Einige Gebäude wie die Paulskirche haben den großen Stadtbrand von 1765 überstanden. Die Bürgerhäuser im klassizistischen Stil stammen aus dem 18.

WILDPARK-MV

Im weitläufigen Wildpark-MV leben Wölfe, Bären, Luchse, Eulen und viele andere heimische Tiere. Abenteuerliche Wege führen über Kletterpfade und Brücken, durch Höhlen, Wurzeltunnel und Moore. Hinzu kommen Spielplätze und teils begehbare Gehege. Ein besonderes Erlebnis ist eine Wolfswanderung in der Dämmerung. Gemeinsam mit einem Experten geht es dann auf Spurensuche. Dank begehbarer Höhlengänge und Brücken hoch über dem Gehege erleben die Teilnehmer die Tiere fast wie in freier Wildbahn. Das Highlight ist die Fütterung des Wolfsrudels. Direkt neben dem Park liegt ein kleiner Wohnmobilstellplatz.
Primerburg, 18273 Güstrow
Tel. 038 43/246 80
www.wildpark-mv.de

und 19. Jahrhundert. Die Schwaaner Künstlerkolonie, die ab etwa 1890 langsam entstand, war über die Grenzen des Landes hinaus bekannt. Das Kunstmuseum in der alten Wassermühle besitzt eine umfangreiche Sammlung der Landschaftsmaler. Einige Motive wird man wiederentdecken, wenn man nach dem Besuch den drei Künstlerpfaden durch den Ort und in die Umgebung folgt.

Auch die wasserreiche Umgebung sollte man unbedingt näher erkunden. Die Warnow gehört zu den romantischsten Wasserstraßen in Nordostdeutschland. Zwischen Bützow und Schwaan fahren elektrobetriebene Ausflugsboote. Auch eine Tour mit Kanu oder Kajak ist ein einmaliges Erlebnis.

Am Ortsausgang Richtung Bützow liegt der naturbelassene und gemütliche Campingplatz Schwaan direkt an der Warnow.

GÜSTROW E11

Güstrow besitzt eine der besterhaltenen Altstädte Mecklenburg-Vorpommerns. Durch das charmante Ensemble mit malerischen Hinterhöfen und Fachwerkbauten, Werken der Backsteingotik, der Renaissance und des Klassizismus kann man sich einfach treiben lassen. Der Dom und die Marienkirche beeindrucken mit ihrer reichen Ausstattung, wie den Schnitzaltären und Epitaphien. Südlich der Altstadt erhebt sich das imposante Renaissanceschloss. In der Residenz der Herzöge von Mecklenburg lebte von 1628 bis 1630 auch Albrecht von Wallenstein. Im Festsaal haben sich ein Rotwildfries von 1570 und eine prachtvolle Stuckdecke mit Jagdszenen von 1620 erhalten.

Viele Besucher zieht es aber noch aus einem anderen Grund nach Güstrow. Die Stadt ist untrennbar mit dem Bildhauer und Grafiker Ernst Barlach (1870–1938) verbunden, der fast 30 Jahre hier lebte. Im Dom gemahnt seine Bronzeskulptur „Der Schwebende" an die Gefallenen des Ersten Weltkriegs. Am Rand der Altstadt werden in der gotischen Gertrudenkapelle Skulpturen wie der „Lesende Klosterschüler" präsentiert. Parken mit dem Wohnmobil in unmittelbarer Nähe ist nicht möglich. Also lieber vom Marktplatz aus dem beschilderten Fußweg folgen oder durch den Park spazieren. Weitere Werke sind in Barlachs Atelierhaus südlich der Stadt am Inselsee zu sehen. Im angrenzenden Ausstellungsforum wird auch sein umfangreiches grafisches Werk gezeigt. Der dazugehörige Parkplatz ist sehr klein, es besteht aber eine direkte Busverbindung aus der Innenstadt.

KRAKOW AM SEE E11

↗ Tour 37 (Seite 197)

KAROW F11

↗ Tour 33 (Seite 174)

PLAU AM SEE F11

↗ Tour 29 (Seite 161)

CAMPINGPLÄTZE

Campingplatz Schwaan ★★★½

Ursprüngliches, stellenweise welliges Wald- und Wiesengelände entlang der Warnow.
Anfang März bis Ende Oktober geöffnet.
▶ Sandgarten 17, 18258 Schwaan
GPS: 53.924295, 12.105070
Tel. 038 44/81 37 16
■ pincamp.de/MK_5000

STELLPLÄTZE

Wohnmobilstellplatz Parkplatz Mittelmole

Ver- und Entsorgung
Ganzjährig geöffnet.
▶ Am Bahnhof 3a, 18119 Warnemünde/Rostock
GPS: 54.178798, 12.091458
Tel. 03 81/54 80 00

Die mächtigen Ivenacker Eichen gehören zu den ältesten in Europa

42 VON ALTENTREPTOW NACH SCHWERIN

DURCH DIE MECKLENBURGISCHE SCHWEIZ

Die Tour führt mitten durch die reizvolle Mecklenburgische Schweiz, wo sich hinter jedem Hügel, jeder Kurve überraschende Perspektiven eröffnen. Weite Blicke und Plätze am Wasser laden zum Anhalten und Übernachten ein. Schwungvolle Hügel und Höhenrücken wechseln mit klaren Seen und Feldern ab. Durch eindrucksvolle Alleen geht es vorbei an idyllischen Dörfern und Städten mit mittelalterlichen Backsteinkirchen, liebevoll restaurierten Schlössern und Herrenhäusern mit schönen Parkanlagen. Besondere Höhepunkte sind die uralten Eichen im Ivenacker Wildpark und das Archäologische Freilichtmuseum Groß Raden.

ALTENTREPTOW E13

Die sympathische Kleinstadt Altentreptow ist vom Wasser geprägt. Ein Seitenarm der Tollense fließt malerisch durchs Zentrum. Enge Gassen, schmale Stege und kopfsteingepflasterte kleine Straßen führen durch den Ort. An seinem Rand sind noch zwei Tore der ehemaligen Stadtbefestigung erhalten. Neben dem historistischen Rathaus sind die erhöht stehende backstein-

Altentreptow → 21 km bis **Ivenacker Eichen** → 10 km bis **Konditorei Komander** → 10 km bis **Reuterstadt Stavenhagen** → 11 km bis **Malchin** → 8 km bis **Basedow** → 16 km bis **Teterow** → 30 km bis **Güstrow** → 30 km bis zum **Archäologischen Freilichtmuseum Groß Raden** → 5 km bis **Sternberg** → 36 km bis **Schwerin**

gotische Kirche St. Peter mit ihrem vergoldeten Schnitzaltar und das historische Areal rund um den Klosterberg sehenswert. Zu dessen Fuß liegt der „Große Stein". Der größte Findling auf dem norddeutschen Festland hat einen Umfang von 23 Metern.

IVENACKER EICHEN E12

Einer der Höhepunkte der Tour sind die Ivenacker Eichen. Einige der ältesten Stieleichen Europas stehen hier in einem Wildpark. Sie sollen 500 bis knapp 1000 Jahre alt sein. Die mächtigste von ihnen hat einen Stammumfang von fast 12 Metern und ist über 35 Meter hoch. Der Spaziergang durch den Park mit Damwild, Wildschweinen und Mufflons ist kurzweilig. Auf einem 620 Meter langen Baumkronenpfad können Besucher den Wald auch aktiv erleben. Eine 40 Meter hohe Aussichtsplattform bietet einen beeindruckenden Rundumblick über die Kronen der Eichen und den Ivenacker See.

Das Ivenacker Schloss wurde nach jahrelangem Leerstand und Verfall 2012 von einem privaten Investor gekauft und wird seither saniert. Auch der verwilderte Schlosspark wird wieder in seinen historischen Zustand zurückversetzt.

KONDITOREI KOMANDER

Ein kulinarischer Abstecher führt nach Grammentin in die Familienkonditorei Komander. Unter den traditionellen Kuchen, Torten und Pralinen sind die „Fritz-Reuter-Torte" und der „Ivenacker Baumkuchen" besonders empfehlenswert. Am besten gleich noch ein paar Stücke als Wegzehrung mitnehmen!
Dorfstraße 7–9, 17153 Grammentin
Tel. 03 99 52/239 12, So/Mo geschl.
ivenacker-baumkuchen.com

REUTERSTADT STAVENHAGEN E12

Der berühmteste Sohn von Stavenhagen ist Fritz Reuter, der bedeutendste Schriftsteller niederdeutscher Sprache. Im

Die Schlossanlage von Basedow gilt als eine der bedeutendsten in Mecklenburg-Vorpommern

ehemaligen Rathaus, in dem Reuters Vater als Bürgermeister mit seiner Familie lebte, wurde Fritz 1810 geboren. Heute zeigt hier das Fritz-Reuter-Literaturmuseum in einer modern gestalteten Ausstellung zahlreiche Dokumente, Originalmanuskripte und von Reuter gemalte Bilder. Auch das Schloss samt Park von 1740, heute Verwaltungssitz, und die Backsteinkirche von 1782 sind sehenswert.

MALCHIN E12

Die Kleinstadt Malchin liegt zwischen Malchiner und Kummerower See an der Peene. Über den Dahmer und den Peener Kanal ist sie mit beiden verbunden. Nördlich der Altstadt liegen der kleine Sportboothafen und der Wasserwanderrastplatz. Die Zerstörungen des Zweiten Weltkriegs überstanden Teile der mittelalterlichen Stadtbefestigung, zwei Stadttore und die Kirche St. Johannis mit ihrem ungewöhnlichen Grundriss und einem wertvollen Marienaltar. Eine schöne Allee führt an der alten Stadtmauer entlang.

Auf dem Gelände des Kanuklubs gibt es am Dahmer Kanal einen angenehmen kleinen Wohnmobilstellplatz. Hier werden Kanus und Drachenboote vermietet und Kanutouren mit professioneller Begleitung angeboten – eine gute Gelegenheit für einen Abstecher aufs Wasser.

BASEDOW E12

Das Schloss Basedow am Malchiner See bildet gemeinsam mit Park und Dorf eine harmonische Einheit. Im Laufe seiner über 500-jährigen Geschichte erfuhr es mehrfach Um- und Anbauten. Im 19. Jahrhundert ließ der damalige Graf Schloss, Park und Dorf durch Friedrich August Stüler neu gestalten. Unter der Regie des preußischen Gartendirektors Peter Joseph Lenné entstand ein weitläufiger Landschaftspark, ein „geschmücktes Landgut“, eingebettet in die natürliche Schönheit der Umgebung. Die heutige rot-weiße Neorenaissancefassade entstammt den 1890er-Jahren. Teile des Schlosses können bei Führungen besichtigt werden. Im Dorf lohnt ein Blick in die Kirche mit einer prächtigen Barockorgel. In der Schmiede und im Schafstall kann man bei einer Tasse Kaffee oder einem Gläschen Wein das Ambiente und den Blick genießen.

Nicht weit entfernt liegt umgeben von Wald der Campingpark Seedorf am Malchiner See mit Sandstrand – ein schöner Platz für ein paar entspannte Stunden oder Tage mitten in der Natur.

TETEROW E12

↗ Tour 37 (Seite 196)

GÜSTROW E11

↗ Tour 41 (Seite 217)

ARCHÄOLOGISCHES FREILICHTMUSEUM GROSS RADEN E10

Auf einer Halbinsel im Sternberger See befindet sich eine Siedlung slawischer Obodriten aus dem 9. und 10. Jahrhundert. Die Wohnhäuser, Werkstätten und ein Tempel wurden am Originalort aufgebaut und gewähren spannende Eindrücke der slawischen Kultur. Schon von Weitem ist der runde Burgwall mit einem Durchmesser von 50 Metern zu sehen. Im modernen Museumsgebäude werden die wertvollsten Funde ausgestellt. Der Parkplatz liegt im Dorf Groß Raden, von dort sind es 700 Meter zu Fuß bis zum Museum und weitere 700 Meter zum Freigelände.

STERNBERG E10

Um 1230 planmäßig angelegt, sitzt Sternberg außerordentlich schön auf einem Hügel oberhalb des Großen Sternberger Sees und inmitten des gleichnamigen Seengebietes mit mehr als 90 Seen. Die Stadtmauer ist erhalten, um den Marktplatz finden sich neben dem Rathaus attraktive Fachwerkhäuser. Auf dem höchsten Punkt der Stadt steht hier auch die frühgotische Backsteinkirche St. Maria und St. Nikolaus. 1492 wurden infolge des Hostienschänderprozesses 27 Juden auf dem Scheiterhaufen verbrannt und sämtliche Juden aus Mecklenburg vertrieben. Die daraufhin einsetzenden Wallfahrten zur Kapelle des Heiligen Blutes, die der Kirche angebaut wurde, bescherten Sternberg einigen Wohlstand.

Direkt am Luckower See gibt es eine schöne Adresse für Camper. Dabei fällt die Wahl schwer zwischen dem gepflegten Campingplatz und dem Wohnmobilhafen davor.

SCHWERIN F9

↗ Tour 28 (Seite 155)

CAMPINGPLÄTZE

Campingpark Seedorf
Ruhig gelegener Naturcampingplatz auf einer Waldlichtung am Malchiner See.
Ganzjährig geöffnet.
▶ Campingplatz 1, 17139 Basedow/OT Seedorf
GPS: 53.680833, 12.631502
Tel. 03 99 57/291 39
pincamp.de/Pin_84140

Camping Sternberger Seenland mit Reisemobilhafen ★★★★
Mehrfach gestufte, bis an den See reichende Anhöhe. Im vorderen Platzteil zwei große Wiesen mit Laubbäumen.
Anfang April bis Ende Oktober geöffnet.
▶ Maikamp 11, 19406 Sternberg
GPS: 53.713883, 11.812623
Tel. 038 47/25 34
pincamp.de/MK5500

STELLPLÄTZE

Malchiner Kanu-Club
Ver- und Entsorgung, Strom, WC, Dusche
Ganzjährig geöffnet.
▶ Am Kanal 4, 17139 Malchin
GPS: 53.743931, 12.765359
Tel. 039 94/23 94 68
www.malchiner-kanu-club.de

Im Süden der Insel Poel liegt eine naturbelassene Steilküste

VON ROSTOCK NACH TRAVEMÜNDE

WEISSE STRÄNDE UND TIEFBLAUES MEER

Die Tour bietet von allem etwas: Sandstrand, Steilküste und ein liebliches Hinterland mit architektonischen Schätzen. Zwischen den lebendigen Hansestädten Rostock und Wismar liegen das älteste Seebad Deutschlands, Heiligendamm, die als „Perle der Backsteingotik“ bekannte Klosterkirche Bad Doberan und die beschauliche Insel Poel. Westlich von Wismar erstreckt sich der Klützer Winkel, ein abgelegener Landstrich mit fetten Weiden, grünen Alleen und Schloss Bothmer mit seiner wunderbaren Parkanlage. Camper können zwischen dem Luxusplatz am Meer und einfachen Stellplätzen wählen.

ROSTOCK D11

↗ Tour 41 (Seite 215)

BAD DOBERAN D10

Ursprung von Bad Doberan war das ab 1186 errichtete Zisterzienserkloster, um das sich eine Siedlung entwickelte. Später war die sympathische Kleinstadt Sommerresidenz der mecklenburgischen Herzöge, wovon noch die klassizistischen Bauwerke im sehenswerten Stadtkern zeugen. Die 1368 geweihte Klosterkirche, das

ROUTE 143 KM

Rostock → 16 km bis **Bad Doberan** → 7 km bis **Heiligendamm** → 8 km bis **Kühlungsborn** → 18 km bis **Neubukow** → 25 km bis **Insel Poel** → 13 km bis **Wismar** → 23 km bis **Boltenhagen** → 5 km bis **Klütz** → 18 km bis **Dassow** → 10 km über Priwallfähre bis **Travemünde**

Doberaner Münster, ist eines der wichtigsten Bauwerke der norddeutschen Backsteingotik. Gefördert von den Landesherren und mit üppigem Grundbesitz ausgestattet, fiel der Bau überaus eindrucksvoll aus. Als landesfürstliche Grablege kam ihm große politische Bedeutung zu. Von der kostbaren Ausstattung sind unter anderem ein um 1300 entstandener Flügelaltar, ein 15 Meter hohes Triumphkreuz und ein Marienleuchter erhalten. Das einstige Klostergelände mit den Ruinen von Wirtschaftsgebäuden umgibt noch immer die ab 1283 errichtete Ziegelmauer. Außer ihr hat auch das aparte Beinhaus den Wandel der Zeiten unbeschadet überdauert.

3 HEILIGENDAMM D10

Eine prachtvolle Allee verbindet Bad Doberan mit Heiligendamm. Die „Weiße Stadt am Meer" ist das älteste Seebad Deutschlands und Pflichtprogramm für Fans der Bäderarchitektur, denn hier finden sich außergewöhnliche klassizistische Beispiele. Bereits Ende des 18. Jahrhunderts wurde das erste Badehaus errichtet. Es folgten weitere Prachtbauten, und der Ort entwickelte sich zum mondänen Treffpunkt. Von der Seebrücke hat man den schönsten Blick auf das Gebäudeensemble. Nach jahrzehntelanger Nutzung als Marineschule, Fachschule für angewandte Kunst und Ferienlager geht es seit 2003 wieder luxuriös zu. Bekannt geworden ist das Grand Hotel Heiligendamm durch den G8-Gipfel 2007. An anderen Häusern nagt der Zahn der Zeit – Fassaden bröckeln, Scheiben splittern. Nach und nach werden auch diese Villen saniert.

Nur ein paar Kilometer weiter Richtung Kühlungsborn liegt ein beliebter Wohnmobilstellplatz direkt an der Steilküste – idealer Ausgangspunkt zur Erkundung der Region.

4 KÜHLUNGSBORN D10

Natur, Atmosphäre und klassizistische Bäderarchitektur bietet das Ostseebad Kühlungsborn. Eine vier Kilometer lange Uferpromenade entlang des feinen Sandstrands verbindet den Jachthafen

BÄDERBAHN MOLLI

Seit über 100 Jahren fährt die Bäderbahn Molli von Bad Doberan über Heiligendamm nach Kühlungsborn. Im Einsatz sind historische Waggons und Dampflokomotiven. Der Molli fährt im Stundentakt auf der seltenen Spurweite von 900 Millimetern, die eigentlich nur bei Industriebahnen eingesetzt wurde. Der nostalgische Zug nimmt neben Passagieren auch Fahrräder mit.
www.molli-bahn.de

in West mit dem Stadtteil Ost. Spielplätze, gemütliche Cafés und freie Blicke auf die Ostsee machen Lust zu verweilen. In der Nähe des Jachthafens führt die Seebrücke 240 Meter hinaus aufs Meer. Der große Stadtwald ist eine ursprüngliche Oase zum Wandern oder Radfahren. Bis zum Fall der Mauer war der Grenzturm Kühlungsborn an der Strandpromenade ständig mit zwei Soldaten besetzt. Restauriert ist er jetzt für Besucher geöffnet.

Mit dem Fahrrad kann man den Leuchtturm Buk bei Bastorf ansteuern, der unter Denkmalschutz steht. Der Standort auf dem Signalberg macht ihn zum höchstgelegenen Leuchtfeuer an der deutschen Ostseeküste, wenn er mit 20 Metern selbst auch eher klein ist. Von der Aussichtsplattform hat man einen weiten Blick. Pause macht man nebenan im Café Valentins. Auch ein Abstecher zum Gutshof Bastorf bietet sich an.

Wer gerne etwas luxuriöser campen möchte, der wird in Kühlungsborn fündig. Im Ortsteil West liegt direkt am schönen Strand der sehr gut ausgestattete Campingpark Kühlungsborn mit eigenem Spabereich. Er bietet alles für ein paar entspannte Tage. Und vom Bett aus hört man das Meer rauschen.

NEUBUKOW D10

Der Besuch in der Geburtsstadt von Heinrich Schliemann (1822–1890) lohnt sich vor allem für Archäologiefans. Eine Gedenkstätte im Bürgerhaus erinnert an den Entdecker des antiken Troja. Ein Bummel durch die Altstadt führt zur Backsteinkirche. Das älteste Gebäude im Ort entstand ab 1240 am Übergang von der Romanik zur Gotik. Neben dem Wallberg steht eine historische Wassermühle mit Mühlenteich und Fischtreppe, die es den Meeresforellen ermöglicht, an ihre Laichplätze zu gelangen. Nicht weit entfernt steht auch eine historische Galerieholländerwindmühle.

INSEL POEL D9

Über einen Damm geht es auf die Insel Poel. Das Eiland zwischen dem Salzhaff und der Wohlenberger Wiek in der Wismarbucht ist als Seebad anerkannt. Die staubarme Inselluft ist eine wahre Wohltat. Dabei ist Poel noch fast ein Geheimtipp; hier geht es geruhsamer zu als auf den anderen Ostseeinseln. Ein schönes Ausflugsziel ist der Leuchtturm von Timmendorf neben einem kleinen Hafen und zwischen dem kilometerlangen Sandstrand im Norden und der südlich gelegenen Steilküste.

In direkter Nachbarschaft liegen am Strand der Campingplatz Leuchtturm und ein Wohnmobilstellplatz – eine gute Basis für ausgedehnte Spaziergänge und Radtouren.

WISMAR E9

↗ Tour 44 (Seite 226)

BOLTENHAGEN D9

Mit der Einrichtung des ersten Badekarrens begann 1803 die Entwicklung Boltenhagens vom Fischerdorf zum Seebad, das vor allem Familien und einfache Leute anziehen sollte. 1838 eröffnete das erste Logierhaus. Hauptanziehungspunkt ist nach wie vor der fünf Kilometer lange feinsandige Strand. Zwischen den beiden parallel verlaufenden Promenaden liegen charmante alte Villen und viel Grün. Schöne Wanderwege führen oberhalb der Steilküste entlang, aber auch das Hinterland ist reizvoll und lässt sich zu Fuß oder mit dem Rad erkunden.

KLÜTZ D9

Niedrige Ziegelbauten liegen entlang der kopfsteingepflasterten Klützer Hauptstraße. Im Zentrum des verträumten Städtchens erhebt sich eine spätromanische Backsteinkirche mit markantem Turm, der lange als Landmarke diente. Eine Holländerwindmühle beherbergt ein beliebtes Ausflugslokal. Von ihrer Galerie bietet sich ein wundervoller Blick bis zum Meer. Die Hauptattraktion von Klütz ist aber Schloss Bothmer mit seinem Landschaftspark (↗ Kasten), das größte barocke Schloss Norddeutschlands. Wer noch mehr über die Geschichte der Region erfahren möchte, kann südlich in Kussow ein rekonstruiertes Steinzeitdorf besuchen.

SCHLOSS BOTHMER

Reichsgraf Hans Caspar von Bothmer lebte nach verschiedenen Stationen in Europa ab 1711 als erfolgreicher Diplomat im Dienst des hannoverschen Kurfürsten in London. Ab 1726 ließ er die prächtige Schlossanlage in Klütz als Familiensitz errichten, sollte ihre Fertigstellung aber nicht mehr erleben. Umgeben von Wassergräben liegt sie inmitten eines englischen Landschaftsparks. Im modern gestalteten Museum lernt man den umtriebigen Schlossherren kennen und wandelt durch stimmungsvolle Räume. Eine 270 Meter lange Festonallee aus Königslinden führt auf den terrakottafarbenen Bau zu.

Am Park, 23948 Klütz
Tel. 03 88 25/38 53 18 76 93
www.kluetz-mv.de

DASSOW E8/9

↗ Tour 2 (Seite 42)

TRAVEMÜNDE D8

↗ Tour 3 (Seite 47)

CAMPINGPLÄTZE

Campingpark Kühlungsborn ★★★★★
Außerordentlich gepflegter Spitzenplatz direkt am Strand mit großzügigen, bestens ausgestatteten Standplätzen. Teilweise naturbelassenes, durch Hecken gegliedertes Dünen- und Waldgelände mit Wiesenflächen und vereinzelten Palmen. Spabereich.
Ende März bis Ende Dezember geöffnet.
▶ Waldstraße 1 b, 18225 Kühlungsborn
GPS: 54.151531, 11.719602
Tel. 03 82 93/71 95
■ pincamp.de/MK400

Campingplatz Leuchtturm ★★★½
Naturerlebnis und Strandurlaub an der Westküste der Insel Poel. Ebenes Wiesengelände mit halbhohen Bäumen und Hecken, auf der Landseite der Düne. Angrenzender Spielplatz.
Anfang April bis Ende Oktober geöffnet.
▶ Lotsenstieg 25, 23999 Timmendorf
GPS: 53.993709, 11.378731
Tel. 03 84 25/202 24
■ pincamp.de/MK150

STELLPLÄTZE

Wohnmobilstellplatz Sanddornstrand
Ver- und Entsorgung, Strom, WC, Dusche
Ganzjährig geöffnet.
▶ Bäderweg, 18209 Wittenbeck
GPS: 54.145701, 11.792501
Tel. 01 72/903 77 23
www.sanddornstrand-wittenbeck.de

Der Alte Hafen von Wismar war einst der Dreh- und Angelpunkt der Hansestadt

44 VON WISMAR NACH LÜBZ

ENTDECKUNGEN ABSEITS DER HAUPTROUTEN

Ein wunderbar erhaltener mittelalterlicher Stadtkern, eine außergewöhnliche Wanderung, Klöster der Backsteingotik, sympathische Kleinstädte und idyllische Seen – die Route führt von der sehenswerten Hansestadt Wismar abseits der touristischen Hauptrouten durch zauberhafte Landschaft. Es geht über sanfte Hügel, durch Weiden, Felder und Wälder und vorbei an blau glitzernden Seen. Versteckte Bauerndörfer liegen inmitten lieblicher Natur. Eine Tour voller schöner Momente und mit naturbelassenen Campingplätzen an nicht so überlaufenen Seen.

1 WISMAR E9

Wismar hat einen der am besten erhaltenen mittelalterlichen Stadtkerne Deutschlands mit monumentalen Kirchen, einem großen Marktplatz, sorgsam restaurierten Bürgerhäusern und dem Alten Hafen. Die Stadtanlage aus der Blütezeit der Hanse gehört gemeinsam mit der Altstadt von Stralsund zum Welterbe der UNESCO. Um 1226 gegründet, gehörte Wismar schon kurz darauf zur Hanse und wurde ein wichtiger Umschlagplatz für Salz aus Lüneburg sowie Bier und Tuche aus heimischer Produktion. Nach dem Dreißigjährigen Krieg fiel die Stadt an Schweden und wurde zu einer mächtigen Festung ausgebaut. Erst ab 1903 gehörte

ROUTE 94 KM

Wismar → 20 km bis **Neukloster** → 32 km bis **Sternberg** → 22 km bis **Kloster Dobbertin** → 20 km bis **Lübz**

Die Wasserkunst auf dem Wismarer Marktplatz

Wismar endgültig zu Deutschland. Heute erinnern noch viele Bezeichnungen und das jährliche Schwedenfest an diese Zeit. Der Alte Hafen zieht Touristen wie Einheimische gleichermaßen an. Hier bummelt man entspannt zwischen Kuttern, von denen Fisch verkauft wird, großen und kleinen Booten und ehemaligen Speicherhäusern. Nicht weit entfernt liegt der 100 mal 100 Meter große gepflasterte Markt. An der Ostseite befindet sich das 1360 erbaute backsteingotische Bürgerhaus „Alter Schwede" mit seinem auffälligen Treppengiebel, eines der ältesten Bauwerke Wismars. Das Wahrzeichen der Stadt, die Wasserkunst, ist ein aufwändig verzierter Renaissancebrunnen, der von 1602 bis 1897 zur Trinkwasserversorgung von Wismar diente.

Drei prächtige mittelalterliche Backsteinkirchen dominieren die Stadtsilhouette. Von St. Marien steht allerdings nur noch der begehbare Turm, daneben markieren Reste der Grundmauern die einstige Größe. Von der Aussichtsplattform von St. Georg gibt es einen großartigen Blick über die Altstadt bis zum Hafen; hinauf geht es per Aufzug. Die Nikolaikirche ist noch vollständig erhalten. Sie liegt idyllisch neben einem der ältesten künstlichen Wasserläufe, der Frischen Grube. Wer in Wismar übernachtet, kann bei Sonnenuntergang die besondere Stimmung am Alten Hafen genießen oder in den frühen Morgenstunden durch die noch menschenleere Altstadt schlendern.

Ideal für den Stadtbesuch ist die Lage des Wohnmobilhafens am Westhafen. Er ist deshalb beliebt und schnell voll. Wer einen Platz ergattern möchte, sollte also möglichst früh ankommen. Eine gute Alternative ist der Ostseecamping Ferienpark Zierow direkt am weitläufigen Strand und nur zehn Kilometer von Wismar entfernt.

Das Städtchen Lübz liegt inmitten von Feldern an der Müritz-Elde-Wasserstraße

NEUKLOSTER E10

Neukloster ist eine typisch mecklenburgische Kleinstadt mit liebevoll restaurierten Gebäuden. Die Altstadt prägen überwiegend Bauten aus dem 19. Jahrhundert, aber Neukloster liegt auch an der Europäischen Route der Backsteingotik und der Straße der Zisterzienser. Vom einst mächtigen Zisterzienserinnenkloster Sonnenkamp sind die Kirche, der Glockenturm und die Probstei erhalten. 1236 geweiht, besitzt die spätromanische Kirche einige der ältesten Buntglasfenster Mecklenburgs und eine farbig gefasste Balkendecke. Die Gestaltung des backsteinsichtigen Innenraums besticht durch ihre Schlichtheit.

Am Ortsrand befindet sich der sehr schöne Wohnmobilpark am See, der auch für größere Fahrzeuge geeignet ist. Das Strandbad und ein Biergarten liegen in der Nähe. Direkt am Platz starten Wander- und Radwege zu Kirchen und Klöstern, prähistorischen Begräbnisstätten, Museen und Naturschönheiten.

STERNBERG E10

↗ Tour 42 (Seite 221)

WANDERUNG IM WARNOW-DURCHBRUCHSTAL

Ausgangspunkt der vier Kilometer langen Rundwanderung ist der Parkplatz am Naturschutzgebiet Warnow-Mildenitz-Durchbruchstal bei Groß Görnow. Auf schmalen Wegen geht es durch das größte Durchbruchstal in Norddeutschland, wo sich die Warnow ein bis zu 30 Meter tiefes Bett mit teils steil aufragenden Hängen gegraben hat. Findlinge und Geschiebe an den bewaldeten Ufern erinnern daran, dass hier während der letzten Eiszeit mächtige Gletscher die Erde bedeckten. Auch Reste einer slawischen Höhenburg liegen am Weg.

Parkplatz Warnowtal, 19406 Groß Görnow
GPS: 53.751326, 11.836028

KLOSTER DOBBERTIN E/F11

Das Kloster Dobbertin ist eine der schönsten noch erhaltenen Klosteranlagen Mecklenburgs. Das Backsteinensemble liegt malerisch am Ufer des gleichnamigen Sees, eingebettet in eine Parkanlage. Die doppeltürmige Kirche des aus mehreren Backsteingebäuden bestehenden Komplexes ist weithin sichtbar. Drumherum liegen die historischen Gebäude des Klosterdorfes. Die Geschichte von Dobbertin reicht weit ins Mittelalter zurück. Im Jahre 1220 zunächst von Benediktinermönchen gegründet, war es fast 350 Jahre Schwesternkloster und danach 400 Jahre Damenstift. Nach dem Zweiten Weltkrieg beherbergten die Klostergebäude ein Altersheim, später eine Nervenklinik. Heute befindet sich hier ein Zentrum für Menschen mit Behinderung. Besichtigt werden können die öffentlichen Bereiche, die Kirche und der vierflügelige Kreuzgang. Im Klostercafé im alten Brauhaus am See gibt es neben Kaffee und Kuchen auch gute und günstige Küche.

Direkt am Dobbertiner See liegt nicht weit entfernt vom Ort ein kleiner Campingplatz unter alten Bäumen.

LÜBZ F11

Das Zentrum der Kleinstadt Lübz an der Elde prägen Fachwerkhäuser und Kopfsteinpflasterstraßen. Der runde backsteinerne Amtsturm ist ein Relikt der Eldenburg, die Anfang des 14. Jahrhunderts von den brandenburgischen Markgrafen erbaut wurde. Ab 1328 gehörte Lübz dann zu Mecklenburg. Im 16. Jahrhundert wurde die Burg zum Schloss ausgebaut, 1691 wegen Baufälligkeit jedoch wieder abgerissen. Im Turm und im benachbarten Amtshaus sind das Stadtmuseum und ein Café mit schönem Biergarten untergebracht. Der kleine Ort ist vor allem für das hier gebraute Bier bekannt; die Brauerei kann besichtigt werden.

CAMPINGPLÄTZE

Ostseecamping Ferienpark Zierow (Foto)

★★★★½

Außerordentlich schön direkt am weitläufigen Strand gelegenes, ebenes Wiesengelände, stellenweise durch hohe Bäume und niedrige Hecken aufgelockert und unterteilt. In ländlicher Umgebung. Nur zehn Kilometer von Wismar entfernt.
Ganzjährig geöffnet.
▶ Strandstraße 19c, 23968 Zierow
GPS: 53.935015, 11.372142
Tel. 03 84 28/638 20
pincamp.de/MK100

Campingplatz am Dobbertiner See

★★½

Naturbelassenes, leicht geneigtes Gelände im lichten Mischwald. Einige Standplätze auf einer Wiese haben stärkeres Gefälle.
Anfang April bis Mitte Oktober geöffnet.
▶ Am Zeltplatz 1, 19399 Dobbertin
(Eingabe ins Navi: An der Mühle)
GPS: 53.618766, 12.064580
Tel. 01 74/737 89 37
pincamp.de/MK5800

STELLPLÄTZE

Wohnmobilpark Westhafen Wismar

Ver- und Entsorgung, Strom, WC, Dusche
Ganzjährig geöffnet.
▶ Schiffbauerdamm 12, 23966 Wismar
GPS: 53.894164, 11.451549
Tel. 01 72/388 40 03
www.wohnmobilpark-wismar.de

Langsam hebt sich der Morgennebel über den Elbauen bei Boizenburg

45 VON CRIVITZ NACH LÜNEBURG

VON DER SEENPLATTE IN DIE LÜNEBURGER HEIDE

Heute fahren wir von Mecklenburg nach Niedersachsen. Mit Schwerin und Lüneburg liegen zwei spannende Städte auf der Route, die jedoch völlig unterschiedlich sind. Nur ein paar Stunden oder gleich mehrere Tage bleiben? Günstig im Zentrum gelegene Wohnmobilstellplätze sorgen für die nötige Flexibilität. Die Fahrt geht durch weite und sanfte Landschaften abseits von Hektik und Stress. Wald, Wasser, weite Äcker und Wiesen sind der Reichtum der Region. Entspannung in der einzigartigen Auenlandschaft der Elbe wechselt ab mit malerischen Orten. Dazwischen liegen immer wieder kleine Seen – lieblich und manchmal herb, still und schön.

1 CRIVITZ F10

Das Städtchen Crivitz ist von Backsteinarchitektur und Gebäuden der Gründerzeit geprägt. Die gotische Kirche mit reicher Ausstattung und mittelalterlichen Fresken, ein Steinlehrpfad, ein Aboretum und das Heimatmuseum sind seine Sehenswürdigkeiten. Wenige Meter vom Marktplatz, an der Fritz-Reuter-Straße, befindet sich die ehemalige Synagoge.

Ein weiterer Grund hierherzukommen, ist der kleine Wohnmobilstellplatz, der idyllisch

ROUTE 113 KM

Crivitz → 11 km bis **Raben Steinfeld** → 7 km bis **Schwerin** → 29 km bis **Wittenburg** → 32 km bis **Boizenburg/Elbe** → 13 km bis **Lauenburg/Elbe** → 13 km bis **Schiffshebewerk Scharnebeck** → 8 km bis **Lüneburg**

am Stadtrand auf einer Wiese am Crivitzer See liegt (Angelgewässer, keine Bademöglichkeit). Die Innenstadt erreicht man nach einem angenehmen Spaziergang am See entlang. Der Landgasthof nebenan serviert gutbürgerliche Küche, und ein Rundwanderweg führt um den See und zum Arboretum.

RABEN STEINFELD F10

Am südöstlichen Zipfel des Schweriner Sees, inmitten von Laub- und Mischwäldern, erreichen wir Raben Steinfeld. Ab 1881 befand sich im Ort das großherzogliche Gestüt. Kurz darauf wurde das Jagdschloss zur Sommerresidenz umgebaut. Der Backsteinbau liegt idyllisch im Landschaftspark am See und harrt seit Jahren seiner Sanierung. Erhalten sind an der Leezener Straße auch die zwölf Gestütswärterhäuschen aus Backstein im englischen Stil.

Wenige hundert Meter westlich des Jagdschlosses, ebenfalls malerisch auf einer Halbinsel gelegen, befindet sich der Campingplatz Süduferperle. Auf dem Gelände gibt es auch eine Tauchbasis mit Tauchschule und einen Sportboothafen. Auf markierten Rad- und Wanderwegen rund um den See können von hier aus seltene Pflanzen und Tiere entdeckt werden, wie Dachse, Biber, Fischotter, Kraniche und Seeadler.

Crivitz liegt beschaulich am gleichnamigen See

SCHWERIN F9

↗ Tour 28 (Seite 155)

Die Altstadt von Boizenburg lässt sich entlang der ehemaligen Wallanlagen umrunden

4 WITTENBURG F9

Wittenburg wurde im 13. Jahrhundert am Flüsschen Motel gegründet und ist von einem gut erhaltenen Wall umgeben. 1282 bis 1358 war es Hauptstadt einer eigenständigen Grafschaft, fiel dann aber an Mecklenburg. Bereits im Dreißigjährigen Krieg schwer gebeutelt, brachte auch die Franzosenzeit aufgrund der Lage an einer wichtigen Heerstraße allerlei Unbill über die Stadt. Seit DDR-Zeiten haben sich verschiedenste Betriebe angesiedelt. Zu besichtigen sind Mauerreste der ehemaligen Stadtbefestigung, der Hungerturm und das Museum MehlWelten auf dem Amtsberg. In einem neoklassizistischen Gebäude dreht sich, sehr abwechslungsreich aufbereitet, alles um das wichtige Grundnahrungsmittel. Auch das historistische Rathaus, die Holländerwindmühle und Bauerngehöfte im Ort sind sehenswert. Nur wenige Kilometer entfernt ist man mit dem Camper bereits wieder mitten in der Natur.

5 BOIZENBURG/ELBE F8

Boizenburg, benannt nach der Boize, die zwei Kilometer weiter westlich in die Elbe mündet, liegt am westlichen Rand des Biosphärenreservates Flusslandschaft Elbe. Das Städtchen hat einen historischen Kern mit liebevoll sanierten Fachwerkhäusern des 18. und 19. Jahrhunderts. Besonders markant sind das frei stehende barocke Rathaus und der Wall, der, mit großen Linden bepflanzt, die Altstadt umgibt. Ein Spazierweg führt darauf entlang. Mehr als 40 kleine Brücken überspannen den Wallgraben.

Boizenburg trägt den Beinamen „Fliesenstadt", denn seit 1903 produziert das örtliche Werk erfolgreich Wandfliesen. Neben den schönen Fliesenbildern, die viele Gebäude in der Altstadt schmücken, gibt es hier das Erste

Deutsche Fliesenmuseum. Die farbenfrohen Fliesen illustrieren den Wandel der Moden, vom Historismus über Jugendstil bis Art déco.

Durch die Lage am Elberadweg ist der Ort ein idealer Ausgangspunkt für Rad- und Deichwanderungen im Biosphärenreservat Flusslandschaft Elbe. Der Stellpatz für Wohnmobile befindet sich direkt am Boizehafen.

LAUENBURG/ELBE F8

↗ Tour 27 (Seite 148)

SCHIFFSHEBEWERK SCHARNEBECK G8

Am Elbeseitenkanal steht ein eindrucksvolles technisches Bauwerk, das Schiffshebewerk Scharnebeck. Mithilfe eines überdimensionalen Fahrstuhls überwinden Schiffe hier seit 1975 den Höhenunterschied von 38 Metern. Von der Ein- bis zur Ausfahrt dauert es 20 Minuten, der eigentliche Hebevorgang aber nur drei Minuten. Auf großen Besucherplattformen kann man fast hautnah dabei sein. Das von Anfang April bis Mitte Oktober geöffnete Informationszentrum zeigt an einem Großmodell die einzelnen Ablaufphasen. Wer noch näher dran sein möchte, kann mit einer Barkasse vom Unterhafen in einem der gewaltigen Tröge nach oben fahren und wieder hinunter. Der Blick reicht dabei weit über die Elbtalauen. Die Fahrt dauert etwa eine Stunde. Direkt am Hebewerk laden ein gemütliches Restaurant und ein Imbiss zur Pause ein.

Ein Teil des Parkplatzes ist als Wohnmobilstellplatz ausgewiesen. Hier kann man ausgiebig den Schiffen zuschauen und auch eine ruhige Nacht verbringen. Wer lieber auf einem Campingplatz unterkommen möchte, stoppt unterwegs am naturbelassenen Camp Bullerby in Bullendorf.

LÜNEBURG G8

↗ Tour 26 (Seite 146)

CAMPINGPLÄTZE

Camping Süduferperle (Foto) ★★★
Ebenes, von Hecken durchsetztes Wiesengelände mit überwiegend älteren Bäumen auf einer Halbinsel. Angrenzend Sportboothafen. Standplätze für Dauercamper überwiegend am See. Jugendzeltplatz auf einer Anhöhe. Anfang April bis Ende Oktober geöffnet.
▶ Forststraße 19, 19065 Raben Steinfeld
GPS: 53.603351, 11.497868
Tel. 038 60/312
pincamp.de/MK5280

Camp Bullerby in Bullendorf ★½
Ruhiger, sehr einfach ausgestatteter Campingplatz mitten im Naturparadies Elbtalaue. Ebenes Wiesengelände, durch wenige Bäume aufgelockert und durch Hecken unterteilt. Von hohen Laub- und Nadelbäumen gesäumt. Am Ortsrand gelegen, Straße angrenzend. Ganzjährig geöffnet.
▶ Elbuferstraße 35, 21522 Hohnstorf (Elbe)
GPS: 53.347274, 10.573432
Tel. 041 39/60 37
pincamp.de/NS_231165

STELLPLÄTZE

Caravaning am Crivitzer See
Ver- und Entsorgung, Strom
Ganzjährig geöffnet
▶ Geschwister-Scholl-Platz 2a, 19089 Crivitz
GPS: 53.578766, 11.638428
Tel. 038 63/545 40
www.mecklenburg-schwerin.de

REGISTER

Sind mehrere Seitenzahlen angegeben, verweisen die fettgedruckten Zahlen auf die ausführlichen Ortsbeschreibungen.

BILDNACHWEIS

Titelbild: Am Strand von St. Peter-Ording (Malte Joost)
Rücktitel: stock.adobe.com/JLO_FOTO
Faltkarte: Rapsblüte auf der Insel Rügen (Getty Images/Westend61)

AWL Images: Sabine Lubenow 62; **Camping Flügger Strand** 57; **Camping Gudower See** 161; **Camping Hemmelmark** 65; **Camping Süduferperle** 233; **Campingplatz am Krakower See** 197; **Campingplatz Auf dem Simpel** 115l.; **Campingplatz Brunautal** 115r.; **Campingplatz Eidertal** 61u.; **Campingplatz Großes Meer** 139; **Campingplatz Krautsand** 101; **Campingplatz Schillig** 127; **dpa picture alliance** 40; **Ferienpark Kreidesee** 97; **Getty Images:** 500px Plus 26o.; EyeEm 42, 56, 216; Marco Bottigelli 98, 214; Westend61 152/153, 198; **Huber Images:** Christian Bäck 72; Francesco Carovillano 70, 142; Günter Gräfenhain 111, 154; Hans-Peter Merten 136; Jürgen Busse 122; Sabine Lubenow 96; **Imago Images:** alimdi 148; McPHOTO 66; penofoto 58; **Katja Hein** vordere Umschlagklappe, 17, 19, 126, 132, 159, 166, 186, 191, 206; **Laif:** Daniel Biskup 10; Dirk Eisermann 230; Gerhard Westrich 210; Gregor Lengler 8, 14, 54; Jörg Modrow 78, 138; Martin Kirchner 92/93; Naegele 182; Paul Hahn 185; Ralf Brunner 32; **lookphotos:** Jan Greune 2; **Mauritius Images:** imageBROKER/Georg Stelzner 36/37; imageBROKER/Martin Siepmann 188; Manfred Habel 124; Pitopia 212; **Naturcamping Spitzenort** 53; **Naturcamping Ückeritz** 187; **Ostseecamping Ferienpark Zierow** 229; **Plainpicture:** Silke Heyer 120; **Regenbogen Prerow** 213; **shutterstock.com:** Aleksey Korchemkin 23; Alexander Schedrov 146; Andreas Mellentin 164; Anibal Trejo 227; ArTono 25, 87, 104; Bartosz Witkowski 179; Bildagentur Zoonar GmbH 184; Burry van den Brink 21; canadastock 26u., 45; Cesklo 112; Dennis Gross 114; Elly Mens 121; FooTToo 144; Frank Fichtmueller 211; Gabriele Rohde 27o., 82, 90 100; Harald Lueder 30o.; Heide Pinkall 31M., 116; Joaquin Ossorio Castillo 108; Kai Brosinski 193; Lgieger 12o.; LianeM 13u.; lidian Neeleman 129; mapman 86; Marc Venema 76, 194; Marco Cala 12u.; Max Rewinski 220; Oleksiy Mark 215; panoglobe 158; pixelABC 46; PRILL 31u.; Rico Markus 192; rphstock 31o.; Salah Ait Mokhtar 48; Sina Ettmer Photography 33, 143, 156, 176, 196; Stephan Hockenmaier 202; ThirtyPlus 18; Tomsickova Tatyana 13o.; Torben Knauer 113; Traveller Martin 169; world of inspiration 180; **stock.adobe.com:** Almgren 168; Christian Müller 189; CHROMORANGE 200; Comofoto 140; DR pics 34o., 226; Eberhard 137; EKH-Pictures 134; EyeEm/frank holznagel 130; EyeEm/sebastian arning 88; eyewave 28, 150; Ezio Gutzemberg 232; Gabriele Rohde 11, 102; Gehkah 205; Gerhard1302 61o.; hanseat 118; helmut Schmidt 195; Henry Schmitt 73; JFL Photography 34u., 80; Jrg 172; Julian Weber 128; JulianDennis 29; Lars Gieger 50, 68; Martin Schlecht 218; Maurice Tricatelle 178; Mirko Boy 35o.; modernmovie 170; motorradcbr 27M., 60; Patrick 35u.; penofoto.de 64; pit24 47; riebevonsehl 34M., 174; roostler 84; Schrittesser Harald 110; SEB/www.sebfoto.de 160, 231; snapshotfreddy 24, 74; Steffen 106; Stephanie Albert 94; Thomas Jablonski 163; Thomas Reimer 91; Thorsten Schier 38, 222; Tilo Grellmann 162; TimosBlickfang 30u.; Tom 228; travelpeter 52; **Unsplash:** Stefan Grage 239